Scrittori italiani e stranieri

Cinzia Leone

Vieni tu giorno nella notte

ROMANZO

MONDADORI

Della stessa autrice in edizione Mondadori
Ti rubo la vita

Questo romanzo è frutto dell'immaginazione. Gli eventi di cronaca e i personaggi realmente esistenti o esistiti sono trasfigurati dallo sguardo del narratore. Per il resto, ogni riferimento a persone e fatti reali è da ritenersi casuale.

mondadori.it

Vieni tu giorno nella notte
di Cinzia Leone
Collezione Scrittori italiani e stranieri

ISBN 978-88-04-77192-0

I edizione maggio 2023

Vieni tu giorno nella notte

Vieni, notte! Vieni, Romeo!
Vieni, tu giorno nella notte,
adagiato sulle ali della notte
più bianco della neve
appena scesa sul dorso di un corvo.
Vieni, dolce notte;
vieni amorosa notte dalle nere ciglia.

WILLIAM SHAKESPEARE,
Romeo e Giulietta (III, 2)

Arièl

Inizio dalla fine. Dalla mia fine. Non importa l'ora, la data e nemmeno l'anno. È il mio ultimo giorno e questo basta.

È lunedì e su Tel Aviv incombe un caldo irreale, la mia licenza è finita e devo tornare alla base. Indosso la divisa e non sono solo. La nostra è una storia complicata, due come noi avrebbero dovuto essere nemici e invece siamo diventati amanti, ovvero i migliori nemici. Eppure sento che qualcosa sta per rompersi e rischiamo di tornare a essere semplici nemici. Da giorni mi punisce con un ostinato mutismo. Non si rende conto della situazione in cui mi sono cacciato con l'esercito per amor suo? Dove sono finiti gli abbracci, i sospiri, gli abbandoni? L'incanto è sbiadito. Persino Malak, il gatto che dorme sempre insieme a noi, stamane sembra impazzito, e si è messo di traverso davanti alla porta a sbarrarci la strada come se avesse intuito qualcosa.

Arriviamo a Neve Tzedek a fatica. Ho la gola secca e, nonostante le maniche rimboccate e la camicia aperta fino al petto, sono zuppo di sudore. Tutto è pesante: lo zainetto, gli scarponi e l'M16, il fucile d'ordinanza, che continuo a spostare da una spalla all'altra.

Abbiamo appena imboccato Shabazi Street, e mi propone una sosta nel nostro bar preferito. La sua non è una resa e nemmeno un armistizio, ma solamente una tregua che accetto di slancio. Non ci vedremo per due settimane e voglio fare la pace prima di rientrare alla base, prima che quello che ci divide torni a essere più forte della passione che ci ha uniti. Detesto i litigi ma non voglio che tra di noi ci siano ombre e perciò, tempo fa, ho confessato di quella notte. Ha subito perso la testa e mi ha messo le mani addosso, io ho risposto con una sberla. Sembrava finita, ma poi ha capito e ci siamo ritrovati, con gli sguardi, i baci e tutto il resto... Andrà così anche questa volta?

Il locale è pieno di gente, l'unico posto libero è all'esterno, accanto al muretto che segna il confine tra la strada e il pavimento di maioliche azzurre dove i tavolini sembrano miracolosamente galleggiare come fossero sull'acqua. Intorno, giovani che sorridono, scherzano, si abbracciano. Tutti sembrano più felici di noi, che felici lo siamo solo a singhiozzo, nel breve tempo delle mie licenze. Questa passione inaspettata mi ha travolto, mettendomi di fronte a un dilemma che ancora non riesco a sciogliere.

Ci sediamo, ordiniamo due spremute d'arancia con molto ghiaccio e subito scandisce:

«Basta, Arièl. Scegli: o me o l'esercito.»

Allineo le difese di sempre: la nazione, l'orgoglio, la fierezza, l'onore, ma il suo silenzio è eloquente. Ho paura che mi lasci per sempre e gioco l'ultima carta. Tiro fuori il caporale che minaccia di denunciarmi, un ricatto che può avere conseguenze per entrambi. Non serve, fa finta di non capire e, per tutta risposta, bruscamente abbandona il tavolo e si allontana tra la gente in strada. Mi alzo, devo chiarire: subito, ora. Non importa se arriverò in ritardo alla base, m'inventerò una scusa.

Mentre cerco il cameriere per pagare, tra le facce sorridenti metto a fuoco il volto di un giovane vicino alla cassa: è immobile, la mascella contratta e gli occhi irrequieti. Nessuno sembra accorgersi di lui tranne me, eppure c'è qualcosa che non va, indossa un giubbetto rigido e pesante: fa troppo caldo per quel giubbetto, troppo per quel colletto chiuso fino al collo.

All'improvviso capisco. Mi faccio largo a forza, urlo di allontanarsi, corro verso di lui, rovescio un tavolo, sono a pochi passi, lo raggiungo. Il tempo si dilata, gli occhi si agganciano: riconosco lo sguardo di chi ha scelto la morte. Lo afferro per un braccio, posso fermarlo.

Un grido:

«*Allahu akbar.*»

Lo scatto del detonatore, un boato e poi il nulla.

In quell'istante infinito si conclude la mia esistenza.

Belva sconcia, la morte divora a caso per non essere divorata. Grida e rantoli, sangue e urina, corpi come sacchi vuoti, occhi senza più sguardo, labbra senza più baci e parole, respiri che non appannano più specchi. Il battito interrotto. Vite rubate alla vita in un lampo infuocato.

1

Lunedì, prima giornata

«Un kamikaze si è fatto esplodere a Neve Tzedek! È un massacro! Ti ho inviato l'sms con l'indirizzo, noi siamo già qui.»

«Non posso, Irina non c'è, devo occuparmi del bambino...»

«Mollalo a qualcuno e salta subito sullo scooter!» ordina Tal con un tono che non ammette repliche.

Giusto il tempo di preparare il biberon e infilarsi il gilet giallo di Zaka, e Ilan è davanti alla porta della vicina con Gur in braccio. Dopo tre scampanellate lei si decide ad aprire. Alla luce cruda del neon, con la parrucca storta e una vecchia vestaglia a fiori, Devora Kuzmir dimostra più dei suoi anni.

«Ha bisogno di qualcosa?»

«Devo lasciarle Gur. È un'emergenza!»

«Ho sentito alla radio di un attentato. Sta andando lì?»

«Sì, a Shabazi Street.»

«Maledetti» conclude torva aggrottando le sopracciglia.

La ricetrasmittente ricomincia a suonare, a malincuore Ilan si precipita giù per le scale. Risponde solo quando è già sullo scooter. La voce di Tal lo raggiunge come una frustata:

«Allora? Perché non sei già qui?»

Ilan borbotta qualcosa e dà gas in direzione di Rothschild Boulevard.

Le sirene delle ambulanze squarciano l'aria, il traffico è impazzito e le linee telefoniche sono saltate: tutti chiamano amici e parenti per essere certi che siano ancora vivi. Conosce quella corsa disperata, l'ha fatta troppe volte, eppure accorgersi che gli automobilisti quando vedono il gilet giallo a strisce catarifrangenti accostano per lasciarlo passare lo fa sempre sentire utile. E persino importante.

Stare a tu per tu con la morte a Ilan non piace, ma gli sembra di non aver fatto altro nella vita. Il padre ucciso nella Guerra dei Sei Giorni, quando lui era così piccolo da conservarne solo un ricordo sbiadito, il migliore amico scomparso in uno scontro a fuoco nel Golan, e poi la leva nell'esercito, dove aveva prestato servizio come artificiere facendo saltare muri, ponti e qualche volta anche abitazioni. A forza di sentirli, quei boati gli erano rimasti intrappolati nel timpano sinistro e aveva perso l'udito.

Un artificiere sordo serve a poco. Lo avevano congedato, così si era rimesso a vendere frutta e verdura, come suo padre e suo nonno ben prima della nascita dello Stato, prima di tutto. Ma da quando si è sparsa la voce che è un "angelo di Zaka" è l'eroe dell'isolato. Sordo, ma eroe.

Per Ilan quell'associazione di volontari con il motto "Salvare chi può essere salvato e onorare chi non ce l'ha fatta" è diventata una missione. E l'idea di arrivare dopo le esplosioni invece di provocarle, di salvare vite invece di rischiare di cancellarle si è trasformata in una sorta di riparazione per il male che ha fatto convintamente ma controvoglia. Il negozio gli serve per tirare avanti, Zaka per combattere i fantasmi; il resto, soltanto suoni ovattati e qualche rimorso.

Quando giunge a Shabazi Street una folla blocca l'ingresso ed è costretto a parcheggiare in una via parallela. Si toglie il casco, tira fuori l'attrezzatura dalla scatola d'acciaio fissata al portapacchi e a passo veloce si dirige verso le transenne. Mentre fende la calca avverte odore di esplosivo e carne bruciata, ma nemmeno quel miasma mortifero riesce a cancellare il profumo soave della pelle di suo figlio.

Il gilet giallo gli permette di scavalcare i nastri di recinzione e si ritrova davanti alla scena del massacro. Nessun orrore è uguale a un altro ma tutti si somigliano: morte che cerca morte in una spirale senza fine.

Si fa strada scavalcando i detriti e osserva gli effetti devastanti della deflagrazione: il muro di cinta del più bel locale di Neve Tzedek è sgretolato, i vetri in frantumi, i frammenti di tavoli e sedie sparsi ovunque. Il pavimento di maioliche azzurre è ridotto a un campo dissodato, al centro la fauce crudele di un cratere che ha inghiottito chissà quante vite.

Finalmente li intravede: seminascosti da un'auto della polizia, Tal e Dor stanno parlando fitto con degli agenti. Proprio in quel momento lo avvistano e, dall'espressione irritata, sembrano avercela con lui. È la prima volta che arriva in ritardo e si aspetta una strigliata, eppure stranamente non gliene importa, vuole solo tornare il prima possibile da Gur. Li ha ormai quasi raggiunti quando si scopre a pensare che i loro gilet gialli nel grigio polveroso delle macerie li fanno assomigliare a due incongrui limoni spuntati in quel piazzale di disperazione. E con l'acidità e l'asprezza del limone lo accolgono.

«Alla buon'ora» sibila Dor.

«Stanno caricando gli ultimi feriti sulle ambulanze, ci hai messo un secolo ad arrivare» borbotta ruvido Tal.

«Quanti?» chiede Ilan esitante.

«Una trentina» taglia corto Dor.

«E i morti?»

«Ne hanno contati cinque. La polizia ha bonificato l'area e non ci sono bombe inesplose. Datti da fare, ecco le buste e i cartellini» conclude porgendogli una confezione sigillata.

Le ultime ambulanze sono partite e i volontari cominciano il loro compito pietoso: recuperare, identificare e ricomporre i corpi delle vittime raccogliendone ogni brandello come prescrive la legge ebraica.

Ilan indossa la tuta bianca, le sovrascarpe e la mascherina, poi infila i guanti di lattice e impugna le pinzette.

La preghiera muta di Zaka deve iniziare.

L'attrito del fato, innescato dal gesto assassino, si prende il suo tempo. Ciascuna delle cinque vittime dell'attentato ha un cerchio di affetti pronto ad andare in frantumi. Chi li ha amati presto conoscerà il loro destino. Ma, prima della tempesta, la vita scorre come sempre.

2

È tardi e la giornata è finita. Nastri e passamanerie sono stati riordinati, i campionari di tessuto sono impilati nello scaffale accanto alle macchine da cucire, forbici, spille e bottoni già al loro posto nei cassetti e i ferri da stiro ormai freddi. Le sarte sono pronte per tornare a casa e stanno per riporre i camici negli armadietti quando sentono dei passi precipitosi lungo la scala. Non può essere che la proprietaria. Qualcosa deve essere andato storto.

«Il regista è su tutte le furie! La gonna della *Carmen* non funziona, quando gira tre volte su sé stessa il ventaglio del plissé perde la piega» esordisce trafelata Micòl facendo irruzione nel suo laboratorio al piano terra dell'elegante villino romano dove vive e lavora.

«Ti avevo avvertita che scegliendo una lana troppo pesante il bagno di vapore non sarebbe bastato a imprimere un solco permanente» commenta pungente Anita, la più anziana e la più esperta delle sarte. «Avresti dovuto suggerire al regista una seta, o magari un raso... Sopportano la plissettatura in modo eccellente e con le luci di scena sono di grande effetto.»

«Seta, raso? Ma se non faceva altro che ripetermi che la sua *Carmen* deve essere frugale, scabra, carismatica e che l'avrebbe voluta vestita di canapa o meglio ancora di iuta!

Figuriamoci quanto avrebbe retto alle giravolte un plissé di iuta... Credimi, siamo arrivati a quella lana dopo un'estenuante mediazione.»

Cresciuta nelle sartorie teatrali, Anita è abituata alle bizze dei registi, ma alla loro inesperienza ancora non riesce a rassegnarsi. E aggiunge amara:

«Il palcoscenico ormai è in mano ai dilettanti.»

«Il guaio è che pretende di vedere le modifiche prima della prova generale di domattina» le ribatte affannata Micòl. «Almeno tu puoi trattenerti con me in laboratorio? Noi due, insieme, troveremo di sicuro una soluzione.»

«Non sarà facile, ma possiamo tentare.»

Dall'espressione furba che fa, lei intuisce che Anita ha già in mente una soluzione, ma che l'aiuterà solo in assenza di testimoni.

Micòl indica la porta con un cenno della mano:

«Voi potete andare. Ci vediamo domani alla solita ora.»

Le sarte, fino a quel momento rimaste sulla soglia in attesa degli eventi, con un sospiro di sollievo scivolano fuori in silenzio. E subito Anita suggerisce complice:

«Possiamo fissare le pieghe con dei sottopunti a partire dalla cintura e in giù per qualche centimetro. L'ho già fatto per il corpetto di un Otello e ha retto per più di trenta repliche.»

«Ottima idea! Che ne dici di inserire nell'orlo una di quelle cimose con i pesetti di piombo? Il plissé rimarrà più definito» propone l'altra di slancio.

«Non ho più nulla da insegnarti.»

Affascinata dalle idee audaci di Micòl, Anita ne teme la fragilità. Dopo il divorzio, ma soprattutto da quando il figlio si è trasferito all'estero, l'ha vista rifugiarsi nel lavoro con un'ostinazione che comincia a preoccuparla.

Riaccendono il ferro da stiro e, spalla a spalla, alla luce di una lampada si mettono al lavoro. Gli aghi corrono veloci tra le loro dita e nel giro di due ore le modifiche sono pronte. La cimosa è inserita, le pieghe in vita sono state definite dai sottopunti e, dopo che il vapore le ha fissate a una a una, finalmente la gonna esibisce un rigoroso ventaglio.

«Mi sembra che ci siamo. Indossala» conclude soddisfatta Anita. «Infila anche il corpetto, così controlliamo l'effetto d'insieme.»

Micòl si sfila la camicia bianca e i jeans e li abbandona sulla moquette, rimanendo in reggiseno e mutandine. Anita l'aiuta a infilare la pesante gonna plissettata e, dopo aver stretto con cura i nastri del corpetto di velluto rosso, la guarda compiaciuta:

«Perfetta. Adesso prova la giravolta.»

Come la ballerina del carillon, Micòl ruota su sé stessa più volte davanti alla specchiera a tre ante dell'atelier. Accresciuta dal triplice riflesso, la geometrica raggiera è impeccabile.

Mentre controlla allo specchio la regolarità dell'orlo, Micòl si accorge della luce azzurrina e pulsante nella tasca dei jeans.

«Accidenti, avevo abbassato la suoneria... Chi sarà a quest'ora?» chiede stupita.

«Tuo figlio?»

«Figurarsi, Arièl non chiama mai.»

In cuor suo Micòl si augura che non sia il giovane compagno di letto della notte precedente, piacevole ma insipido come tutti quelli che sceglie per i rapidi incontri senza amore che si concede talvolta. Non saprebbe che dirgli e ha deciso di non rivederlo. Per ripescare il cellulare dalla tasca si inginocchia sulla moquette, e la gonna accompagna il gesto disegnando sul tappeto una ruota perfetta.

Micòl risponde.

In un italiano aspro, le "r" come carta vetrata e le "s" come artigli, il consigliere dell'ambasciata israeliana a Roma le riferisce di un attentato e del ritrovamento dei documenti di suo figlio.

La voce tagliente lacera la stoffa sottile del cuore di Micòl con il suono feroce di parole e numeri senza senso: Tel Aviv, Shabazi Street, aeroporto di Fiumicino, 9.30, e poi El Al e una lunga sfilza di numeri. La via dell'attentato e il codice del volo vengono dall'abisso.

Micòl scarabocchia sgorbi indecifrabili sul lembo di un cartamodello con il gessetto da sarta. Le ultime parole raschiano via ogni speranza: un kamikaze, trenta feriti, cinque morti.

Uno è suo figlio.

3

Daniel ama Milano, salvo nei giorni in cui è costretto a indossare l'impermeabile. Detesta quel capo d'abbigliamento tanto quanto le cene di lavoro nei venerdì piovosi. La cliente è una tipa niente male e ha fascino da vendere, ma il problema è che quella sera a vendere tocca a lui.

Ancora è incerto se gli convenga portarsela a letto o se sia più prudente limitarsi a una corte galante. Ha un'aria sbrigativa che lo intimorisce, sa quello che vuole, dosa con abilità ironia e astuzia e, come sempre davanti a una donna più intelligente di lui, Daniel è a disagio.

Petra Heydrich gestisce l'appetitoso portafoglio di advertising di una grande industria di cosmetici e non è soddisfatta della sua agenzia pubblicitaria. Per soffiare il budget al concorrente e ottenere il contratto, lui dovrà darle l'impressione di essere tanto immaginifico quanto profondo. Quindi: parole, parole, parole...

Petra lo ascolta, lo tiene sulle spine e intanto gli prende le misure. Lo sbruffone che ha davanti possiede il guizzo di fantasia che cerca per il nuovo profumo da lanciare sul mercato?

Disorientato, Daniel sente di non condurre la partita e cerca di recuperare. Lei ha appena ordinato un filetto Striploin Kobe, e lui per spiazzarla rilancia proponendo un costoso vino sudafricano, il Chocolate Boekenhoutskloof.

«Mai sentito» ribatte lei.

Daniel parte in quarta:

«Sfumature di prugne mature, violette, olive nere, chiodi di garofano, liquirizia e un sottile retrogusto di cacao. Un abbinamento perfetto per il Kobe.»

Petra approva. Il cameriere sta riempiendo i bicchieri quando squilla la suoneria del cellulare di Daniel. Infastidito, lo prende dalla tasca interna della giacca, guarda il display, si irrita perché compare la scritta "Numero sconosciuto" e rifiuta la chiamata.

«Niente di importante. Torniamo al vino, il nome è palesemente afrikaans e questi vigneti hanno una tradizione plurisecolare che si intreccia con l'apartheid.»

Viene di nuovo interrotto dal suono del suo cellulare, ancora una volta è un numero privato e di nuovo Daniel rifiuta la chiamata.

«Scusami, non posso spegnerlo perché aspetto una telefonata importante. Dunque, verso la fine del Seicento i migliori vitigni francesi furono portati a Capetown da ugonotti sfuggiti dalla strage di San Bartolomeo e dall'Editto di Nantes. Questi esuli erano eccellenti *vignerons* ma disprezzavano i neri africani animisti e, considerandosi superiori a loro, vivevano ben separati: à part. Da cui "apartheid".»

La suoneria ricomincia a squillare.

«Rispondi per favore» suggerisce Petra annoiata da quella lezioncina palesemente letta su Wikipedia.

Con un gesto nervoso lui ubbidisce.

«Sì, sono io. Mi dica, ma in fretta, sono a una cena di lavoro.»

Impallidisce. Chiude la comunicazione e crolla sulla sedia. Boccheggia. Petra lo guarda stupita. D'improvviso quel vanesio e arrogante pubblicitario le appare un uomo finito.

«Che succede?»

«Arièl, mio figlio» balbetta. «A Tel Aviv...»

4

Martedì, seconda giornata

Il capitano David Cardoso è stanco di aspettare. È arrivato di primo mattino all'ospedale Ichilov Sourasky per avviare l'inchiesta sull'attentato al locale di Shabazi Street ma il dottor Mohamed Said è irreperibile.

«È con i feriti. Qui viene prima la vita e solo dopo la burocrazia» gli ha risposto brusca l'infermiera l'ennesima volta che aveva provato a bloccarla nel corridoio per chiedere di incontrarlo.

Finalmente da una stanza spunta un uomo alto e allampanato con il camice stazzonato.

«Il capitano David Cardoso? Mi dispiace di averla fatta aspettare, mi dica.»

«Quanti feriti sono in grado di testimoniare?»

«Due o tre, ma sono molto provati e sarebbe meglio rimandare a domani.»

«Impossibile, abbiamo bisogno subito di tutte le testimonianze.»

«Mi segua. Mi raccomando: poche domande e a bassa voce.»

Rachel Mayer, stanza 343.

Il volto medicato in più punti affondato nel cuscino, il braccio in trazione, Rachel ha gli occhi socchiusi.

«Il capitano Cardoso deve farle delle domande. Se la sente di rispondere?»

«Sì.»

«Dove si trovava al momento dell'esplosione?»

«Il locale era pieno zeppo e stavo andando a pagare quando ho visto un uomo in divisa correre verso la cassa.»

«Può descrivermelo?»

«Alto, capelli rossi e occhi chiari, direi verdi...»

«Come ha potuto vedere il colore dei suoi occhi in pochi secondi?»

«I nostri tavolini erano vicini, era un bel ragazzo e l'ho notato.»

«Mentre correva verso la cassa aveva con sé il fucile?»

«Sì, e urlava.»

«Ricorda cosa?»

«Di allontanarsi.»

«E lei cosa ha fatto?»

«Sono scappata.»

«Ricorda la distanza tra lei e il soldato?»

«Quattro o cinque metri... se lui non avesse urlato sarei morta.»

Isaac Kaufman, stanza 351.

Le gambe e le mani sono ricoperte dai bendaggi, i capelli bruciacchiati e gli occhi protetti da garze, ma la voce di Isaac è ferma.

«Dov'era al momento dell'esplosione?»

«Proprio al centro del locale.»

«E cosa ha visto?»

«Un giovane in divisa mi è passato davanti correndo.»

«Può descrivermelo?»

«Alto, capelli rossi.»

«Aveva con sé il fucile?»

«Sì, e ho visto che inseriva il caricatore.»

«È certo di quello che dice?»

«Sì, conosco l'M16.»
«In che direzione correva?»
«Verso la cassa e urlava di allontanarsi.»
«E lei cosa ha fatto?»
«Sono fuggito. Senza di lui non sarei qui adesso.»

Khalida Al Katib, stanza 363.
Non appena vede entrare il dottor Said, nonostante le gambe ingessate Khalida si solleva sui gomiti.
«Mia figlia?»
«Abbiamo estratto tutte le schegge, nessun organo vitale è compromesso.»
«*Al-ḥamdu li-llāh!* Quando potrò vederla?»
«Presto. Ora se la sente di rispondere a qualche domanda?»
«Per lei qualsiasi cosa, dottore.»
«Dov'era al momento dell'esplosione?»
«Stavo accompagnando Yemina all'asilo ma lei continuava a strillare che voleva un gelato. C'era molta gente, il passeggino è pesante e per entrare bisogna superare dei gradini, così l'ho parcheggiato davanti al muretto del locale. Ero sul punto di andare a comprarle il gelato quando ho visto un uomo che si faceva largo tra la folla.»
«Può descrivermelo?»
«Era in divisa e aveva i capelli rossi...»
«Imbracciava il fucile?»
«Sì, e urlava: "Allontanatevi!".»
«E lei cosa ha fatto?»
«Ho scavalcato il muretto e con il corpo ho coperto la mia bambina. A quel soldato devo la mia vita e quella di Yemina. Mi dica che anche lui ce l'ha fatta...»
«No.»
«Pregherò Allah per la sua anima.»

5

La morte, che ci accompagna e ci segue dappresso anche se fingiamo di ignorarla, ha divorato in un baleno il frutto gentile di una pianta seminata distrattamente che aveva scovato lo stesso la linfa per nutrirsi.

La vita trova strade che la morte cancella in un istante.

Micòl e Daniel non hanno mai vissuto una notte interminabile come quella che ha preceduto la partenza per Israele. In volo verso Tel Aviv, ciascuno pensa atterrito alla liturgia secca che li attende: l'obitorio, il lenzuolo sollevato di scatto dal corpo inerte e grigio...

I suoi occhi spenti.

«Chi glieli avrà chiusi?» si tormenta il padre.

Il suo corpo freddo.

«Il mio bambino sul marmo dell'obitorio? È inumano chiedermi di guardarlo, ma io voglio, voglio vederlo» si tortura la madre.

Ancora non sanno che quello che li aspetta sarà ancora più crudele.

La morte impone sfide asimmetriche. Chi resta è già sconfitto. E a quei genitori rimane una battaglia impari: cancellare le percezioni o acuirle, dimenticare o ricordare, sopravvivere o vivere.

Tel Aviv respira a fatica sotto il peso di un caldo infuocato. Le piste dell'aeroporto Ben Gurion sono piombo fuso e l'aria arroventata tremola per il calore.

Micòl e Daniel arrivano in orari differenti, con aerei distinti partiti dalle due diverse città in cui vivono, separati ormai da tempo. Allo sbarco, ciascuno è accolto da un rappresentante dell'esercito. A ciascuno vengono fatte le condoglianze e ciascuno viene accompagnato in albergo da un'auto militare, perché quell'attentato è un atto di guerra e il figlio è morto con indosso la divisa di Tsahal. A entrambi viene dato un appuntamento: alle quattro del pomeriggio all'indirizzo del figlio, una casa che non hanno mai visto e di cui non hanno le chiavi.

Non si vedono da più di dieci anni. Dal giorno del divorzio, hanno stabilito di comunicare lo stretto necessario e solo per iscritto. Per lui, e solo per lui, le loro strade si incontrano di nuovo.

Il taxi di Micòl si ferma davanti a una palazzina bianca con gli infissi malconci e la pittura scrostata dalla salsedine. È appena scesa quando le sembra di vederlo sbucare da una via laterale.

Un'ex moglie ha lo sguardo aguzzo, eppure stenta a riconoscerlo. Lui avanza a testa bassa, ed è ormai così vicino che si distinguono la capigliatura color ruggine precocemente imbiancata e il volto appassito. Eppure il dolore non le permette di mettere a fuoco i dettagli dell'uomo che ha creduto di amare e nonostante tutto ha amato, e da cui ha avuto un figlio.

A passo lento, come chi non vuole arrivare a destinazione, infine Daniel la raggiunge.

I loro sguardi vuoti si incrociano. È lui ad abbassare gli occhi per primo. Impacciato, si passa la mano sui capelli diradati, si asciuga il volto imperlato di sudore con il fazzoletto e, per prendere tempo, si volta verso la palazzina e perlustra finestre e balconi fin su, all'ultimo piano, dove il parapetto della terrazza incontra il cielo. In quel pomeriggio disperato le parole che ha sempre usato con abilità gli sembrano tutte goffe, superflue, sciupate. Come ci si rivolge a una ex moglie che si incontra dopo tanto tempo perché il figlio che si è messo al mondo è...? La parola non riesce nemmeno a comporsi nella sua mente. Dov'è finita la sua sicurezza, dove l'arroganza? Smarrito, infine balbetta:

«Ci stanno aspettando.»

«Non c'è più nessuno ad aspettarci.»

Rimangono l'uno di fronte all'altra, immobili, per un tempo che sembra a entrambi ben più lungo di quei dieci anni. Poi Daniel si decide, spalanca il portone e con un gesto stanco della mano le cede il passo.

Per prima e da sola, Micòl varca la soglia di quell'edificio sconosciuto.

Nella penombra dell'androne, accoccolata sull'ultimo gradino della scala, c'è una ragazza in divisa con una folta chioma bionda che parla al cellulare masticando una gomma. Non appena li vede, interrompe la chiamata, si alza di scatto e li raggiunge.

«I genitori di...»

Si interrompe, la risposta è nei loro volti terrei.

«Sono il caporale Dova Erlich. Vi esprimo le nostre più sentite condoglianze» dice stringendo vigorosamente la mano a entrambi, «la morte di vostro figlio non rimarrà impunita.»

Poi, da un sacchetto di tela con una scritta in caratteri ebraici e un numero di serie, tira fuori un mazzo di chiavi con agganciata una stellina di smalto e glielo porge.

Micòl lo afferra e lo stringe nel pugno.

«Immagino sappiate che l'appartamento è...»

«No. È la prima volta» sussurra Micòl.

«Non conosciamo nemmeno il piano, se vuole avere la cortesia di dircelo» aggiunge Daniel ritrovando la voce graffiante che Micòl ricorda ma non riconosce più.

«È al quarto» risponde Dova chiamando l'ascensore. «Io salgo a piedi» conclude avviandosi lungo le scale.

Con un tonfo sordo la cabina atterra. Entrano con cautela, cercando di non sfiorarsi, e con stupore subito si accorgono che sulla pulsantiera non compare il tasto del quarto piano.

Micòl si scopre a pensare che forse quell'appartamento non esiste. Forse è stato cancellato o è sparito, forse nulla è accaduto davvero e bisogna solo tornarsene in Italia.

Daniel prima tocca delicatamente i tasti, poi pigia deciso quello più in alto: il terzo. Il sibilo del meccanismo li accompagna in un viaggio così dilatato da sembrare eterno, mentre nell'angusta cabina gli specchi moltiplicano ostinatamente i volti contratti e i corpi troppo vicini.

Sono di nuovo insieme, ma uno manca all'appello.

L'ascensore ferma al piano con un brusco sobbalzo. Le porte si aprono su un pianerottolo semibuio, senza finestre e con una lampadina spenta che penzola dal soffitto. Nella penombra intravedono una scala stretta e ripida, che curva in un'ultima rampa da cui proviene un vago chiarore. Sguardo basso, cominciano a salire. Ogni gradino è una montagna da scalare con il fiato spinto a forza nei polmoni: aria da inspirare ed espirare come tocca solo ai vivi.

Arrivati in cima, si trovano in un minuscolo ammezzato inondato dal riverbero accecante di un grande lucernario e davanti a un'unica porta dipinta di rosso. Il caporale Dova è già lì che li aspetta.

È la luce che Micòl avrebbe ricordato per sempre pensando a quel giorno. Una luce accecante che brucia le forme e cancella i pensieri, una luce che assomiglia al nulla e all'aldilà.

«Il mio compito è terminato, vi lascio soli» scandisce compunta il caporale.

«Nessuno ci ha detto nulla... Cosa dobbiamo fare?» chiede esitante Micòl.

«Ci saranno delle pratiche, delle carte da firmare» aggiunge Daniel ostentando un tono sbrigativo.

«Il capitano Noa Baruch e il sergente Shimon Levy verranno qui alle sei per incontrarvi e mettervi al corrente delle procedure» risponde Dova con un sorriso mesto di congedo.

Accenna il saluto militare e si precipita per le scale. Il rumore dei suoi scarponi militari rimbomba torvo, poi scema in lontananza.

Sono soli davanti al rosso di quella porta che temono di aprire.

«Hai tu le chiavi...» mormora Daniel.

Micòl le stringe nel pugno paralizzata. Lui esita, poi si decide, le apre a forza le dita contratte e scopre che la stellina di smalto le si è conficcata nel palmo fino a farlo sanguinare. Sfila dal taschino della giacca il fazzoletto e glielo porge, lei lo afferra, tampona la ferita con rabbia e, come per liberarsene, gli consegna le chiavi.

Daniel infila la più grande nella toppa e si fa da parte.

«Apri tu.»

Micòl gira la chiave nella serratura, è chiusa con una sola mandata come quando si è certi di tornare.

Ruotando sui cardini, la porta produce un fruscio che somiglia a un lungo sospiro. Poi si apre sulla casa del figlio.

Davanti a loro appare un unico grande locale, il soffitto basso e incombente e un lato intero occupato da una grande vetrata, che lo inonda di una luce crudele. Deve essere una sopraelevazione recente dell'edificio, forse in origine adibita a lavatoio, perché sui muri di cemento grezzo i tubi dell'acqua corrono a vista e su una delle pareti troneggia una lunga vasca di graniglia, piena di piante che si arrampicano lungo le condutture trasformando l'ambiente in una serra.

Muti e senza il coraggio di entrare, rimangono sulla soglia perlustrando smarriti quella casa sconosciuta. Entrambi lo cercano con gli occhi, a entrambi pare di sentire il suo respiro.

A Micòl sembra di vederlo seduto sul divano. Ma sì, uno

dei cuscini conserva l'impronta del suo peso e sul bracciolo c'è un bicchiere con due dita di liquido trasparente: acqua o cosa? Deve essersi appena alzato dalla poltrona di pelle marrone chiaro perché sopra c'è un giornale abbandonato. Dietro alla libreria che taglia in due lo stanzone s'intravede un letto: di sicuro lui è lì, tra le lenzuola, ancora addormentato, lui dorme sempre fino a tardi... Ma è troppo tardi.

A Daniel pare di scorgerlo accanto al vecchio frigorifero giallo. A colazione beveva sempre latte freddo, da bambino si attaccava alla bottiglia e lo mandava giù tutto d'un fiato... Ma perché il frigorifero non è in cucina? E la cucina dov'è?

Simultaneamente rivolgono lo sguardo alla vetrata da cui si intravede una grande terrazza, di sicuro lui è lì. Daniel lo rivede pedalare sulla bicicletta a rotelle nel lastrico solare del villino romano e a Micòl torna in mente che piantava sempre le erbe aromatiche a primavera.

Non hanno ancora varcato la soglia. Solo restando al di qua del confine segnato dalla porta rossa possono illudersi che nulla sia accaduto davvero.

Il sibilo dell'ascensore richiamato al piano terra li fa sobbalzare. D'istinto Daniel sfiora la spalla di Micòl, per sfuggire al contatto lei fa un passo in avanti e lui la segue. Sono ormai dentro la casa del figlio.

Ciascuno per proprio conto, esplorano esitanti quello spazio ignoto in cui la luce ritaglia ogni oggetto con bordi affilati. Micòl cerca subito il letto, è ancora disfatto, una felpa viola appallottolata sul pavimento, i sandali infradito abbandonati in un angolo, ed è costretta ad appoggiarsi al muro per non svenire. Daniel entra in bagno, un surf è parcheggiato accanto alla doccia e una fila di soldatini napoleonici è allineata sulla mensola sopra il lavandino; accanto ci sono un elastico con impigliati dei lunghi capelli neri, un dentifricio senza tappo e due spazzolini da denti. D'impulso ne sfiora le setole e, scoprendole ancora umide, si sente mancare, ma Micòl non può accorgersene perché ha il volto immerso nella felpa del figlio alla ricerca disperata del suo odore.

Con i cuori pesanti e asciutti, si ritrovano davanti alla vetrata: è semiaperta e dalla terrazza spira una bava di vento salmastro.

Daniel forza lo scorrevole ed esce all'aperto. Aggrappata alla pesante tenda blu Micòl indugia un istante, poi lo segue e nella luce di un afoso cielo estivo solcato da nuvole basse comincia a perlustrare i vasi: riconosce la menta, il basilico e il rosmarino piantati insieme alle rose per permettere agli aromi di fondersi. Faceva lo stesso nei balconi della loro casa a Roma.

Un cigolio la obbliga a voltarsi e vede che Daniel ha aperto la porta di una stretta veranda di ferro e vetro appoggiata al muro della casa e si è insinuato dentro. Lo raggiunge esitante e scopre che in quello spazio angusto e fatiscente è arrangiata una minuscola cucina. Lungo uno scaffale sono allineati vasetti di spezie, bottiglie di vino, barattoli di riso e cuscus e in un angolo una grande felce. Tutto è come lui lo ha lasciato: il lavandino pieno di piatti sporchi, nel tostapane una fetta bruciata e un'altra, con un velo di marmellata e appena sbocconcellata, abbandonata in bilico sul bordo di un piatto.

Daniel allunga una mano per prenderla ma lei lo blocca.

«Non la toccare.»

«Perché?»

«Deve restare tutto così com'è.»

«Micòl...»

«Fai come ti dico.»

Rientrano in casa a capo chino.

Lui, i pugni ficcati in tasca e la testa incassata nelle spalle, si guarda intorno scoraggiato e con voce spenta:

«Cosa ci faceva mio figlio in questa piccionaia miserabile? Senza una cucina, con i divani sgangherati, il frigorifero in soggiorno, i tubi a vista e quella vasca piena di piante arrampicate ovunque. Aveva tutto ed è venuto a morire qui...»

«Taci!»

Proprio in quell'istante, sentono un rumore di passi accompagnati da un inconfondibile colpo sordo e ripetuto. Si guardano, automaticamente si voltano verso la porta d'ingresso, e si accorgono di averla lasciata socchiusa.

Nello spiraglio si insinua un bastone che con un movimento secco spalanca la porta.

Micòl e Daniel se la trovano davanti.

6

Picchiando il bastone con forza come una regina, Stella raggiunge la poltrona, senza esitazioni sposta il giornale che Micòl non aveva avuto il coraggio di toccare, e vi si accomoda come su un trono.

«Chiudete le tende, c'è troppa luce per i miei occhi stanchi» intima.

Il comando secco della madre, come una scudisciata, obbliga Micòl a ritornare in sé e subito si affretta a schermare la grande vetrata con le pesanti tende blu.

La penombra avvolge la casa e i pensieri aggrovigliati di quello che resta di una famiglia male assortita, di nuovo insieme solo perché ciò che ancora li legava è venuto a mancare.

«Sedetevi» ordina.

Micòl e Daniel obbediscono. Più vicini di quanto vorrebbero, si accomodano sul divano nel lato opposto a quello che conserva l'impronta del figlio. Quel vuoto, più pieno del pieno, non può essere occupato da nessun altro.

«Non ci vediamo da tempo. E se fosse stato per me non vi avrei mai più rivisti. Di sicuro non il tuo ex marito, ma forse neppure te Micòl, nonostante tu sia la mia unica figlia.»

«Mamma...»

Stella si liscia la gonna, e prosegue tagliente:

«Sai bene di essere stata la mia più grande delusione, di più, la mia sconfitta. Quanto a te, Daniel, ti sei intrufolato nella mia famiglia come un topo e ne sei uscito parimenti.»

«Tu pensi sempre di sapere tutto e invece non sai nulla di nulla!» ribatte Micòl alterata.

«Io ti conosco come nessuno al mondo.»

«Non puoi immaginare cosa sto provando! Lui è morto, e io...» Rimane muta per un lungo istante. «Io invece sono viva».

Poi, guardandola dritta negli occhi: «E sei viva anche tu».

«Te ne rammarichi?»

«È tutto sbagliato, mamma, tutto sbagliato...»

«Lo so, ma è andata così e non si può tornare indietro.»

Si aggiusta gli occhiali sul naso e continua con voce ferma: «So che non avete approvato la sua scelta di vivere in Israele».

«Trasferirsi, prendere la nazionalità, il servizio militare poi... Era una pazzia!» esclama Micòl.

«Può darsi. Ma voi non avete saputo leggere nel suo cuore e vi siete ostinati a non comprendere le sue ragioni.»

«Le sue ragioni? Era capace solo di criticarci. Sparava a raffica sulla nostra generazione, parlava dell'Italia come di un paese morto, finito! E di Israele come il giardino delle delizie. Abbiamo visto quali...» protesta Daniel. «Ho persino minacciato di tagliargli i fondi, ma non è servito a niente.»

«Zitto tu, che a forza di pensare al denaro e al successo ti sei bevuto il cervello» ribatte Stella.

«Mamma, Daniel ha solo detto che...»

«Non vorrai mica difenderlo?»

«Basta! Con che coraggio ci parli così? Abbiamo perso nostro figlio!»

«E io ho perso il mio unico nipote.»

«Maledico questo paese!» grida stravolta Micòl.

«Maledici piuttosto chi ha fatto strage in quel locale. Maledici quelli che l'hanno mandato! Vorrei averli tra le mani ora, qui, adesso!» le risponde Stella mostrando il pugno serrato.

«Se fosse rimasto in Italia, sarebbe ancora vivo» ribatte Micòl in un soffio.

«La morte ti insegue e ti raggiunge ovunque, senza avvertirti. Poteva morire in un incidente d'auto dopo una notte in un locale, oppure di overdose, o magari di noia o di disperazione. Invece è morto in un attentato nel paese che aveva scelto e che amava. Ci sono state stragi anche a Londra e a Madrid. Le Twin Towers sono state abbattute a New York, mica a Gerusalemme!» conclude la madre con un colpo secco del bastone che non lascia spazio a repliche.

Nella penombra, i capelli ancora folti di Stella spiccano candidi, ma le rughe del volto appaiono ancor più profonde.

«Dimmi la verità, da quanto tempo non gli telefonavi? Non mentire Micòl.»

«Ero infuriata per quella partenza improvvisa, ma dopo le prime settimane di silenzio l'ho chiamato regolarmente. L'ultima volta un mese fa.»

«Non sentivi tuo figlio da un mese?»

«Mi rispondeva solo a monosillabi.»

«Con me parlava sempre.»

«Di cosa?»

«Di tutto. Di Israele, dei nuovi amici, dell'addestramento, della paura.»

«Della paura?»

«Già, della paura. Cosa credi? In questo paese tutti conoscono la paura: giovani, vecchi, bambini...»

«L'ennesima lezioncina della vecchia sionista. Ne ho sentite anche troppe!» esplode Daniel.

«Non ti rivolgere così a mia madre!» replica Micòl.

«Sai bene che è colpa sua se nostro figlio ha scelto di venire a vivere qui. Ed è colpa sua se ci siamo lasciati» ringhia rivolto a Micòl.

«Dunque sarei io la responsabile del vostro divorzio? Pensavo fossero le stagiste che andavano e venivano dalla tua agenzia pubblicitaria e dal tuo letto. "Uno slogan folgorante, dottor Anav", "Lei è un genio della pubblicità, signor Anav". Non sono mai riuscita a capire cosa abbiano trovato in te quelle ragazze sfortunate. E soprattutto cosa abbia trovato in te mia figlia. Ma, almeno lei, alla fine ha capito di che pasta sei fatto.»

«Smettila mamma. Cosa ne sai tu?»

«Più di quanto tu pensi. Il resto l'ho immaginato. Mi sono sempre stupita che mio nipote fosse riuscito così bene malgrado voi due. D'altronde i figli sono una lotteria e, nonostante tutto, voi avevate vinto... Ma ormai abbiamo perso tutti.»

Un silenzio denso si insinua tra i loro pensieri bui. Stella crede di aver detto quanto basta. Aiutandosi con il bastone si alza dalla poltrona e attraversa decisa la stanza. Giunta sulla soglia si volta:

«Oggi è un giorno troppo amaro. C'è bisogno di spazio tra le cose. C'è bisogno di tempo. Micòl, sai dove abito. Ma non venire solo per piangere, prima cerca di capire.»

Sbattuta con forza da Stella, la porta vibra sui cardini.

Quando il rumore dei passi e il tonfo del bastone svaniscono, Micòl e Daniel si sentono davvero soli.

«Tua madre non è cambiata. È l'arrogante di sempre.»

«Hai sentito cosa ha detto? Si vedevano, parlavano... Lei conosce quello che noi non sappiamo della sua vita recente, dei suoi ultimi giorni...»

«A cosa serve sapere, ormai?»

«Serve a capire chi è stato nostro figlio senza di noi. Nonostante noi.»

«Cosa vorresti scoprire?»

«Se è stato felice, almeno un po'. Prima di partire, tutto gli sembrava senza senso: gli amici, l'università, la politica...»

«Colpa delle storie che gli metteva in testa tua madre: la patria, gli ideali, l'eroismo, i kibbutz. Invece io lo portavo a giocare a tennis al circolo e alle partite di calcio allo stadio, cose da maschi... Ma dopo il divorzio non è voluto più venire, e insieme alle scemenze di Stella gli sono toccate le tue.

Il teatro, i costumi, la bellezza. Tutte puttanate! Se il giudice lo avesse affidato a me sarebbe venuto a vivere a Milano, e invece di studiare fisica si sarebbe laureato in Economia, poi un bel master in marketing a Londra, e avrebbe lavorato in pubblicità come me. Gli avrei spianato la strada...»

«Zitto! Stai zitto. Tu non hai mai capito niente di lui.»

«Se è per questo nemmeno tu.»

«Andiamocene via di qui, adesso, subito!»

«Non possiamo. Hai dimenticato l'appuntamento con quelli dell'esercito? Saranno qui tra poco.»

Micòl si alza di scatto, esce in terrazza e guarda giù in strada. La casa affaccia su un grande mercato, dall'alto intravede il brulichio dei compratori e, insieme alle grida degli ambulanti, la raggiunge uno strano miscuglio di aromi: il profumo dolciastro dei meloni maturi e quello pungente della curcuma.

A sorpresa un gatto nero balzato dal tetto atterra ai suoi piedi. La schiena curva e la coda ritta, emette un miagolio straziante, poi, sgusciandole tra le gambe, s'infila dritto in casa. Lei lo segue con lo sguardo, lo vede raggiungere con un salto la poltrona e, dopo aver disegnato un otto tra un bracciolo e l'altro, con un guizzo si tuffa sul divano e si acciambella riempiendo esattamente l'impronta lasciata dal figlio.

Perplessa, lo segue.

«È spuntato un gatto, sembra di casa, forse ha fame...»

«Buttalo fuori, è un randagio. Se gli dai da mangiare non te ne libererai più.»

«Randagio? Ha il pelo lucido, è in ottima salute.»

Dopo aver trafficato nella veranda, Micòl torna con due ciotole, una colma d'acqua e l'altra di croccantini pescati in una scatola sotto al lavello, e le posa accanto alla vasca di graniglia. Con un guizzo, il felino le raggiunge, si gira verso di lei e la fissa con le pupille dilatate, poi tuffa il muso nella ciotola e incomincia a sgranocchiare.

«È il suo gatto.»
«Cosa ne sai?»
«Lo so e basta!» risponde Micòl.
Poi con la voce incrinata dall'emozione:
«Sullo scaffale della cucina ho trovato un foglietto, c'è scritto "I love you, habibi". Secondo te è un nome? L'iniziale è minuscola...»
«Ce n'è uno identico in bagno, con la stessa firma. Non ci pensare Micòl, ormai è finita.»
«Devo sapere chi è, questa Habibi, conoscerla, parlarle...»
«C'è tempo. Prima o poi si farà viva.»
Dopo aver attinto alla ciotola dell'acqua e ripulito quella dei croccantini, il gatto si lecca i baffi, allunga le zampe anteriori e, inarcando la schiena, si stiracchia soddisfatto. Guardinga, Micòl gli avvicina le dita al muso per fargli prendere confidenza con il suo odore. Lui la scruta immobile senza sottrarsi, e a quel punto lei si fa coraggio e lo accarezza delicatamente prima sul capo e poi lungo il dorso. Il gatto la lascia fare.
«Ti dico che è il suo, lo sento.»
«Smettila! È tempo perso. I gatti dimenticano il padrone.»
«Non è vero. Comunque la sua padrona adesso sono io» conclude Micòl accomodandosi sulla poltrona.
Subito il gatto le balza in grembo.

7

Quelli dell'esercito arrivano in coppia e in perfetto orario. Una donna minuta dalla pelle olivastra e dai grandi occhi indagatori con indosso una divisa di una taglia più grande della sua, e un giovanotto con la testa rasata che non fa che tormentarsi le mani producendo un sinistro rumore di ossa.

«Sono il capitano Noa Baruch, e lui è il sergente Shimon Levy. Siamo qui per farvi le condoglianze ufficiali di Tsahal e dello Stato di Israele. Vostro figlio per noi era un soldato speciale.»

«Speciale?» chiede Daniel stupito.

«Era un *hayal boded*, un "soldato solo", così chiamiamo gli uomini e le donne che lasciano famiglia e paese d'origine e scelgono Israele come nuova patria. Anche se sua nonna vive a Tel Aviv, noi lo abbiamo considerato un soldato solo a tutti gli effetti.»

«Mia madre si è trasferita qui nel...»

«Il kibbutz di Hanita deve molto a Stella Attias, e le deve molto anche Israele.»

Micòl e Daniel rimangono muti.

«Riceviamo rapporti regolari dai sottufficiali delle unità che hanno il compito di seguire i soldati soli» aggiunge il capitano.

«Seguirli in cosa?» sussurra Micòl.

«Hanno bisogno di sostegno. Li aiutiamo a trovare una casa, a risolvere problemi burocratici, li mettiamo in contatto con delle famiglie per non trascorrere da soli lo Shabbat e le festività, ma vostro figlio ha sempre declinato.»

«A casa nostra non si celebrava lo Shabbat» ribatte sprezzante Daniel.

«Ce lo ha detto.»

«E cos'altro vi ha raccontato?» chiede Micòl smarrita.

«Che non approvavate la sua scelta.»

«Non me ne ha dato il tempo. Si è presentato con lo zaino quando il taxi che lo avrebbe portato all'aeroporto era già sotto casa» balbetta Micòl.

«Ci ha messo davanti al fatto compiuto, io ero del tutto contrario» commenta aspro Daniel.

«Genitori e figli non sempre percorrono la stessa strada, ma credetemi, lui aveva scelto Israele con la testa e con il cuore. Un paio di volte ha avuto bisogno di aiuto...»

«Quando?» chiede Micòl.

«La maggior parte dei soldati soli sceglie di prestare servizio in unità d'élite come Golani o Tzanhanim. Sono stata io a suggerire a vostro figlio i Tothanim, il corpo di artiglieria dove la sua laurea in Fisica sarebbe stata utile nell'analisi delle traiettorie dei missili.»

E continua con voce ferma: «Il massacro in cui vostro figlio ha perso la vita non rimarrà impunito».

«Qualcuno ha convinto quel kamikaze a farsi esplodere! Ci sono dei mandanti, cercateli!» ringhia Daniel.

«Lo stiamo facendo» risponde laconica il capitano.

Il sergente Levy annuisce energicamente facendo scrocchiare le nocche per sottolineare l'affermazione del superiore.

Il capitano, dopo una lunga pausa, prosegue:

«La morte era una possibilità che aveva messo in conto. Purtroppo l'ha incontrata quando meno se l'aspettava.»

Micòl si passa una mano sulla fronte. È pallida e respira a fatica. Il capitano le si avvicina:

«Si sente bene?»

«Non lo so» risponde a stento Micòl.

«Mi parlava spesso di lei.»

«Cosa diceva?» chiede in un soffio.

«Che è una celebre costumista, che cucina dei carciofi deliziosi e che il suo sorriso...»

Micòl chiude gli occhi e si accascia sul divano, il gatto le balza in grembo.

«La vita di questa nazione è anche nelle mani di uomini e donne come vostro figlio» continua con voce ferma.

«Questo non ci consola» ribatte Daniel.

«Non consola nemmeno noi» risponde il capitano, poi con dolcezza: «Perché non approvavate la sua scelta?».

«Siamo separati da tempo» risponde Micòl esitante. «Da quando mia madre è tornata a Tel Aviv lui veniva a trovarla tutte le estati. Una volta mi ha confidato che gli sarebbe piaciuto vivere qui ma pensavo che fosse una di quelle idee strambe dei giovani che così come arrivano se ne vanno... Poi all'improvviso è partito.»

La voce le si spezza: «Era maggiorenne, non potevo oppormi».

«So che sua madre è una sionista della prima ora, posso chiedervi perché non è riuscita a farvi amare Israele?»

«Semmai il contrario, ce lo ha fatto detestare» risponde Daniel tagliente. «Lei non conosce mia suocera: ha il cuore asciutto come il vostro deserto.»

«Il nostro deserto, noi lo abbiamo fatto fiorire.»

«Non ricordo il suo nome, può ripetermelo?» replica brusco Daniel.

«Capitano Noa Baruch.»

«Ecco, capitano Baruch, le siamo molto grati per averci accolti e per essere stata vicina a nostro figlio, ma non ci propini la predica sulle meraviglie del paese che ce lo ha rubato. Tutto ha un limite.»

Il capitano si scopre a ripensare con compassione alla scheda stringata che ha appena riletto in ufficio: "Arièl Anav: nato a Roma, nazionalità italiana. Laurea in Fisica. Padre residente a Milano, madre residente a Roma. Rapporti regolari con la nonna materna, Stella Attias, residente a Tel Aviv. Rapporti sporadici con i genitori".

Un giovane ebreo con alle spalle una famiglia sfasciata che in base alla Legge del Ritorno decide di scegliere Israele come nuova patria è una storia comune nel suo singolare paese. Eppure non riesce a spiegarsi perché in tutti quei mesi non siano mai venuti a trovarlo. E perché, nonostante il dramma che stanno vivendo, siano così ostili l'una all'altro. Ma subito si pente. Pensa al suo recente divorzio, alle tante famiglie smembrate, confuse, divise che conosce, e a quanto è difficile fare i conti con il proprio passato quando non lo si può più correggere.

Le rimane ora il compito più difficile.

«La deflagrazione è stata devastante. Vostro figlio tornava alla base dopo una licenza speciale e, dalla ricostruzione della polizia, si è trovato nell'epicentro dell'esplosione.»

«Perché era lì?» chiede Daniel.

«Il locale è sulla strada che porta al capolinea del bus con cui sarebbe rientrato alla base della sua unità. Sono giornate eccezionalmente calde, con ogni probabilità si è fermato a bere qualcosa. Forse ha intuito quello che stava per succedere, forse ha provato a fermare il kamikaze, ma quando quel disgraziato ha azionato il detonatore...»

Micòl la interrompe e con voce aspra:

«Trovate i mandanti!»

«Vogliamo vendetta. Devono finire tutti in galera e dovete buttare la chiave! Siete o non siete il grande Israele?» urla Daniel puntando il dito contro il capitano.

«Vi assicuro che non pensiamo ad altro. È stata aperta un'inchiesta sulla dinamica dell'attentato e la security sta setacciando tutte le informazioni. Avranno quello che si meritano. Ve lo giuro» conclude il capitano lasciando cadere un silenzio pesante come la solenne promessa che ha appena pronunciato.

«Quando potrò vederlo?» chiede esitante Micòl.

Il capitano si schiarisce la voce:

«Prima incontrerete il capo di Zaka.»

Il suono di quel nome taglia l'aria come una staffilata.

«Zaka? E chi sono?»

«È un'associazione di volontari che si occupa di soccorrere i feriti e di raccogliere pietosamente i resti delle vittime affinché, come prescrive la tradizione ebraica, il corpo venga dignitosamente ricomposto e trovi sepoltura. Purtroppo vostro figlio era così vicino all'attentatore che l'identificazione è difficile.»

«Come? Cosa?» balbetta Micòl.

«Identificazione?» farfuglia Daniel.

«Tra vittima e carnefice.»

Il viso impietrito, gli occhi vuoti e le mani tremanti, Micòl invecchia in un istante.

Nessun corpo a cui dare l'addio. Non vedrà più il suo volto.

Nel dolore cieco che la invade galleggiano i ricordi. Dopo il parto, quando le hanno adagiato il bambino sul petto e lei ha contato le sue minuscole dita a una a una. Il primo tuffo dal trampolino, la schiena inarcata e poi dritta e le braccia tese a incontrare la superficie dell'acqua. E il giorno della laurea, con la corona d'alloro sui capelli rossi. Frammenti di quel figlio che le è cresciuto accanto senza che immaginasse di poterlo perdere. Di quel figlio che ha perduto.

Il capitano le si avvicina e le posa delicatamente una mano sulla spalla con un gesto che assomiglia a una carezza.

«L'appuntamento con il responsabile di Zaka è domani alle dieci al Centro di medicina legale di Abu Kabir. Sarà lui a dirvi quando.»

Dopo una lunga pausa, aggiunge:

«Il cellulare è stato distrutto dall'esplosione ma abbiamo ritrovato il suo zainetto. Lo spostamento d'aria lo ha fatto volare oltre il muro di cinta. È intatto. Vi sarà consegnato domani.»

«Perché non lo aveva con sé?»

«Forse lo ha lasciato sulla sedia e con il fucile in spalla è andato a pagare alla cassa. Il kamikaze era proprio lì.»

Daniel crolla sul divano accanto a Micòl: vicini e insieme distanti, ciascuno chiuso nella propria disperazione.

Noa Baruch indossa la divisa da più di vent'anni, e genitori di soldati morti in battaglia ne ha incontrati parecchi, ma non si è mai trovata davanti a una coppia così divaricata. Quali colpe inconfessabili gli impediscono di ritrovarsi nel dolore?

Il sergente Levy ha smesso di tormentarsi le dita, e con un cenno attira l'attenzione del capitano indicandole l'orologio che porta al polso. Lei a malincuore si decide e tira fuori dalla tasca della divisa una bustina trasparente da cui estrae un pezzetto di metallo che porge a Micòl:

«Questa è la sua piastrina.»

I caratteri ebraici con il nome e il numero di matricola del figlio baluginano nel palmo della madre. Le lettere dell'alfabeto che lei non ha mai voluto imparare sono incise nel metallo come oscure cicatrici. Ridotto a un graffito senza volto, il nome del bambino che ha messo al mondo le appare quello di uno sconosciuto. Ferita a morte, chiude gli occhi.

Con un gesto delicato ma fermo, il capitano le raccoglie le dita intorno alla piastrina.

«Sono madre anche io» mormora. «Mia figlia è di leva e ogni volta che le vedo al collo la piastrina penso che potrebbe...»

Noa e Micòl si guardano come sanno guardarsi le donne, oltre le lingue, le età e le uniformi, per quello che le unisce sopra ogni cosa: generare la vita e rischiare di perderla in un istante.

«Vi aspetto domani alle dieci ad Abu Kabir. Questo è il

mio numero di cellulare, potete chiamarmi a qualsiasi ora. Vi aiuteremo a organizzare il funerale.»

Micòl e Daniel si guardano sgomenti: è la prima volta che viene pronunciata la parola funerale.

Il capitano Noa Baruch e il sergente Shimon Levy si sono congedati lasciandoli con un insopportabile fardello. Di nuovo soli, non hanno il coraggio di guardarsi. Nelle poche, interminabili ore in cui la vita gli si è rovesciata addosso non hanno scambiato che brevi frasi amare, ed è giunto il momento di lasciare quell'appartamento da cui già non riescono a separarsi.

Micòl scova la lettiera, sostituisce la sabbietta e lascia aperto uno spiraglio della vetrata per il gatto. Daniel tira le tende. Escono con il cuore indurito. È lei a chiudere a tripla mandata la porta della casa del figlio.

Un banco di nubi proveniente dalla valle del Giordano avanzando verso la città ha trasformato il caldo torrido in una cappa di afa, e incominciano a cadere le prime gocce di un acquazzone inconsueto in una terra che attende la pioggia come la manna dal cielo. Ma nessuno dei due cerca riparo. Lui borbotta che tornerà in albergo a riposare, lei gli risponde che farebbe lo stesso se solo avesse una qualche speranza di addormentarsi. Lui si offre di accompagnarla in taxi, lei rifiuta. Lui le ricorda l'appuntamento del giorno seguente, lei risponde che le piacerebbe riuscire a dimenticarlo.

Entrambi pensano di non avere più nulla da dirsi, eppure indugiano.

«Tengo io le chiavi» mormora Micòl.

«Come vuoi. Mi informo sui passi successivi. Conosco un avvocato, gli telefono stasera e poi ti chiamo.»

«A domani Daniel, a domani...»

Molle e tiepida, la pioggia riga i loro volti. Nessuno dei due ha ancora versato una lacrima. Si fanno bastare quelle che vengono dal cielo.

8

I drammi di rado riescono a incollare i frammenti di un amore. Spesso li separano ancora di più. In quel giorno disperato, Micòl vuole rimanere sola con il suo dolore. Suo figlio è morto. Perché il sole non si è fermato? Perché tutto continua anche senza di lui?

Rapidamente come è arrivato l'acquazzone scema e Micòl, lupa in cerca del cucciolo smarrito, gira intorno alla palazzina da cui è appena uscita. Cammina lungo la strada che il giorno precedente il figlio ha calpestato e cerca disperatamente di incrociare gli sguardi di chi l'ha conosciuto.

Dopo due peripli dell'edificio si infila nel mercato intravisto dall'alto della terrazza.

Frastornata si aggira tra i banchi e si accorge che lì Tel Aviv, la "Città bianca", s'imbeve di profumi e colori.

A Carmel Market il giallo delle spezie africane si fonde con l'azzurro delle porcellane ottomane, il profumo del coriandolo greco si amalgama con l'aroma di alloro del sapone di Aleppo, e tutti vogliono attaccare discorso. Chi le offre le arance più dolci di Israele a pochi shekel, chi le mette sotto il naso un cartoccio di erbe: «Lo *za'atar*! L'essenza del Libano! Coraggio, lo annusi...». E Micòl si chiede cosa ha in comune quel suk mediorientale, dove si vende e si compra in tutti gli idiomi del Mediterraneo, con la selva di grattacieli che gli svettano intorno, dove si parla una lingua resuscitata, l'ebraico, e l'onnivoro inglese, esperanto della modernità. Per questo suo figlio aveva scelto di abitare proprio qui?

All'improvviso, a causa dell'asfalto sconnesso e umido per la pioggia recente, mette il piede in fallo e scivola a terra. Una piccola folla le viene subito in soccorso: un ambulante la aiuta a rialzarsi, una signora con l'hijab la sventola, un venditore di spremute di melograno le insinua tra le labbra un bicchiere pieno del suo succo vermiglio, un pescivendolo con un cestino di alici gocciolanti le offre il braccio mentre le propone di acquistare la sua merce. Facendo cenni di diniego e ringraziandoli nelle lingue che conosce, Micòl svicola tra i banchi, inseguita dal loro vociare.

«*Elle est française!*» esclama la signora con l'hijab.

«*Italkim!*» urla il venditore di melograno.

«Italiana?! Mozzarella, Ferrari» le strilla dietro il pescivendolo.

Mentre si allontana zoppicando tra la folla, a Micòl tornano in mente le parole di sua madre:

"A Tel Aviv, non c'è spazio."

Eppure tra i banchi confusi e variopinti di quel mercato c'è posto per tutti, e ciascuno riesce ad aggiustare la propria esistenza cucendola a filo doppio con quella degli altri, come i poveri sanno fare.

Soltanto la vita di suo figlio nessuno la può più ricucire.

Stanca e dolorante, è sul punto di chiamare un taxi e tornare in albergo, quando, repentinamente, cambia idea, e di slancio imbocca di nuovo il portone della casa del figlio.

Non fa in tempo a girare la chiave nella toppa che sente un miagolio. Apre uno spiraglio e subito il gatto le si insinua tra le gambe, con il muso le strofina le caviglie e con la coda vibrante le accarezza i polpacci. Poi, come per guidarla, rientra da dove è venuto. Lei lo segue senza esitazioni.

Suo figlio lì è ancora vivo. E senza Daniel, senza Stella e senza il capitano Baruch, quella casa finalmente è solo per loro due.

Smarrita, va alla ricerca delle sue tracce. Riguarda i bigliettini dalla calligrafia guizzante che una mano sconosciuta ha firmato "habibi". Accarezza le coste dei volumi affastellati negli scaffali della libreria, apre il frigorifero giallo e lo richiude, spalanca le tende ed esce in terrazza, con la punta delle dita saggia la terra nei vasi e si accorge che è asciutta. Cerca il rubinetto esterno, srotola il tubo e dà l'acqua alle piante, riempie l'innaffiatoio, bagna anche quelle che dalla vasca di cemento si arrampicano lungo i tubi e toglie le foglie ingiallite. Agisce come un automa e ogni gesto le costa una fatica smisurata. Tramortita, si raggomitola sul divano.

Insistente e feroce, il ricordo del figlio le toglie il respiro. Dov'è l'anestesia che può lenire la sofferenza che la dilania? Le parole pronunciate dal capitano Baruch, "devastante", "epicentro" e "deflagrazione", le risuonano nella mente amplificate, ingigantite, distorte. Ma d'improvviso si accorge che non le crede. Tutto quello che ha detto certamente è accaduto, ma non a suo figlio.

Un'idea inconfessabile comincia a infiltrarsi nei suoi pensieri: un lutto non è un lutto senza un corpo e il suo corpo ancora non c'è. I volontari di Zaka stanno separando vittima e carnefice, ma come possono essere certi che uno dei due corpi sia il suo? Quello zainetto ritrovato oltre il muro di cinta non è forse un indizio?

"Questa è la sua piastrina" le ha detto il capitano.

Forse si sbaglia. Forse se l'è tolta dal collo e l'ha abbandonata sul tavolino del locale insieme allo zainetto. Forse se n'è andato prima dell'esplosione. Forse adesso è nel deserto. Forse quei resti non sono i suoi. Forse lui è vivo.

La stanza si rovescia e così pure il suo cuore.

La voragine, il vuoto, l'assenza. Passato e presente confusi, impastati, indistinti come i corpi che Zaka non riesce a ricomporre. La luce abbagliante di quella casa sconosciuta e le tenebre in cui il figlio è precipitato. La sua risata di bambino e il suo ultimo grido che lei non ha udito.

E se invece il capitano avesse ragione?

D'improvviso l'abisso della colpa raggomitolata nel cuore di ogni madre si spalanca. Implacabile e sordo, il dolore per quella creatura che ha avuto l'imprudenza di mettere al mondo perché incontrasse una morte orribile la invade, la travolge, la devasta.

Se solo potesse invertire il tempo e cambiare il verso degli accadimenti, se solo potesse tornare a quando lo aveva in grembo, tutto intero e perfetto come lo aveva generato. O ancora più indietro quando lei era nel ventre di Stella, al sicuro e ignara dello strazio che il destino le avrebbe riservato. Micòl rivuole la sua vita e la vita di suo figlio.

Proprio in quell'istante, il gatto le balza sulle ginocchia e le si accoccola sul ventre. Quel corpo caldo e morbido contro il suo la strappa alla vertigine in cui è precipitata e, mentre ne accarezza il dorso nero e lucido come avrebbe fatto con i capelli di suo figlio, un'idea spericolata l'attraversa: forse il gatto conosce la verità più e meglio degli uomini di Zaka, più del capitano Baruch e di tutta Israele.

«È vivo?» gli chiede avvicinando il viso al suo muso fino a sentirne le vibrisse. «Tu sai se è vivo! Ti prego, dimmelo... Ora!»

Il gatto la fissa, le iridi dorate inchiodate a quelle verdi di Micòl, e comincia a leccarla: prima il mento, poi il naso e una guancia, fino allo zigomo. La sua lingua ruvida le dice l'indicibile.

Adesso Micòl è certa che è morto davvero.

Chiude gli occhi e piomba in un sonno oscuro dove vuole solo perdersi, perché nessuno la ritrovi mai più.

Quando si sveglia il gatto è ancora acciambellato sul suo grembo. Ma seduto accanto a lei con le mani intrecciate a trattenere le ginocchia c'è un giovane di poco più di vent'anni. Ha la pelle ambrata, capelli neri raccolti in un codino e grandi occhi scuri velati da lunghe ciglia.

«E tu chi sei?» chiede raddrizzandosi di scatto.

Il gatto sobbalza e con una svirgolata salta a terra emettendo un miagolio roco e prolungato che somiglia a un gemito.

«Tariq.»

«Come sei entrato?»

«Dalla porta.»

«L'ho lasciata aperta?»

«Era chiusa, ma io ho le chiavi» le risponde tirandole fuori dalla tasca.

«Chi te le ha date?»

«Arièl.»

Il nome del figlio risuona per la prima volta nella casa ed è come una resurrezione.

La lettera A si alza fino a toccare con la punta il soffitto, la R la segue senza riuscire a raggiungerla, la I lascia rimbalzare il pallino, la E rotola verso la terrazza ma la L la ferma sulla soglia. Infine il nome si ricompone al centro della stanza e si acquieta.

Gli occhi di Micòl, fino a quel momento asciutti, si riempiono di lacrime. Piange silenziosamente e senza pudore. È come lavarsi l'anima, lasciarsi portare dalla corrente, annegare.

Quando risale in superficie:

«Sono riuscita a piangere» balbetta guardandolo smarrita.

«Lei è la mamma, vero? Avete gli stessi occhi verdi.»

«Sì. Io sono sua madre.»

Le lacrime di nuovo le rigano il volto. È sul punto di precipitare nel pozzo nero dei suoi pensieri neri quando Tariq fa un gesto inaspettato: le prende una mano e la accarezza. Lei socchiude gli occhi e lo lascia fare.

Permette a uno sconosciuto di toccarla? È davvero così disperata da smarrire pudore e ritegno? Per avere timore di perdere qualcosa bisogna avere qualcosa da perdere, e Micòl ha già perso tutto. Tanto vale lasciarsi andare a quelle mani gentili che le trasmettono vita e calore.

Ma presto la curiosità per il giovane dalle lunghe ciglia prende il sopravvento.

«Siete amici? Da quanto tempo?» chiede Micòl senza il coraggio di usare il verbo al passato.

«Da poco meno di un anno.»

La voce di Tariq è un graffio sul vetro.

«Un anno fa...» mormora Micòl a occhi socchiusi.

Con delicatezza lui le abbandona la mano e sparisce in terrazza. Torna con due tazze di tè che sistema su una pila di libri tra la poltrona e il divano.

In cuor suo Micòl si chiede perché quel giovane si muova con sicurezza in una casa che non è la sua, ma la domanda subito svanisce.

Dopo aver sorseggiato la bevanda calda e speziata:

«Parli inglese con accento arabo.»

«Sono palestinese.»

«Vivi in Israele o sei qui con un permesso di lavoro?»

«Sono fuggito da Jenin.»

Micòl lo guarda stupita: suo figlio amico di un fuggiasco?

«Come vi siete conosciuti?»

Tariq esita, poi con voce spezzata:

«Al mattino presto vado sempre a correre lungo la spiaggia.» Si interrompe e riprende a fatica: «Un giorno, accovacciato sulla sabbia, ho intravisto un giovane dolorante con le mani strette attorno a una caviglia. Era lui».

Si guardano senza guardarsi.

«Mi sono avvicinato per aiutarlo. Ho studiato fisioterapia, ho capito subito che si trattava solo di una lieve distorsione e con un massaggio l'ho rimesso in piedi.»

«E poi?»

«Ci siamo dati appuntamento per correre insieme il giorno seguente. E così i giorni successivi.»

«Suo padre è fissato con lo sport. Prima del divorzio, quando ancora vivevamo tutti e tre insieme, lo obbligava a giocare a calcio, a pallacanestro e a tennis, ma lui prendeva continuamente storte perché ha le caviglie così sottili...»

«Molto sottili. Anche quelle le ha prese da lei.»

Accennando un sorriso triste, Micòl si sfiora le caviglie.

«Me l'hanno ucciso» mormora sperduta.

«Lei se lo porta dentro.»

«Tu come hai saputo che...»

«Lo avevo chiamato al cellulare per...»

Subito si interrompe.

«Per cosa?» chiede Micòl.

«Per andare a correre insieme l'indomani» ribatte Tariq evitando lo sguardo di lei.

«L'indomani è oggi. È passato solo un giorno.»

«Ho provato più volte ma non rispondeva. Ho pensato che lo avessero mandato in missione e che avesse dovuto spegnere il telefono. Qui i soldati devono fare così. Poi ho ascoltato il notiziario.»

«Israele è un paese atroce» balbetta Micòl.

«È atroce quel massacro.»

«Perché proprio mio figlio?»

«Ciascuno è figlio di una madre.»

«Purtroppo.»

Tariq le prende di nuovo la mano e ricomincia a massaggiarla con delicatezza, risalendo fino al polso. Ripete poi l'operazione con l'altra. Micòl si lascia toccare.

Il suo mondo sembra essersi ristretto a quella casa sconosciuta, a quel gatto nero che pare capirla e al giovane che le è seduto accanto. Trasmette un'energia buona e le sue dita sembrano conoscere quello che la pelle nasconde, giù nel profondo, fino alle ossa e lungo le vene, dove il sangue scorre caldo quando sei vivo.

La voce ridotta a un sussurro, lei chiede esitante:

«Perché sei venuto qui?»

«Per dare da mangiare a Malak» risponde lui con un sorriso incerto.

Sfinge d'ebano, con gli occhi ridotti a fessure e la coda oscillante, Malak si allunga tra di loro a sbarrare la strada alle verità di entrambi.

9

Il lutto sparge sale ma cerca lampi d'oblio. Di slancio Micòl propone a Tariq di uscire e con il medesimo slancio lui accetta. Aggrappati l'una all'altro percorrono le vie di una città che miracolosamente sembra aver già rimarginato la ferita appena inferta. Vagano senza meta perché di mete non ne hanno più.

Un tramonto incandescente sta trasformando i grattacieli di Tel Aviv in torri sanguigne che proiettano ombre minacciose, quando si ritrovano al confine con il quartiere di Neve Tzedek, dove la città cambia pelle.

«Sono stanca, fermiamoci qui» gli chiede Micòl indicando un piccolo ristorante sotto un pergolato di buganvillea in fiore.

«Conosco un posto migliore, oltre Neve Tzedek.»

«Non sono mai stata in questa parte della città. Le vie strette, le case basse color pastello, le gallerie d'arte aperte anche di notte... Sembra di essere in Europa, restiamo qui.»

«Se lo desidera.»

Prima che il buio divori il tramonto spegnendo l'incendio, sono seduti a un tavolino all'aperto.

Vedendoli, chiunque penserebbe a una madre con il figlio, ma Micòl è ancora bella e qualcuno potrebbe anche fantasticare su una donna matura e il suo giovane innamorato. Eppure sono troppo estranei per essere madre e figlio e troppo taciturni per essere amanti.

Sorseggiano il vino ordinato a caso, ma hummus, pita e falafel rimangono intatti. Micòl non ricorda più l'ultima volta che ha toccato cibo. Forse a Roma, prima di ricevere quell'atroce telefonata. Forse non avrà mai più fame, forse non mangerà per il resto della sua vita perché Arièl non può più farlo. Al termine di quel giorno disperato non ha cercato sua madre e tantomeno Daniel. Vuole solamente restare accanto al giovane che ha aiutato suo figlio quando era in terra dolorante. Quel figlio che non può più rialzarsi.

Mentre il cielo si prepara alla notte, sono entrambi assediati da domande senza senso eppure necessarie.

«Non so nulla di te, non conosco nemmeno il tuo cognome.»

«Ghassan.»

«Raccontami: i tuoi genitori, Jenin, la fuga...»

In principio Tariq tentenna, ma sente che quella donna minuta con gli occhi del colore delle foglie a primavera ha bisogno di ascoltare una storia che la strappi dal dolore che le artiglia il cuore.

«La famiglia di mio padre possiede una grande piantagione di olivi, aranci e limoni subito fuori Jenin. In arabo Jenin vuol dire giardino e insieme paradiso.»

«E somiglia a un paradiso?»

«A un paradiso con l'inferno dentro. Provi a immaginare: ulivi secolari, agrumi, muretti a secco, molte moschee, qualche chiesa, il campo profughi e i checkpoint. Tutti sono passati per Jenin: filistei, soldati romani, crociati, mamelucchi, ottomani, inglesi, giordani. E poi, dopo il '67, gli israeliani.»

«Perché sei scappato?»

«È una storia lunga e complicata, le basti sapere che dovevo andarmene. In Palestina tutto è intricato e tutto resta come è sempre stato.»

Sulla fuga Tariq è reticente ma, sapendo che il miglior

modo per evitare una domanda è farne una di rimando, subito le chiede:

«Com'era Arièl da bambino?»

Micòl sente la lama entrare nella ferita e allontana da sé il coltello.

«Non posso. Non riesco ancora a parlare di lui.»

Il cielo è ormai tinto di un blu inchiostro e un vento leggero increspa l'aria portando fin lì profumo di salsedine. Continuando a intrecciare domande apparentemente innocue che ciascuno è pronto a evadere, entrambi custodiscono gelosamente i propri silenzi, ma sanno che ricorderanno quella notte per tutta la vita.

«Com'era invece il piccolo Tariq?» chiede Micòl ostentando goffa leggerezza.

«Adorato da mia madre e coccolato dai fellah di mio padre.»

«Hai fratelli, sorelle?»

«Sono figlio unico.»

«Come Arièl.»

«Proprio come lui. Nelle famiglie palestinesi capita di rado. La prima moglie di mio padre è morta senza dargli eredi e lui si è risposato con mia madre contando di avere da lei l'esercito di figli che ha sempre desiderato, ma anche in questo Zahira lo ha deluso.»

«Che bel nome ha la tua mamma.»

«In arabo vuol dire "Fiore che sboccia", ma anche "Colei che aiuta". Ed è quello che ha fatto con me finché ha potuto.»

Esita, si passa una mano sulla fronte e riprende il racconto:

«Mia madre è giordana, ha frequentato il liceo francese ad Amman, indossa hijab sgargianti, le piace cantare e suonare il pianoforte, legge romanzi d'amore e fuma il narghilè e sigarette al mentolo. Tutte cose che mio padre disapprova: soprattutto il fumo.»

«Il fumo? E perché?» domanda Micòl.

«Una donna che fuma da noi non è ben vista.»

«Non capisco...»

«Le labbra femminili suscitano pensieri peccaminosi: soprattutto quando aspirano una sigaretta.»

«Siamo nel terzo millennio!»

«Forse, ma non a Jenin. Mio padre detesta le sue stravaganze.»

«Ovvero?»

«Lei adora i profumi, ma quando gli ha chiesto di utilizzare i fiori d'arancio del *bustan* per produrre un'essenza lui le ha risposto che preferiva lasciar seccare i fiori sugli alberi. Alla fine però ha ceduto e ora tutta Jenin vuole le bottigliette con l'etichetta dorata con scritto "Zahira". Se chiudo gli occhi sento ancora quell'odore inebriante.»

«Cos'è un bustan?»

«È il giardino che ogni buon musulmano costruisce accanto alla propria casa. Può essere una piccola corte interna o un frutteto, ma è sempre circondato da mura e deve avere uno specchio d'acqua. Il nostro è il più grande di Jenin ed è pieno di alberi di agrumi piantati a uno a uno da mio nonno, Abdellah Ghassan, che a Giaffa un tempo era proprietario di un vasto aranceto. Con la nascita dello Stato di Israele, detestando gli ebrei, lo vendette in fretta e furia a un arabo e si trasferì a Jenin con la moglie e i cinque figli, tra cui mio padre ancora bambino. Con il ricavato della vendita acquistò un appezzamento di ulivi secolari e dei terreni sabbiosi in pianura, perfetti per gli aranceti. Il bustan è la replica in miniatura del suo paradiso perduto.»

«Come si sono conosciuti il tuo papà e la tua mamma?»

«Sono state le famiglie a organizzare l'incontro. Quella di mia madre era in difficoltà: leggerezze, sperperi e qualche affare sbagliato. Mio padre invece, più vecchio di lei di trent'anni, grazie agli ulivi e agli agrumeti è un uomo ricco. Un matrimonio combinato come tanti.»

«Senza amore?»

«In qualche modo devono pur essersi amati, ma sono troppo diversi: mia madre è una donna colta ed eccentrica, mentre mio padre pensa solo agli affari e al buon nome dei Ghassan.»

«Noi ci siamo separati quando Arièl era un ragazzino. Se non ci fossimo lasciati, chissà...»

«Forse per lui sarebbe stato peggio.»

«Non si può tornare indietro» sospira Micòl.

«Purtroppo no» le sussurra guardandola attraverso il velo delle lunghe ciglia.

Pur di non pensare, Micòl prolungherebbe all'infinito quella cena, ma la cameriera con il conto la riporta alla realtà. Nonostante le proteste di Tariq, lei pretende di pagare. Abbandonano il tavolo controvoglia. Camminano lentamente, poco più avanti in strada un ragazzo suona il sassofono e un gruppo di giovani intorno a lui comincia a ballare. D'un tratto Tariq si ferma.

«È tardi e purtroppo devo rientrare nella casa che mi ospita» si scusa imbarazzato.

«Resta ancora con me. Portami sulla spiaggia dove hai conosciuto mio figlio. È lontana da qui?»

Lui esita, ma lei insiste:

«Ti prego, non è ancora mezzanotte.»

A malincuore Tariq acconsente, ma arrivati all'inizio di Shabazi Street la prende sottobraccio e la conduce in una via laterale.

«Perché non continuiamo lungo questa strada?»

«Passando di qui arriveremo prima.»

Tariq accelera il passo, quasi trascinandola.

«È un bene che lei conosca così poco Tel Aviv.»

«Sono venuta qui solo una volta e per pochi giorni quando mia madre si è trasferita.»

«Stella?!»

«L'hai incontrata?»

«Arièl me l'ha fatta conoscere: una donna sorprendente.»

«Una donna che mi ha rovinato la vita. Israele prima della famiglia, questo assurdo paese prima di tutto.»

«Eppure anche lei, come sua madre, è ebrea.»

«Già. Ma esserlo non mi inchioda a questa terra.»

Attraversano i giardini di Hakovshim e in breve raggiungono il lungomare.

«È qui che l'ho incontrato la prima volta» mormora Tariq.

Di slancio Micòl lo precede e si incammina lungo la spiaggia, lui la segue a pochi passi di distanza. I piedi affondano nella sabbia e così pure i pensieri di quella coppia bislacca che, esitante, raggiunge il bagnasciuga.

Seduti l'uno accanto all'altra sull'arenile umido, gli sguardi rivolti al mare buio che riconoscono solo dal rimbombo sordo delle onde, rimangono a lungo in silenzio. La spiaggia è deserta ma non sono soli, Arièl è raggomitolato nei loro pensieri.

«Per riaverlo, dobbiamo aspettare...» balbetta Micòl all'improvviso.

«Aspettare cosa?» la voce di Tariq è gesso sulla lavagna.

«Il capitano dell'esercito ha detto che l'esplosione è stata devastante. Il kamikaze e mio... erano vicini, troppo vicini...» la voce le si spezza in gola. «Domattina incontreremo quelli di Zaka, dei volontari che si occupano di ricomporre il... non posso nemmeno pronunciare la parola.»

Poi insinua la mano tremante nella borsa:

«Mi hanno dato questa.»

La piastrina del figlio compare per un istante nel palmo della madre. Tariq non riesce a guardarla.

La notte avvolge i loro pensieri, in cui si annidano incubi che non vogliono condividere. A Micòl sfugge una domanda apparentemente inutile eppure urgente.

«Perché non hai voluto proseguire lungo quella strada?»

«Girando a destra saremmo arrivati prima al mare. Non era qui che voleva venire?»

«Sì, ma la musica e quei giovani in strada riuscivano a non farmi pensare.»

«Mi creda, era meglio non andare oltre. Io non passerò più lì davanti» conclude con voce rotta.

«Davanti a cosa?»

«A dove è morto Arièl.»

Il cuore di Micòl si ferma. È catapultata al giorno precedente e alla telefonata del consigliere israeliano che le comunica il massacro e il ritrovamento dei documenti di suo figlio. Poi la valigia, l'aeroporto e il volo per Tel Aviv. E poi Daniel, il capitano Baruch e Zaka. E infine quel giovane gentile così amico del figlio che non può che essere un dono di Dio. Se solo Micòl credesse in Dio.

Abbandona il capo sulla spalla di Tariq, lui le circonda la vita e la stringe a sé. Lei ne avverte il calore e il respiro, che segue il ritmo del suo. E si scopre a pensare che non è poi così strana l'amicizia tra un palestinese scappato dalla Cisgiordania e un ebreo fuggito dall'Italia. In fondo, entrambi hanno scelto Tel Aviv. È stata quella doppia fuga a unirli? Non importa. Non si affidano le chiavi di casa a chiunque e Arièl le ha date proprio a lui. Impossibile che gliele abbia consegnate solo per prendersi cura di Malak. Ma no, gli ha persino fatto conoscere Stella. Non si presenta la nonna a chi si occupa del tuo gatto.

Tariq non può che essere il migliore amico di Arièl e proprio per questo gli chiederà di incontrarsi di nuovo. Vuole conoscerlo meglio, lo vuole con tutte le sue forze. Sarà lui a restituirle gli ultimi mesi di suo figlio. In quella notte nera come i giorni neri che l'aspettano, quel giovane appena conosciuto è l'unica zattera a cui aggrapparsi. Eppure...

«Tu e Arièl eravate molto amici?»

«Molto di più. Io e Arièl ci amavamo.»

Micòl rimane senza fiato. Erano amanti? Di più, si amavano. Si amavano come?

Il segreto del figlio la coglie impreparata, confusa, smarrita. Arièl ama un uomo? Le sembra impossibile. È gay, ma da quando? Perché non glielo ha confidato e perché lei non lo ha intuito? Troppo crudele saperlo ora e così. Fruga affannosamente nei ricordi a caccia di un indizio. All'improvviso il pudore ossessivo, la riservatezza e gli ostinati silenzi di suo figlio assumono un nuovo significato. Le ragazze che gli sono girate intorno ora le appaiono quello che sono sempre state: ombre evanescenti. E i ragazzi? Passa in rassegna i pochi amici: la testa ricciuta e l'aria furba di Ernesto, il sorriso dolce di Emilio, gli occhi penetranti di Luca le scorrono davanti ingigantiti. Eppure ne è certa, tra loro e Arièl non ha mai percepito la scintilla del desiderio, né tantomeno l'intimità di un amore. Ma cosa ne sa lei dell'amore se di suo figlio non ha capito nulla?

Un pensiero la folgora. Ha scelto Israele per nascondersi o per svelarsi? Per sfuggire al suo sguardo di madre o per renderlo più acuto? Arièl è gay e lei non l'ha mai intuito. Allora quel figlio se l'è inventato, non è esistito, è solo il frutto della sua immaginazione. Cosa non ha compreso della carne della sua carne? Cosa l'ha distratta? Cosa l'ha resa cieca? Cosa non potrà mai più sapere? Il mistero che lega una madre a un figlio le appare in tutta la sua forza oscura e insieme nella sua ambigua fragilità. E si sente rifiutata, negata, cancellata, finita.

Nel buio si stringe a Tariq.

«Non mi lasciare» gli sussurra.

«Non lo farò. L'ho appena trovata.»

Senza voltarsi, gli occhi fissi nell'oscurità:

«Sono tuoi i biglietti con scritto "*I love you, habibi*"?»

Il rumore della risacca copre la risposta che Tariq ha appena bisbigliato. Micòl, con il cuore in tumulto:

«Habibi sei tu?»

«Habibi in arabo vuol dire "amore mio".»

10

Micòl accompagna Tariq in taxi. Lungo il percorso si tengono per mano e Arièl è tra le loro dita. Si salutano senza darsi un appuntamento perché sanno che si rivedranno nella casa dove si sono incontrati poche ore prima. Quello che conta è stato detto, il resto è tutto da raccontare, ma per quella notte è abbastanza. Le loro anime ferite non sopporterebbero un solo altro granello di verità.

Vedendolo arrivare a Beit Dror, la casa rifugio per minorenni Lgbt, ancora una volta infrangono le regole e lo accolgono. La volta precedente era stata il giorno dell'attentato.

Il tempo è un nascondiglio. In quella seconda notte, Tariq non può che ritrovare le paure dove le ha lasciate: a Shabazi Street nell'istante dell'esplosione.

Non riesce a dimenticare il boato, le urla, i lamenti, gli occhi atterriti. E quell'odore di carne bruciata.

Aveva capito subito cosa era successo. Mentre tutti fuggivano lui era tornato indietro, divorando a ritroso la strada che pochi secondi prima, assediato dal rimorso, aveva percorso chiamando Arièl al cellulare per fare la pace.

Una polvere color cenere aleggiava nell'aria e si depositava sopra ogni cosa. In quella acre foschia, una ragazza, il viso ridotto a una maschera di sangue, gli era venuta incontro barcollando e un uomo gli aveva arpionato la camicia, balbettando stravolto:

«Hai visto mia figlia!? Ha una maglietta rosa, la tenevo per mano...»

Ovunque pianti, lamenti, grida, e il sibilo acuto delle tubature esplose da cui l'acqua sgorgava raccogliendosi in pozze tra i detriti.

In quell'inferno di sangue e polvere, Tariq aveva in testa solo una cosa: Arièl era lì.

Calpestando vetri e scavalcando macerie, aveva sollevato membra martoriate, girato volti riversi, raccolto l'ultimo respiro di una ragazza, senza trovarlo.

Sperava di non trovarlo. Forse era fuggito, forse era tornato alla base della sua unità. Forse era vivo.

D'improvviso degli scooter con in sella uomini con gilet gialli lo avevano sfiorato. L'urlo delle sirene, prima lontano poi sempre più vicino, aveva squarciato l'aria. Da un pulmino con una parabolica montata sul tetto, parcheggiato poco distante, era uscito un gruppo di uomini bardati con microfoni e telecamere. Una jeep dell'esercito, frenando bruscamente, quasi lo aveva travolto e un' auto della polizia aveva sgommato a pochi metri. Avevano cominciato a recintare l'area del massacro con nastri di plastica bianchi e rossi.

«Fuori tutti!» gridavano i poliziotti.

Inciampando in una trave Tariq aveva urtato uno degli uomini con il gilet giallo, sosteneva una ragazzina ricoperta di polvere con un braccio sanguinante e gli aveva gridato:

«Sei ferito?»

Tariq aveva scosso il capo in cenno di diniego.

«Se sei tutto intero, tornatene a casa.»

Quando erano arrivate le ambulanze, confuso tra la folla oltre le transenne, Tariq aveva continuato a cercarlo con gli occhi, ma nessuno dei feriti caricati sulle barelle era il suo Arièl.

«Largo, fate largo!» aveva intimato un soldato.

«Controllo documenti» aveva ordinato un poliziotto.

Tariq era scivolato via. Non era prudente per un ragazzo fuggito da Jenin rimanere lì troppo a lungo.

Il pellegrinaggio negli ospedali era stato un inferno, davanti a ciascuno aveva trovato capannelli di parenti che controllavano l'elenco dei ricoverati, ma il nome di Arièl Anav non era in nessuna lista.

Aveva pregato Dio di farglielo ritrovare vivo, ma Dio doveva essere fuggito da Shabazi Street.

Abbiamo bisogno di bugie che dicano la verità. Era stato così per Tariq in quel giorno maledetto.

Pur di ritornare nella casa da cui era uscito poche ore prima insieme ad Arièl, si era convinto di aver lasciato il gatto senza cibo. Appena entrato però aveva capito di aver mentito a sé stesso, le ciotole erano colme ma di Malak nessuna traccia. Non aveva avuto la forza di restare lì dove si erano amati. Non quella notte e forse nemmeno in nessun'altra.

Dopo aver camminato a lungo senza meta, stremato, aveva bussato alla porta di Beit Dror. Non aveva raccontato di aver assistito al massacro né che ancora non sapeva se il suo innamorato fosse vivo o morto, ma nella casa rifugio sanno riconoscere la disperazione e quella che traspariva dal volto di Tariq li aveva convinti a fare un'eccezione: così, nonostante fosse maggiorenne, avevano chiuso un occhio.

Per raggiungere la stanza che gli avevano assegnato aveva attraversato la sala mensa dove il televisore, sintonizzato sull'emittente pubblica israeliana, stava trasmettendo l'ultimo drammatico notiziario. I ragazzi raccolti intorno al tavolo non avevano fatto caso al volto stravolto e agli abiti impolverati del nuovo arrivato perché stavano ascoltando sgomenti le parole dello speaker.

Era stato così che Tariq aveva saputo che il kamikaze veniva da Jenin e che fra i trenta feriti c'erano due bambini. Poi era toccato all'elenco delle vittime. I loro nomi, letti con voce asciutta e solenne, arrivavano dall'abisso. Il quinto, Arièl Anav, gli aveva perforato il cuore. Aveva nascosto la faccia tra le mani ed era morto con lui.

Il pomeriggio seguente, prima del tramonto, era ritornato a casa di Arièl. Ancora una volta Malak era una scusa, voleva solamente piangere senza essere visto, ma l'incontro inaspettato con la madre lo aveva obbligato a ricacciare indietro le lacrime. Il pudore e lo sgomento in principio lo avevano confuso e con Micòl era stato riluttante, poi le aveva detto la verità, semplice e nuda. Si amavano.

Avrebbe potuto tacere e nascondere per sempre il loro legame, ma era tormentato da un ricordo.

Pochi giorni prima dell'attentato, per un presentimento o un'oscura premonizione, Arièl gli aveva fatto promettere che se fosse accaduto il peggio, in uno scontro a fuoco o in un attentato, avrebbe cercato sua madre e le avrebbe rivelato il loro amore. Tariq aveva mantenuto il giuramento. Avrebbe mai avuto il coraggio di confessarle che era insieme a lui il giorno del massacro? Che stavano litigando e che era ancora vivo solo perché aveva abbandonato il locale infuriato, lasciandolo solo dove lo aspettava la morte? Sarebbe stato capace di descriverle i brevi ma interminabili mesi di felicità che avevano vissuto? Le avrebbe mai raccontato che era stato il primo uomo di suo figlio?

Il tempo è un inganno, ci sfugge e ci insidia, eppure Tariq lo avrebbe inventato pur di riavere Arièl per un solo istante. Il tempo può solo rubarci la vita: giorno dopo giorno o in una frazione di secondo.

Poche ore lo separano dal massacro e ancora meno dall'azzardo con Micòl, ma ancora non sa che quella seconda notte a Beit Dror sarà forse ancora più atroce della precedente. Arièl è morto, ma dentro di lui è ancora caldo e vivo. Le poche parole impudiche con cui ha appena confessato alla madre il loro amore gli bruciano dentro e innescano l'incendio. Rannicchiato nel letto a castello, Tariq commette la massima imprudenza: ripercorre a uno a uno gli istanti di quella passione complicata e perfetta. E usando come bisturi il ricordo, si ferisce a morte.

Vertigine, capitombolo, folgorazione, l'amore, imperioso e miope, blocca il respiro e scavalca muri e confini, stravolge i pensieri e progetta naufragi. Misteriosa e scostumata, la passione è un prurito che esige coraggio, insolenza e porta scompiglio. È una ferita che si rimargina solo affondando la lama.

Arièl era bello e così pure Tariq. Ma quello che appariva agli occhi della gente non era quello che ciascuno vedeva nell'altro. L'amore deforma e riduce. L'amore amplifica e indora. L'amore è un danno irreparabile. L'amore della realtà se ne infischia e se ne libera alla prima occasione come di un inutile impaccio. Così era accaduto ad Arièl e Tariq. Senza scampo.

Tutto congiurava contro di loro. Un soldato dell'esercito di Israele e un palestinese fuggito dalla Cisgiordania possono conoscersi, fare amicizia e persino avere una bruciante avventura ma se si innamorano sono pericolosi l'uno per l'altro. Entrambi sapevano che sarebbe stato prudente sfuggire alla passione che li calamitava. Eppure, come ladri, avevano continuato a cercarsi.

Dopo il primo incontro, si erano rivisti altre volte sul lungomare, la palestra a cielo aperto di Tel Aviv. Si scaldavano i muscoli e partivano. Quasi non si parlavano, ma l'uno assorbiva il ritmo e il fiato dell'altro.

Arièl sapeva che Tariq era scappato da Jenin e aveva intuito il motivo della fuga, ma non aveva mai fatto domande. Un giorno, alla fine di una lunga corsa:

«Dove dormi?»

«Dove capita.»

«E gli abiti, la biancheria?»

«Un amico ha una lavanderia a Florentine.»
«E il denaro?»
«Mia madre riesce a mandarmi qualcosa e mi arrangio facendo massaggi sulla spiaggia.»
«Non puoi continuare così. A Beit Dror accolgono solo minorenni ma c'è un'associazione che può darti una mano, si chiama Agudà.»
«Ne ho sentito parlare, ma non mi accetteranno.»
«Provaci.»
«Vengo da Jenin, voi israeliani la chiamate la "capitale dei kamikaze" e chi fugge di lì è marchiato a fuoco: o è un collaborazionista o è una spia.»
«Sei una di queste due cose?»
«No.»
«Dunque ti aiuteranno. Non sei un terrorista, sei pulito e sei fuggito solo perché...»
«Perché sono come te.»
Aspre e dolci come il suo accento arabo, le ultime parole avevano scavato un tunnel nel cuore di Arièl, arrivando dove nessuno era mai arrivato. Quello che non aveva mai ammesso neppure con sé stesso, d'improvviso gli era apparso evidente: si erano riconosciuti.

Ciò che conta era stato detto quel giorno. Avevano continuato a vedersi ogni volta che Arièl tornava per la licenza. Le gambe correvano e i cuori misuravano i battiti. Era il momento perfetto in cui nulla è ancora accaduto e tutto è ancora da vivere.

Una sera di ottobre, nonostante l'aria frizzante, si erano dati appuntamento sul lungomare davanti all'Hotel Hilton subito dopo il tramonto.
«Tuffati, se hai coraggio» lo aveva provocato Arièl.
Tariq esitava ma alla fine si era convinto. Lasciati cadere gli abiti sulla sabbia, erano entrati in acqua correndo. Dopo poche bracciate Arièl era già al largo.

«Primo!» aveva gridato.

Voltandosi, si era accorto che l'altro era rimasto vicino alla riva. L'acqua gli lambiva le spalle. Subito lo aveva raggiunto.

«Qualcosa non va? Non sai nuotare?»

«Dimentichi che, da quando voi israeliani ce l'avete tolto, il mare non bagna più la Palestina. Ho imparato nelle piscine e in mare aperto ho paura.»

«Ti ha insegnato tuo padre?»

«No. Quando era bambino il mare ce l'aveva sotto casa, ma lo ha perduto abbandonando Giaffa alla nascita del vostro nuovo Stato. È cresciuto a Jenin e per lui il mare è un inganno e Israele il nemico.»

«Falla finita, la guerra del '48 è la vostra ossessione!»

«È la *Nachba*, la catastrofe, da cui mio nonno e mio padre non si sono mai ripresi.»

Gli occhi di Tariq luccicavano, ma le labbra erano curvate in un sorriso amaro.

«Per mio padre ormai esiste solo la terra.»

Era buio, ed erano così vicini. Arièl aveva allungato il braccio per prendergli la mano. Nell'acqua le dita si erano intrecciate come pesci guizzanti.

«Ti fidi di me?»

«Cosa vuoi fare?»

«Ti porto io, girati sulla schiena e lasciati andare» gli aveva detto cingendogli la vita.

Tariq si era abbandonato all'indietro sulla superfice dell'acqua mentre con la mano a coppa Arièl gli avvolgeva la nuca.

«Nuoterò a dorso e ti porterò con me, la mia mano sarà il tuo cuscino. Non avere paura» gli aveva sussurrato sostenendogli dolcemente il capo.

Erano scivolati al largo.

«Se mi lasci affogo!»

«Non lo farò. L'acqua ha le stesse regole dell'amore. La prima è lasciarsi andare.»

Erano ormai così vicini che i loro corpi increspavano la superficie del mare in un'unica scia.

«Arièl...»

«Dimmi.»

Tariq si era voltato verso di lui e gli aveva sorriso. Aveva denti candidi da giovane lupo e labbra scure:

«Sono nelle tue mani.»

Con dolcezza Arièl aveva abbandonato la presa e Tariq, facendo leva sulla sua spalla, si era girato e di sorpresa gli aveva sfiorato l'incavo del collo con le labbra. Erano scivolati uno sull'altro come delfini.

Dopo l'ultima giravolta, si era aggrappato alla schiena di Arièl e, senza più saggiare con la punta del piede la profondità dell'acqua, si era lasciato portare. Erano tornati dolcemente a riva e si erano distesi sul bagnasciuga, aderenti e umidi.

Nonostante la brezza di terra che li faceva rabbrividire non avevano nessuna voglia di rivestirsi. Non riuscivano ad abbandonare quel momento perfetto di quella sera perfetta.

Raddrizzandosi sul gomito, Arièl aveva notato i capezzoli increspati di Tariq e glieli aveva sfiorati con le dita. L'altro aveva restituito la carezza. Turbato, Arièl aveva sentito il bisogno di giustificarsi:

«Nessuno si preoccupa di coprire i capezzoli dei maschi. Eppure sono eccitanti come quelli delle donne.»

«Qualche vantaggio dobbiamo pur averlo anche noi che siamo costretti a vivere nell'ombra.»

«Ombra? Ormai sei in Israele.»

«Eppure...»

«Taci!» gli aveva intimato e con la mano gli aveva chiuso la bocca a forza.

Non era violenza, era gioco. L'altro aveva cercato di divincolarsi ma lui non mollava la presa. Quando aveva sentito la lingua di Tariq che si faceva spazio tra le dita, Arièl aveva provato un lungo brivido. Era come gli sembrava o si stava sbagliando? All'improvviso Tariq si era liberato.

Arièl gli aveva serrato di nuovo la bocca con la mano per essere certo che la sua lingua lo avrebbe cercato di nuovo. E così era stato. Era una danza, una lotta, ma era molto di più. Erano rotolati sulla spiaggia finché i corpi seminudi non si erano confusi.

Il desiderio li aveva contagiati, imprevisto e urticante. Avevano forzato la serratura di un capanno degli attrezzi e in quello spazio angusto si erano persi l'uno nell'altro. I baci si erano trasformati in spinte, in respiri ansanti e poi in silenzio. Erano rimasti aderenti in una pace perfetta e senza colpa.

«Tutto ciò che accade è destino» gli aveva bisbigliato all'orecchio Tariq.

«La parola destino in ebraico non esiste. Accade solo se lo vuoi.»

Si erano sciolti dall'abbraccio smarriti.

«Andiamo a casa mia. Voglio addormentarmi accanto a te.»

Infrangendo tutte le regole, Arièl e Tariq avevano rubato fino in fondo la felicità che gli spettava.

A quella notte ne seguirono altre. Si baciavano guardandosi negli occhi, prendendosi il piacere senza limiti e mischiando senza pudore i corpi e le vite.

Arièl era stato catturato dalla melanconia di Tariq e da quel suo desiderio bruciante di essere amato. Si era innamorato facendo l'amore. Era il suo primo uomo, ma da come lo accarezzava aveva intuito che Tariq ne aveva conosciuti altri. Eppure il lampo urticante della gelosia non lo aveva attraversato che per un istante. Lui gli aveva insegnato a fidarsi dell'acqua, Tariq gli avrebbe insegnato il resto.

Prima di quella notte, Arièl della passione aveva conosciuto solo pallidi riflessi, e non gli era dispiaciuto rimanere estraneo a quella compulsione che tutti chiamano amore. L'adolescenza lo aveva solo sfiorato, il suo sesso era tiepido e pigro. Il corpo funzionava ma non reagiva: non provava piacere e neppure ripugnanza. Per curiosità con qualche ragazza era finito a letto, ma senza gusto. E dopo si era chiesto: "È tutto qui?".

Introverso, solitario, distante dalle brutali esibizioni del padre e dall'amore per le apparenze della madre, era convinto di essere un pezzo unico che non avrebbe mai combaciato con nessun altro. Eppure con Tariq il pezzo unico aveva magicamente trovato il suo incastro perfetto.

Quell'incontro era stato una scuola sentimentale e aveva cambiato le vite di entrambi in modo irreversibile.

Per la prima volta Arièl aveva scoperto la forza e la dolcezza di un uomo e per la prima volta Tariq si era sentito amato davvero.

Non era stato Arièl a chiedergli di trasferirsi a casa sua. Era successo e basta.

Dopo una notte aggrovigliata, nudi e distesi l'uno accanto all'altro, si erano ritrovati a scherzare sui loro membri circoncisi.

«Noi due siamo uguali» aveva sussurrato Tariq. «Sono gli altri a essere diversi.»

«Già, i diversi sono gli altri» aveva risposto Arièl con un sorriso furbo. «Dimmi la verità, tu sei mai stato con uno che non è circonciso?»

Era una domanda insidiosa, ma Tariq aveva risposto con onestà.

«Sì, un cristiano di Betlemme. Ma stare con lui non era mica come stare con te. Quello era solo per gioco.» Per blandirlo aveva aggiunto di slancio:

«Tu poi hai due primati assoluti: sei il mio primo amore e sei il mio primo italiano.»

«Qui ci chiamano *italkim*.»

«Parlami dell'Italia.»

«La moda o il calcio?»

«Il calcio! I giocatori italiani sono i migliori. Noi palestinesi, anche se siamo dei campioni, facciamo fatica perché voi israeliani ci negate i permessi, e non riusciamo a mettere insieme il campionato di Gaza con quello della Cisgiordania! Cose che capitano quando non hai uno Stato.»

«Se è per questo a noi israeliani proibiscono di giocare con le squadre asiatiche e ci toccano i campionati europei dove squadre fortissime come l'Italia ci fanno a pezzi.»

«Tu vinci comunque, sei israeliano e sei anche italiano. O no?»

«Il calcio è una religione, non ha importanza da dove arrivi o in cosa credi, basta che tu sappia giocare.»

«L'Italia per me è solo un sogno.»

«Devi avere pazienza, tutto si aggiusterà. Io ti aiuterò e ti aiuterà l'Agudà.»

Arièl lo confortava e Tariq lo provocava.

«Inutile che ti sforzi di assomigliare agli israeliani. Si vede subito che sei un italiano: sei elegante, cucini divinamente e soprattutto non sei arrogante come loro.»

«Tu invece sembri un siciliano.»

«Come sono i siciliani?»

«La pelle ambrata e gli occhi scuri come chicchi di caffè. Bellissimi, insomma...»

«Il tuo nome, Arièl, ha un bel suono.»

«Vuol dire "Leone di Dio". E il tuo?»

«Tariq significa "Colui che bussa alla porta".»

«Infatti hai bussato alla mia.»

«E tu hai subito aperto...»

Ridevano e si baciavano. Arièl accarezzava i capelli liquidi e neri di Tariq, che scompigliava quelli ispidi e color ruggine di Arièl. Si mordevano come cuccioli e non era mai abbastanza.

«Tu sei il mio Oriente» gli sussurrava Arièl.

«Tu sei il mio Occidente» gli mormorava Tariq.

«Tu sei dove il sole nasce.»

«E tu dove tramonta.»

Sapevano di danzare sul filo del rasoio ma continuavano a sfidare i loro fantasmi sperando che svanissero.

«Per voi, noi palestinesi siamo di troppo: un avanzo dell'impero Ottomano.»

«Noi ebrei eravamo già qui. Quelli venuti dopo con le navi erano i sopravvissuti della Shoah: alle spalle il vuoto e in testa il sogno di una terra dove vivere finalmente al sicuro.»

Arièl aveva pronunciato l'ultima frase con orgoglio. Poi, aggrottando le sopracciglia e fingendo un'aria truce:

«Voi palestinesi ci volete tutti morti!»

«E voi ci volete tutti chiusi a chiave!» aveva risposto Tariq con tono volutamente drammatico e insieme divertito.

Gli stereotipi di una battaglia durata troppi anni si intrufolavano nei discorsi da innamorati come le battute di una tragedia, di cui recitavano l'amaro copione.

«Non sei più in Cisgiordania, ora sei qui, in Israele.»

«Ma sono in un limbo. Io sono un invisibile!»

«Non per me. Giurami che sei fuggito da Jenin solo perché sei gay.»

«Te lo giuro!»

Promesse solenni si intrecciavano a ruvide domande.

«Ormai sono israeliano, spiegami: perché tu non mi odi?»

«Perché ti amo.»

«E prima di innamorarti di me? Prima, odiavi gli israeliani?»

«Non li ho mai odiati ma non mi fido della politica: in Palestina, come in Israele, è piena solo di parole che nascondono menzogne e trabocchetti. I corpi invece dicono sempre la verità. Per questo ho voluto studiare fisioterapia. Toccare è un modo per conoscere senza parlare.»

«Allora toccami.»

Il muro che Tariq aveva scavalcato e che Arièl difendeva con le armi ogni tanto riappariva, ma subito scompariva. I muri erano ovunque, ma quello tra loro due non resisteva a lungo. Il loro letto era una terra di mezzo dove tutto era possibile: un giardino dove diventare alleati.

Fragile e sfuggente, la passione li aveva calamitati e già dalla prima notte avevano cominciato a dirsi "amore" in un miscuglio di idiomi: Arièl lo chiamava "ahuvì", e Tariq "habibi". L'inglese non gli bastava, ciascuno voleva sentire il suono della lingua dell'altro, e le parole anticipavano un sentimento che temevano ma che era già lì.

Il tempo era sempre troppo poco. La vita di Arièl, scandita dal servizio militare, lo obbligava a trascorrere undici giorni alla base, ma i tre di licenza a Tel Aviv erano solamente per loro due. Quei pochi momenti dilatavano il calendario e spostavano le lancette dell'orologio: i secondi diventavano minuti e i minuti ore da trascorrere da soli. Un amore claustrofobico? Non lo è forse ogni amore? L'amore basta a sé stesso. E in principio gli era bastato.

L'infelicità si era insinuata a poco a poco nel cuore di Tariq. Quando Arièl era alla base si sentiva solo, e le telefonate della madre non gli bastavano. Non aveva un lavoro, non aveva amici e non aveva futuro. Estraneo ormai alla Palestina da cui era fuggito, non riusciva sentirsi parte della città in cui viveva. Come tutti i profughi, era lì ma non era lì. E aveva cominciato a essere geloso. Dell'esercito che lo teneva lontano e di quella giovane cantante con cui parlava sempre di musica e matematica. Un angolo cieco che aveva finito per capire e perdonare, ma il cristallo terso del loro amore aveva cominciato ad appannarsi. Lo voleva solo per sé e per sempre.

In quella seconda notte a Beit Dror, Tariq si ferisce con i giorni luminosi e con quelli bui.

La memoria non segue un ordine, procede per lampi intermittenti e illogici. All'improvviso spunta un ricordo. Dopo la prima notte d'amore si erano addormentati pancia contro schiena, e al risveglio un gatto nero dalla grondaia era balzato in terrazza. Lo avevano subito adottato e avevano deciso di chiamarlo Malak. La vasca di graniglia affollata di piante era la giungla dove si aggirava come una pantera, al mattino li svegliava strofinando il muso sui loro volti vicini e la sera, dritto sul parapetto della terrazza, aspettava il tramonto. Man mano che il sole calava, la sua ombra si allungava fino a raggiungere il muro, dove si arrampicava diventando gigantesca.

Mentre Arièl e Tariq prolungavano la poca felicità che il destino gli stava regalando, Malak scrutava l'arrivo del buio. Perché presto il buio sarebbe arrivato.

11

Micòl teme quella notte e tutte quelle che verranno. Non vuole tornare nell'albergo prenotato a casaccio, perché sa che non riuscirà a dormire e avrà la tentazione di pescare dalla valigia il sonnifero per farla finita. Deve restare sveglia, deve restare viva.

Chiede al taxista di lasciarla davanti al grande teatro all'inizio di Rothschild Boulevard. È appena passata la mezzanotte e Tel Aviv scintilla come una piccola Manhattan, ma lei non riesce ad apprezzare la pulsante bellezza notturna di quella città che non ha mai amato e che ora detesta.

In quel giorno disperato che non finisce mai Micòl vuole solo continuare a camminare, ma le gambe non la sostengono e le parole di Tariq vorticano nella sua mente come stormi di uccelli impazziti:

"Io e Arièl ci amavamo."

La rivelazione spalanca un abisso di rimorsi. Perché non ha capito che era gay? Quando si è spezzato il filo che l'univa al figlio?

Si arrampica a fatica nei ricordi e riaffiora un litigio tra padre e figlio. Arièl era sempre stato un enigma. Cosa c'entrava la sua ruvida delicatezza con la duttile superficialità di Daniel? Cosa il rigore roccioso con la sua ondivaga mitezza? Ciascuno a modo proprio, entrambi lo amavano di un amore strabico ed esclusivo. Daniel lo riteneva un prolungamento di sé, per lei era suo e basta. Ma nel profondo lo sentivano distante ed estraneo. E come estranei Arièl li aveva sempre trattati.

Nel passaggio da cuccioli a persone, i figli diventano rebus indecifrabili, smettono di chiedere protezione e incominciano a usare il silenzio come una spada; a quel punto qualcosa di Arièl a Micòl doveva essere sfuggito.

L'ultima estate passata insieme, Daniel aveva preso in affitto una barca a vela di lusso per un giro da nababbi nelle isole greche, accuditi dall'equipaggio. Arièl doveva avere dieci anni o poco più, ma in quell'occasione, per la prima volta, aveva avuto il coraggio di sottrarsi al rito cameratesco della doccia con il padre che aveva dovuto sopportare per tutta l'infanzia. E quando Daniel aveva maldestramente tentato di calargli a forza il costume si era divincolato, e rosso in volto si era rifugiato nella sua cabina. Le liti feroci dei mesi seguenti tra lei e il marito avevano raschiato via il ricordo di quell'episodio.

Prima della fine dell'anno, lei aveva chiesto il divorzio. Erano scesi in campo gli avvocati ma Daniel, temendo che venissero a galla i tradimenti, aveva accettato tutte le richieste della moglie: l'affidamento esclusivo, un congruo assegno mensile e la casa coniugale. Grazie all'accordo raggiunto, madre e figlio erano rimasti nell'elegante villino degli Anav, dove Arièl era nato e dove avevano sempre vissuto, che lei aveva subito deciso di rivoluzionare traslocandoci la sua sartoria teatrale. Durante i lavori di ristrutturazione si era trasferita nell'altana, mentre il figlio si era accampato al primo piano, nell'appartamentino destinato alla servitù che affacciava sul giardino interno, dove cresceva un albero sempreverde le cui chiome ostacolavano le imposte.

«Chiedo al giardiniere di tagliare i rami, non puoi vivere al buio, e con la luce artificiale ti rovini gli occhi» aveva suggerito Micòl.

«La penombra mi fa concentrare. È poi è solo una soluzione temporanea» le aveva risposto il figlio per rassicurarla.

Ma non era andata così. Al termine dei lavori, Arièl non aveva traslocato nella luminosa stanza d'angolo al secondo piano che Micòl gli aveva destinato ed era rimasto in quel minuscolo alloggio diventato per lui una sorta di casa nella casa. Non voleva più guardare fuori, solo dentro sé stesso.

Colpevolmente distratta dalla sua nuova vita, Micòl non si era fatta troppe domande e lo aveva lasciato stare. Quando una famiglia va in pezzi, i cocci si ricompongono malamente. Per mascherare le crepe, come sempre Micòl si era concentrata sul contenitore trascurando il contenuto. Quel villino eccentrico e anticonformista era l'abito di scena che si era disegnata, un costume sgargiante e chiassoso che ad Arièl andava stretto. Non era un segreto che nella tribù fantasiosa e spregiudicata di registi, scenografi e cantanti qualcuno fosse gay e se Arièl avesse deciso di rivelare la sua inclinazione non sarebbe stata una confessione scabrosa. Sarebbe bastato un accenno, una battuta, uno scherzo, un indizio, e lei avrebbe capito e accettato. O forse no? Forse si sta solo raccontando una bella favola. Scoprire che tuo figlio è gay è un capitombolo. Daniel poi sarebbe impazzito, figurarsi, lui li chiama ancora froci. Ma lei no, lei è sempre stata aperta e tollerante.

La colpa è abile a cercare scappatoie. Per un attimo si illude che quel palestinese sia stato solo una sbandata. No, quello che ha letto negli occhi di Tariq è amore. Un grande amore. E da quell'amore Arièl l'ha esclusa. La conferma del suo fallimento la annichilisce. Se non ha intuito il segreto del figlio vuol dire che lo ha perso due volte, e questo la tormenterà per sempre.

Arièl era un soldato israeliano e Tariq un palestinese fuggito da Jenin. Potevano camminare mano nella mano nelle strade di Tel Aviv? Poteva presentarlo agli amici e ai commilitoni? I suoi ultimi mesi dovevano essere stati un tormento e lei non c'era, lei non aveva condiviso la sua felicità e neppure la sua sofferenza.

Con i figli non si fanno calcoli, i figli si perdono e si ritrovano. Ma Micòl il suo non può più ritrovarlo.

Era stata sorda e cieca. Dopo il divorzio aveva messo al centro solo sé stessa e il bisogno di ricostruire la propria esistenza. E quando Arièl d'improvviso se ne era andato, si era sentita abbandonata da un amante in fuga e per questo l'aveva punito. Ma era stata lei a lasciarlo per prima.

Per ripicca non era andata a trovarlo in Israele e aveva permesso che la lontananza, punteggiata da laconiche telefonate, cementasse la separazione, concedendo alla rabbia di impastarsi con il silenzio. Ferita, aveva scelto come sempre di abbandonare il campo. E sua madre lo aveva occupato.

Ora tutto le appare chiaro. Daniel aveva ragione, Arièl aveva scelto Israele per Stella.

Solo l'eccitato senso di libertà che aveva accompagnato la fine del suo matrimonio poteva aver indotto Micòl a trascurare l'evidente strategia di sua madre: non era riuscita a trasmettere alla figlia l'amore per Israele, ma il nipote era stato il suo riscatto.

Per raggiungere l'obiettivo Stella si era mossa con prudenza e abilità. Dopo il divorzio, per rubare qualche morso d'amore con amanti occasionali, Micòl durante i fine settimana aveva ingaggiato per Arièl una governante polacca, ma, con la scusa che parlava un pessimo inglese, Stella l'aveva subito soppiantata. Arrivava il venerdì mattina, si accampava nella stanza al secondo piano e si tratteneva fino al lunedì. In quei giorni riempiva il nipote di attenzioni: andavano al cinema, ai concerti, e leggevano insieme libri che regolarmente lei si riportava indietro. Sosteneva di impartirgli lezioni di inglese, ma dai fogli pieni di caratteri ebraici trovati nel cassetto del comodino di Arièl, Micòl aveva capito che gli insegnava la lingua che lei si era sempre rifiutata di studiare. Conoscendo l'ostinazione di sua madre, come aveva potuto non mettere in conto che lo avrebbe fatto fantasticare anche sul resto? Sul sogno sionista, la Shoah, le navi dei sopravvissuti bloccate al largo in attesa del permesso di sbarco, il kibbutz di Hanita, e chissà cos'altro.

Perché aveva sottovalutato i loro sguardi complici e i loro improvvisi silenzi quando rientrava da quei fine settimana rubati? Perché non si era fatta domande nemmeno quando Arièl aveva fissato con le puntine da disegno a uno scaffale della libreria la mappa d'Israele? Come aveva potuto trascurare quello che la nonna stava seminando nel cuore del nipote?

Del loro rapporto, ogni giorno più profondo ed esclusivo, era stata perfino gelosa, ma in cuor suo sapeva che la battaglia era persa. I suoi ricordi erano meno avvincenti di quelli di Stella. L'occupazione dell'università, qualche scontro con la polizia, un matrimonio andato in pezzi e molti compromessi non potevano bastare a nutrire un adolescente introverso e affamato di utopie come suo figlio. Avrebbe potuto tentare di affascinarlo con i costumi teatrali, la bellezza e l'arte, ma a lui sembravano interessare solo la scienza e quella nonna vitale e ostinata che lo stava reclutando nei suoi sogni.

Aveva permesso a sua madre di scavalcarla per l'ennesima volta.

Alla fine di quel giorno infinito Micòl si accorge che tutte le tessere della sua vita sono saltate e che solo Tariq può aiutarla a ricomporre il mosaico di cui ha perduto il disegno.

E l'aspetto di gran lunga più stupefacente di quello che ha appena scoperto è che Arièl, andato in Israele per essere ebreo tra gli ebrei, ha finito per innamorarsi di un musulmano. E questa le sembra l'unica cosa bella della tragedia che sta attraversando.

12

Mercoledì, terza giornata

La fortuna che assiste i matrimoni andati in pezzi non li ha fatti incontrare per tutti quegli anni. La morte del figlio li ha costretti a ritrovarsi, disarmati ma nemici. Il destino li mette insieme per caso poco prima dell'alba, quando anche il cuore insonne di Tel Aviv rallenta i battiti.

Entrambi non hanno chiuso occhio. Micòl è arrivata in albergo a notte fonda ma, non riuscendo ad addormentarsi, è uscita a caccia di un caffè. Daniel in albergo non è mai tornato e ha camminato senza meta da Giaffa all'estremità nord della città.

Nell'ora pallida a cavallo tra la notte e il giorno, davanti all'unico chiosco già aperto sul lungomare, mentre Micòl aspetta che il barista assonnato porti a temperatura la macchina del caffè, si accorge che un maggiolino le sta camminando sulla gonna. Suo padre chiamava quell'insetto portafortuna "il piccolo messia" e d'istinto lei ripete un gioco inventato da bambina. Con delicatezza avvicina l'indice alla bestiolina e rimane in attesa: se si arrampicherà la fortuna sarà dalla sua, se volerà via il contrario. Quale fortuna invoca dal dio dei maggiolini nell'ultimo brandello di quella notte disperata? Mentre china e immobile aspetta il verdetto, non si accorge che, dall'altra parte della strada, Daniel l'ha vista e allunga il passo per raggiungerla.

Il maggiolino vola via e lui sopraggiunge alle spalle di Micòl nell'istante in cui lei si gira per prendere il bicchiere di carta colmo di liquido bollente. Finiscono l'uno contro l'altra e, nell'urto, il caffè si rovescia sulla gonna in una macchia scura che si allarga a vista d'occhio. Lui si scusa, lei lo guarda smarrita. Il barista le porge una bottiglietta d'acqua e un tovagliolo e, mentre Micòl cerca di rimediare al danno, Daniel per superare l'imbarazzo subito ordina due espressi al tavolo.

«Sono le cinque del mattino, ho appena aperto, e non ho ancora tirato fuori nemmeno le sedie... dovete accontentarvi di quello che c'è» trasecola il barista stropicciandosi gli occhi.

Seduti l'uno accanto all'altro su un muretto di fronte al mare, Micòl e Daniel sorseggiano il caffè evitando di guardarsi, perché temono di ritrovarsi come sempre diversi ma ugualmente disperati.

Daniel tira fuori dalla tasca un pacchetto di sigarette, ne accende una e la aspira nervosamente.

«Da quando hai ricominciato a fumare?»

«Da stanotte.»

«Io ricomincio adesso.»

«Non farlo.»

«Lasciami stare.»

Micòl afferra l'accendino, sfila dal pacchetto una sigaretta e si volta per ripararsi dal vento.

A offrirgli la prima, una senza filtro col tabacco scuro e la carta gialla, era stato proprio Daniel mentre distribuiva volantini davanti a una fabbrica. Quel ragazzo con i capelli color carota e l'aria risoluta l'affascinava, e aveva subito accettato. All'inizio il fumo acre nei polmoni l'aveva disgustata, aveva avuto un capogiro e aveva tossito, ma poi le era piaciuto. Micòl non vedeva l'ora di diventare grande.

Gli operai non degnavano di uno sguardo quei ragazzi di buona famiglia che si credevano chissà cosa, ma siccome

Daniel continuava a infilargli a forza i volantini tra le mani, Micòl aveva deciso di imitarlo. A lei davano più retta perché era una donna, qualcuno aveva persino fatto una battuta sulle sue gambe che spuntavano dalla minigonna, un altro le aveva proposto di incontrarsi a fine turno. Accorgendosi che i volantini di Micòl erano subito finiti, lui, che fino a quel momento l'aveva quasi ignorata, di colpo aveva cambiato atteggiamento. Attraverso lo sguardo degli altri maschi, aveva scoperto che quella ragazza con gli occhi verdi era molto attraente. Per alcuni è più facile desiderare quello che altri desiderano o hanno già desiderato.

Da quel giorno aveva cominciato a corteggiarla. Dapprima lei lo aveva tenuto a bada, ma la sua arroganza la intrigava. A Daniel piaceva piacere e ci riusciva sempre. A far precipitare gli eventi era stata una corsa in motocicletta alla villa al mare degli Anav, in una domenica d'autunno inoltrato. La casa era vuota e le lenzuola umide, ma lui continuava a raccontarle storie spericolate di paesi imperialisti, rivolte e guerriglie. Mentre parlava, le infilava le mani sotto il maglione. Lei lo aveva lasciato fare e tutto era andato come doveva andare.

Dopo l'amore lei aveva fumato la seconda sigaretta. Anche quella volta le era girata la testa e aveva tossito, ma meno della prima. Non si erano più lasciati. Insieme alle manifestazioni, al cinema e a bere un bicchiere con i compagni. I soldi non contavano perché in tasca lui ne aveva sempre. Erano giovani, incoscienti e qualche volta ubriachi. Lui conquistava tutti e aveva conquistato anche lei, ma più ancora dei suoi baci a Micòl piacevano i suoi discorsi complicati e pieni di parole a effetto. Daniel sembrava vivere di parole: le usava per farsi notare nelle riunioni politiche, le usava mentre la spogliava e dopo averla spogliata. Per imitarlo, anche la taciturna Micòl si era impadronita delle parole, quelle che piacevano a tutti alle assemblee e quelle che piacevano a lui a letto. E anche lei aveva cominciato a comprare quelle Gitanes, senza filtro, con il tabacco scuro e la carta gialla, che la facevano sentire importante.

Cresceva e sbagliava con la stessa voracità con cui aspirava il fumo, lasciando che la cenere della sua giovinezza volasse via troppo rapidamente.

Un vizio unisce più di una virtù, ma mai come un'abitudine. Si erano adattati l'uno all'altra al punto di convincersi di essere innamorati, e forse era così. Avevano finito per sposarsi.

Con i soldi di famiglia lui aveva fondato un'agenzia di pubblicità, scoprendo che le parole possono piegarsi docilmente tanto alle rivoluzioni quanto agli spot dei clienti. Lei avrebbe voluto studiare recitazione, ma all'esame d'ingresso aveva fatto scena muta e aveva ripiegato su un corso da costumista teatrale nell'illusione di essere comunque al centro della scena. Eterni ragazzi, a fare figli ancora non pensavano. Lui la tradiva spesso, con spudoratezza, perché così facevano tutti. Lei solo talvolta, con leggerezza, perché così facevano in molte. Senza accorgersene, diventarono una di quelle coppie borghesi che avevano detestato, scoprendo che non era poi così male. La fiamma che avevano acceso non era mai diventata incendio ma se la facevano bastare.

Gli anni erano passati veloci. Qualcuno dei loro amici era finito nelle pagine di cronaca, qualcuno era scappato, qualcuno era morto, ma i più avevano scelto strade battute diventando come quelli che avevano criticato, convinti di essere comunque migliori. Così era stato anche per Micòl e Daniel. L'aroma di quelle sigarette aveva continuato a ricordargli la politica anche se alla politica ormai non pensavano più.

Ciascuno riavvolge il nastro della memoria a piacimento, qualcosa si cancella a forza, qualcosa si nasconde e molto si dimentica. Eppure Micòl ricorda esattamente quando aveva deciso di smettere di fumare. Era stato il giorno in cui aveva scoperto di aspettare un bambino e lo stesso in cui si era resa conto di non desiderare più l'uomo che aveva creduto di amare. Daniel subito l'aveva imitata; quanto all'amore, non ne provava più da tempo.

Avevano cresciuto il figlio come se fosse di ciascuno e non di entrambi. Avevano divorziato senza sanguinare, liberandosi di un inutile fardello e di molte omissioni.

Micòl spegne la sigaretta contro il muretto e gli chiede a bruciapelo:

«Quando lo hai sentito l'ultima volta?»

«Due mesi fa.»

«Ti ha chiamato lui?»

«Mi ha cercato perché voleva del denaro.»

«Ma se gli avevo appena mandato un bonifico.»

«Voleva un prestito. Si era messo in testa di aprire un pub: aperitivi, musica, ballo...»

«Un pub?»

«A Giaffa, alla fine del servizio militare. Mi aveva spedito il conto economico, dai suoi calcoli sarebbe riuscito a restituirmi tutto in un anno di attività.»

«Strano, a me, aveva parlato di un negozio di modernariato: vecchi vinili e abiti vintage.»

«Avrà cambiato idea, tanto pagavamo noi.»

«Parli sempre di soldi.»

«Da giovani ci si mette in testa delle cazzate che magari poi... Guarda me, volevo fare politica e sono finito in pubblicità. Che poi è lo stesso, sempre di convincere qualcuno si tratta.» Daniel si passa le mani nei capelli diradati. «Hai ragione, parlo sempre di soldi, ma è la cosa che so fare meglio.»

E prosegue:

«Tu invece eri fissata con quella laurea in Fisica, doveva ricalcare le orme di tuo padre, l'insigne cattedratico Benedetto Lattes! L'idea di trasferirsi in questa gabbia di matti invece è tutta colpa di Stella. Quante volte è venuto a trovarla a Tel Aviv? Tre, quattro o cinque? Eravamo già separati e non ricordo...»

«Non potevo impedirglielo, adorava sua nonna.»

«Con te ha fatto sempre quello che voleva. È stata tua madre a riempirgli la testa di sogni.»

«Hai ragione, ma anche noi eravamo pieni di utopie.»

«So già che cosa stai per dire: "Noi volevamo cambiare il mondo ma il mondo ha cambiato noi". Slogan usurato.»

«Forse, ma è andata proprio così.»

«A tua madre invece importava solo di Israele: trattori, kibbutz, guerre, trattati di pace, bandiere al vento!»

«Almeno lei il suo sogno è riuscita a realizzarlo.»

«E il risultato è quello che è successo a nostro figlio.»

«Quando tornava da quei viaggi era così felice...»

«Ma non perdeva occasione per criticami. Ce l'aveva persino con il mio lavoro. Cosa c'è di sbagliato in un'agenzia pubblicitaria? Non trasmettono spot le televisioni israeliane? La Terra promessa è il regno della tecnologia e del marketing, eppure lui continuava a rinfacciarmi le mie abitudini borghesi: il circolo, le automobili, la barca. Non esiste forse la borghesia anche qui?»

«Quante cose non sapevamo di lui» balbetta Micòl passandosi la mano sul volto contratto: «Quante non ne sapremo mai più. E quante ne scopriremo troppo tardi».

«Cosa intendi?»

«I figli ci crescono accanto ma di loro non conosciamo che una minima parte, il resto è mistero.»

«Purtroppo è così.»

«Ma intanto loro ci guardano e tirano le somme. Aveva ragione a dire che siamo degli ipocriti.»

«Aveva torto, e non aveva il diritto di giudicarci. Siamo cambiati e abbiamo smesso di raccontarci balle.»

«Balle? Io nelle fanfaronate che mi mettevi in testa ci credevo: la libertà, la trasgressione... Ma molti anni dopo non ho trovato divertente ricevere le telefonate della ragazza che avevi messo incinta.»

In principio sul volto di Daniel appare l'espressione da pokerista che gli uomini sfoderano quando le donne scoprono le carte, ma la curiosità ha la meglio.

«Ti ha telefonato?»

«Più di una volta. Era innamorata di te ed era disperata. Lei quei figli li voleva.»

«Figli?»

«Erano due gemelli, non lo sapevi?»

«No.»

«Tu non sai mai nulla perché non vuoi sapere. Per cosa credi che abbia chiesto il divorzio? Per i tradimenti che non ti curavi di nascondere? Mi sono decisa quando l'hai fatta conoscere a nostro figlio.»

«L'ha incontrata solo un paio di volte, ma era un ragazzino e non sapeva mica che noi due...»

«Aveva capito. Ha risposto a una sua chiamata e lei piangendo gli ha confessato tutto. Persino che le avevi offerto del denaro per interrompere la gravidanza. Era un ragazzino ma conosceva già il significato della parola aborto e dopo quella telefonata non ha dormito per giorni. Non ce l'ho con quella povera ragazza, ma ora che sai cosa vuol dire perdere un figlio dovresti capire il male che hai fatto a lei e a te stesso.»

«Perché non mi hai mai detto nulla?»

Sta per poggiarle la mano sulla spalla ma, proprio in quell'istante, Micòl si alza di scatto.

«Perché non te lo meritavi. Come non ti meritavi nostro figlio! E non me lo meritavo neanche io.»

«Adesso so perché mi hai lasciato. Anch'io mi lascerei se solo potessi.»

D'istinto la tira a sé, più che un abbraccio è la stretta feroce di chi vuole riprendersi a forza quello che è suo. Micòl si divincola:

«Lasciami. Ti odio e odio me stessa! Per quello che non

ho voluto vedere di noi e soprattutto di nostro figlio. E odio questo paese spaventoso che me lo ha tolto.»

«L'odio non serve più a niente» risponde Daniel a denti stretti.

«Già, ma cosa siamo diventati noi adesso? Siamo...»

Micòl si interrompe, non riesce a trovare la parola che cerca.

«Esistono gli orfani, esistono le vedove, ma i padri e le madri che hanno perso un figlio com'è che si chiamano? Dimmelo tu che trovi sempre le parole.»

Daniel la guarda smarrito e bisbiglia:

«Secchi, siamo rami secchi Micòl.»

Come sempre lui è riuscito a trovare le parole, ma come sempre non riesce a trattenere la smania di moltiplicarle:

«Guardiamo avanti. Dobbiamo occuparci della casa e del funerale di Arièl.»

«Taci!»

Fino a quel momento non lo avevano mai chiamato per nome, come se in quel modo potessero tenerlo sospeso tra la vita e la morte.

«Dobbiamo pur decidere dove sarà sepolto...»

«Non in Israele. Lo riporto in Italia!»

«Abbiamo ancora tempo. Tra poche ore incontreremo Zaka e sapremo quando ci restituiranno...»

«Zitto! Non voglio sentire quello che stai per dire. E non voglio sentire nemmeno la parola "abbiamo"! Non sopporto più questo plurale. Era senza significato prima e lo è ancor di più adesso. Quello che ci legava è scomparso per sempre.»

«Proprio per questo non possiamo dimenticare quello che c'è stato tra noi.»

«Io l'ho dimenticato da tempo.»

A Micòl non è passato per la mente neppure per un istante di rivelargli il segreto del figlio. Da tempo non sono più complici, forse non lo sono mai stati davvero, eppure l'eco di quell'esplosione, il corpo di Arièl mischiato a quello del kamikaze, l'incontro con Zaka, il capitano Baruch e tutta

Israele gli ricordano che sono ancora insieme. Un'intimità cancellata a forza pretende comunque i suoi diritti. Un padre e una madre rimangono tali per sempre.

La risacca delle loro vite gli viene incontro impastando in un unico pane indigesto l'atroce ferita recente e i vecchi rancori. Entrambi hanno cancellato l'amore e il disamore, restano solo il dolore e il rimpianto.

La notte comincia a scolorare e i neon degli alberghi si spengono a uno a uno in ordine sparso con un singolare scintillio a rovescio come a rovescio sono ormai le loro esistenze.

Con un gesto lento e automatico, lui si passa la mano sulla guancia ispida. Lei lo osserva smarrita: la barba lunga, gli occhi cerchiati, la camicia spiegazzata e la cravatta ridotta a un cencio, Daniel le sembra un vecchio. E si sente vecchia pure lei. Due vecchi coniugi senza frutti.

«Sono così stanco, Micòl» mormora con una voce sorda che non sembra la sua. «Ho bisogno di dormire».

«Anche io.»

«Non parlavamo da tempo e forse ci siamo detti troppo. Ti chiedo solo una tregua.»

Micòl lo guarda diffidente.

«Non ce la faccio a chiudermi in una stanza d'albergo.»

«Nemmeno io.»

«Ti prego, sdraiamoci qui, sulla spiaggia, e chiudiamo gli occhi solo per qualche minuto.»

È un'idea senza senso, ma inspiegabilmente Micòl si arrende e accetta. C'è forse un senso in quello che stanno vivendo?

Come due sonnambuli scavalcano il muretto e si sdraiano sulla sabbia. Sono l'uno accanto all'altra come un tempo: Micòl supina con le braccia lungo i fianchi, Daniel con le mani incrociate dietro la nuca. Troppo stanchi per provare imbarazzo nel ritrovarsi così vicini, subito prima che il sole spunti tra i grattacieli, piombano all'istante in un sonno profondo.

A svegliare Daniel sono le grida acute di un gruppo di ragazzini che corrono a tuffarsi in mare. Si stropiccia gli occhi, si gira e scopre che Micòl è accoccolata accanto a lui, molto più vicina di quando si sono addormentati. Solleva il busto e la guarda. Coricata su un fianco, una mano abbandonata in grembo e l'altra sul seno, i capelli scompigliati sul volto e le gambe raccolte, sembra cercare calore e insieme protezione.

Gli era sempre piaciuto ritrovarla accoccolata accanto a lui al risveglio, saperla inerme lo faceva sentire potente. E siccome era sempre il primo ad aprire gli occhi, si concedeva qualche tenerezza e poi pretendeva il resto. "Ti addormenti sogliola e ti svegli gamberetto" le diceva sempre lui scherzando su quell'abitudine di addormentarsi supina e risvegliarsi raggomitolata. E, prendendolo in giro per la pretesa di fare l'amore appena svegli, nel dormiveglia ogni volta Micòl gli rispondeva: "Tu invece ti addormenti medusa e ti svegli polipo".

Quel gioco segreto rispuntato all'improvviso lo annichilisce. Come ha potuto perderla?

Per raschiare via il ricordo, si alza in piedi di scatto, si ravvia i capelli e mentre cerca di ripulire i pantaloni dalla sabbia si accorge che il sole appena sorto proietta la sua sagoma sull'arenile proprio dove era disteso, accanto a lei. Luci e ombre sono roba da teatro buona per Micòl, eppure quella figura spropositatamente lunga, un sé deformato e inquietante, per un istante lo intimorisce. Subito distoglie lo sguardo, ma il pensiero improvviso che il figlio perduto non può più proiettare un'ombra lo costringe a guardare la propria ancora e ancora...

Del frutto Daniel ha sempre divorato la polpa senza curarsi di piantare il nocciolo. Salvo il seme che ha affidato al corpo di Micòl. Ma quel seme, diventato arbusto e poi albero, è perduto per sempre. E all'istante realizza che Arièl era l'unica cosa buona che aveva fatto nella vita.

Proprio in quel momento avverte un rumore, prima lontano e poi sempre più vicino. Un elicottero militare proveniente da nord sorvola la spiaggia a bassa quota sollevando un turbine di sabbia che lo costringe a chiudere gli occhi. Quando li riapre si accorge che la folata di vento ha sollevato la gonna di Micòl scoprendole le gambe fino alle cosce. D'istinto si affretta a ricoprirgliele. Lei lo avverte piegato su di se e nel dormiveglia mormora:

«Non fare il polipo.»

"Anche lei si ricorda... Siamo ancora una famiglia, nonostante tutto" pensa Daniel commosso.

È solo un'illusione, un riflesso, il baluginio di un passato che non può più tornare.

L'elicottero riappare e si ferma proprio sopra di loro. Il rumore delle pale è assordante, Micòl si sveglia, balza in piedi e alzando i pugni al cielo grida:

«Basta elicotteri, basta soldati, basta guerra!»

Daniel le afferra le caviglie premendole il capo contro i polpacci come se temesse di vederla prendere il volo e lei, le braccia abbandonate lungo i fianchi, affonda una mano nei suoi capelli, ispidi e arruffati come quelli del figlio.

Per un istante sono tornati insieme, ma non sono gli stessi: Arièl non c'è più.

L'elicottero riprende quota, il rumore delle pale si attenua fino a diventare un ronzio lontano, poi come un moscone sparisce all'orizzonte.

Tra poche ore, incontreranno Zaka.

13

Con una brusca frenata, il capitano Baruch parcheggia la Land Rover nel piazzale del Centro di medicina legale di Abu Kabir. Manca un'ora all'appuntamento con i genitori di Arièl Anav, ma ha deciso di arrivare in anticipo per incontrare Eli Ghershel prima di loro.

Dall'inizio della seconda Intifada, per via degli attentati, i loro incontri sono diventati frequenti, ma il compito di Noa questa volta è più complicato. Raccontare agli Anav che gli angeli di Zaka sono sempre i primi ad arrivare sul campo e i più efficaci nel soccorso immediato è un conto, ma spiegargli qual è il loro compito dopo che le ambulanze sono partite è tutta un'altra storia.

In Israele tutti sanno che la loro missione è identificare e ricomporre i corpi delle vittime. Eppure, la prima volta che aveva assistito alla danza macabra e pietosa di quell'esercito di volontari con nervi d'acciaio e stomaco di ferro era rimasta sconvolta.

Quella notte, un terrorista affiliato a Hamas travestito da ebreo ortodosso si era fatto saltare in aria fuori da una discoteca sull'affollato lungomare di Tel Aviv facendo una strage. Lei era arrivata quando i feriti erano già in viaggio verso gli ospedali e i volontari di Zaka erano rimasti soli con la morte. In silenzio si erano divisi in squadre: alcuni avevano tracciato un disegno accurato dell'area per mappare i reperti, altri avevano disteso a terra un telo di plastica su cui avevano cominciato a disporre gli oggetti ritrovati e i resti umani riconoscibili: braccia, dita, piedi. Un gruppetto si era sparpagliato per esaminare minuziosamente tutte le superfici e raccoglieva con le pinzette pezzi microscopici di ossa, tessuti, denti, unghie e capelli finiti sui parabrezza delle automobili, sui pali della luce o nelle caditoie dei tombini. Solo alla fine avevano cominciato ad aspirare sangue e liquidi.

Mentre Noa, turbata, osservava da vicino la muta liturgia di quelle operazioni, a un tratto un cellulare allineato tra i reperti aveva iniziato a suonare, per smettere dopo tre squilli. Si era avvicinata e dopo il segnale acustico sullo schermo luminoso erano apparsi la scritta "mamma", un numero e un messaggio: "Dove sei? Chiama, dimmi che sei vivo!".

Giusto il tempo di leggerlo e si era spento.

Quando ogni frammento era stato raccolto e catalogato i volontari se ne erano andati, ma lei aveva notato che uno di loro, alto e dinoccolato, era rimasto in un angolo a pregare. Aveva aspettato che terminasse, gli si era avvicinata e di slancio gli aveva chiesto:

«Perché lo fa?»

«Per benevolenza» aveva risposto lui con un sorriso mesto.

«Ne deve avere parecchia per resistere a questo scempio.»

«È la prima volta che assiste a un'operazione di recupero?»

«Sì. Lei ha figli?»

«Quattro.»

«E come fa a tornare da loro dopo?»

«Non torniamo subito a casa. Per lavare via dalla mente quello che abbiamo visto e toccato prima incontriamo uno psicologo.»

«E dopo, quando li rivedrà?»

«Li abbraccerò, felice che siano vivi.»

Nell'abitacolo della Land Rover, Noa rivive quella notte, istante per istante.

C'è un po' di noi in ogni goccia di sangue o di saliva, in ogni ciglio o capello, ma come si può inseguire la morte al confine del minimo che pure ci contiene è impossibile da spiegare ai genitori di Arièl Anav.

Il ritardo nella consegna dei resti li spingerà a fare domande e a pretendere risposte. Non devono sapere in che modo il corpo del figlio è stato raccolto pezzo a pezzo a Shabazi Street e come Zaka lo stia rimettendo insieme. Per risparmiargli quello strazio, deve inventarsi una strategia.

Controlla l'orologio, stringe di un buco la cintura della divisa troppo larga, dal sedile del passeggero prende la scatola con lo zainetto del soldato solo e varca il portone di Abu Kabir.

La stanza di Ghershel è in fondo a un lungo corridoio con le pareti dipinte di azzurro ma, nonostante il cartello con scritto "Non disturbare", la porta è socchiusa e dallo spiraglio lo intravede chino sul microscopio, la kippà di feltro grigio sul capo e le lunghe peyot ai lati della barba folta e scura. Accanto a lui un assistente compila delle schede circondato da buste trasparenti contrassegnate da etichette con nomi e numeri di serie. Noa si decide a entrare.

«Capitano Baruch sei in anticipo. Ti presento Ilan Amar, uno dei nostri volontari.» E le bisbiglia: «Parla a voce alta, nell'esercito era artificiere e a forza di esplosioni gli è saltato un timpano».

Noa, scandendo le parole:

«A che punto siete?»

«Quelli che si trovavano lontano dall'epicentro dell'esplosione sono stati feriti, qualcuno gravemente, ma chi era vicino al kamikaze è morto sul colpo. Abbiamo già identificato e ricomposto quasi tutte le vittime e i parenti potranno dargli degna sepoltura. Come sempre i tatuaggi sono stati preziosi, così pure denti e protesi. Fondamentali le piastrine divise a metà nello scarpone destro e sinistro dei soldati che ci aiutano nel riconoscimento. Il sangue raccolto e i frammenti non catalogabili sono già stati seppelliti nella fossa comune» conclude aggiustando sul capo la kippà.

«Ma vi mancano gli ultimi due.»

«Proprio così. L'attentatore e il soldato erano talmente vicini che per ricomporre le salme e restituirle alle famiglie bisognerà sottoporre a complicati esami ogni minuscolo reperto. E ci vorrà del tempo.»

«Quanto tempo?»

«Ancora qualche giorno, ben oltre le ventiquattro ore previste dal precetto ebraico» conclude sconfortato Ghershel.

«Io purtroppo a Shabazi Street sono arrivato in ritardo. Mia moglie lavora e ho dovuto prima affidare il bambino alla vicina...» interrompe a sproposito Ilan.

«Come sempre siete stati indispensabili.»

«Abbiamo fatto solo il nostro dovere. Per fortuna i politici sono arrivati in ritardo, quando si fanno fotografare sul luogo dell'attentato quelli intralciano solamente il nostro lavoro» borbotta Ghershel.

Le labbra del capitano Baruch si curvano in una smorfia amara.

«Ho letto il rapporto. La carica esplosiva era molto potente. L'onda d'urto ha distrutto il locale e l'esplosione ha creato un turbine di schegge letali. A fare il resto sono stati i cuscinetti a sfera.»

«Negli ultimi attentati compaiono sempre» sottolinea Ghershel. «Prima spalmano l'esplosivo, poi lo tappezzano con i pallini di metallo e lo inseriscono nel giubbetto che il kamikaze indossa sotto gli abiti, collegato con l'innesco. Quei maledetti cuscinetti a sfera li abbiamo trovati conficcati nelle carni e sparsi ovunque nel raggio di decine e decine di metri.»

Da un contenitore di vetro pieno di piccole sfere ne pesca una con la pinzetta, la mostra al capitano e la rimette al suo posto.

«Ogni volta mi chiedo dove trovate il coraggio.»

«Dove lo trovi tu per andare in prima linea? E dove lo trova l'attentatore per farsi esplodere e uccidere decine di vite?»

Noa rimane in silenzio. Per quelle domande non ci sono risposte. Eppure sulla dinamica della morte del soldato solo lei vuole vederci chiaro.

«Ho lo zainetto di Arièl Anav che la polizia mi ha consegnato per restituirlo ai genitori. Sembra che lo spostamento d'aria lo abbia fatto volare oltre il muro di cinta del locale. Strano che non lo avesse addosso.»

«Magari era seduto a uno dei tavoli esterni e per qualche motivo lo ha abbandonato sulla sedia.»

«È l'ipotesi più probabile. Forse non era solo e lo ha lasciato a qualcuno che era con lui. Siamo certi però che al momento della deflagrazione aveva con sé l'M16 perché abbiamo controllato il numero di serie. È in corso un'inchiesta per appurare la dinamica dell'attentato ma c'è chi dice che sia stato lui a urlare di allontanarsi. Staremo a vedere.»

«Nella scheda ho letto che era nato a Roma. La più bella città del modo. Dopo Gerusalemme naturalmente...»

«Non ci sono mai stata. Dunque, se ho capito bene, non riuscite a distinguere tra vittima e attentatore.»

«Come ti ho detto, ci vorrà del tempo. I corpi del kamikaze e del soldato si sono letteralmente mischiati. Purtroppo.»

«Siamo tutti fatti a immagine di Dio» borbotta Ilan riordinando le schede. «Tutti, senza distinzioni!»

Ghershel mastica amaro:

«Già, ma l'attentato è stato subito rivendicato e per le radio arabe il kamikaze è un eroe. Comunque, per quanto ci riguarda, quando avremo finito il lavoro anche i parenti dell'attentatore potranno riavere i resti. A proposito, i genitori del soldato quando sono arrivati dall'Italia?»

«Ieri. Saranno qui tra poco per incontrare gli psicologi ma io voglio che prima parlino con te.»

«Cosa gli hai già detto?»

«Che l'esplosione è stata devastante, che il figlio era nell'epicentro, vicino all'attentatore, e che il vostro lavoro sarà più lungo del previsto.»

«Non sanno che il corpo è irriconoscibile?»

«Non esattamente.»

«Ti facevo più coraggiosa.»

«Devi dirgli il meno possibile, mi raccomando.»

«D'accordo.»

Il capitano Baruch attende gli Anav davanti al cancello e non li lascia soli un istante. Non mentre Ghershel, con pacata fermezza e senza soffermarsi troppo sui dettagli, si scusa di non poter restituire i resti del figlio quel giorno e nemmeno il giorno successivo. Non mentre gli psicologi, con calore e compassione, si offrono di restare accanto a loro per tutto il tempo che rimarranno in Israele.

Micòl e Daniel non piangono, non gridano, non svengono. Ascoltano ammutoliti. Solamente alla fine, a occhi bassi, lui balbetta qualcosa sull'inutilità della psicologia e sul feroce desiderio di vendetta, mentre lei, con le pupille dilatate, chiede ostinatamente quando riavrà il corpo.

Noa le consegna lo zainetto di Arièl. Micòl lo prende in braccio come fosse un bambino e da quel momento non se ne separa un istante.

Poi, quando le parole si diradano e un silenzio inerte rimane sospeso nell'aria, il capitano decide che quei poveri genitori hanno sofferto abbastanza e che è tempo di lasciarli da soli.

All'uscita dal Centro di medicina legale di Abu Kabir, il sole è inchiodato a un cielo di un grigio metallico.

Vedendoli seduti, distanti come nemici, ai due estremi del sedile posteriore della Land Rover, nessuno potrebbe immaginare che la donna pallida con lo zainetto in grembo e l'uomo con il volto contratto e le braccia conserte un tempo erano moglie e marito.

«Dove vi accompagno?» chiede il capitano.

«Il mio hotel è l'Hilton. Quello di mia moglie invece è...»

«No, non mi porti in albergo. Voglio andare a casa di mio figlio, il gatto ha finito il cibo e l'acqua e io devo occuparmi di lui.»

«Io lì non torno. Non contare su di me» mormora Daniel con voce opaca.

«Non ci conto più da tempo.»

14

Non ha ancora infilato le chiavi nella serratura quando, al di là della porta rossa, Micòl sente il miagolio di Malak. Questa volta non ha la forza di accarezzarlo: con lo zainetto stretto al petto crolla sul divano impietrita dal dolore.

Gli ultimi istanti del figlio sono in quell'involucro di tela che non ha animo di esplorare. Solo quando con un balzo Malak la raggiunge, le fa le fusa e comincia ad annusare gli spallacci, lei si obbliga a far scorrere la cerniera lampo.

Il sibilo leggero la ferisce, si fa forza e, come un pesce che si tuffa in uno stagno, introduce la mano.

Le dita tastano un astuccio rigido, lo tira fuori con cautela e lo apre: contiene degli occhiali a goccia con le lenti azzurrine. Le manca il respiro. Li posa accanto a sé, infila di nuovo la mano e prende un basco turchese. Continua come un automa. Emergono un coltellino svizzero e una confezione di rasoi usa e getta. Poi degli auricolari con il filo aggrovigliato, un pacchetto di caramelle al limone, due biglietti dell'autobus e un tubetto di pasticche per il mal di testa. Arièl soffriva di emicrania... L'aveva avuta anche prima di morire? Micòl si impone di andare avanti. Pesca un quadernetto ma non ha il coraggio di sfogliarne le pagine, poi una matita con l'estremità mordicchiata e d'istinto la sfiora con le labbra.

Automaticamente allinea gli oggetti sul divano. Tasta lo zainetto ormai quasi vuoto e sente qualcosa di morbido, è una T-shirt stropicciata in cui affonda il viso cercando disperatamente il suo odore. A occhi chiusi e singhiozzando, infila la mano per l'ultima volta. Le dita percorrono le cuciture e perlustrano il fondo: non c'è niente. Apre la tasca interna, trova un fazzoletto di carta appallottolato. Quante volte gli ha soffiato il naso da bambino: "Ancora, soffia più forte, ancora una volta, bravo, così".

Gli oggetti insignificanti che solo due giorni prima Arièl aveva infilato nello zaino, sparsi accanto a lei in un'impudica mescolanza esibiscono la loro tragica banalità. Gli ultimi frammenti del suo ultimo giorno restituiscono un fragile racconto, ma ad Abu Kabir la sua carne, martoriata e confusa, attende ancora di essere ricomposta.

Cosa cerca Micòl? Il segreto del figlio non è solo Tariq, ma tutto quello che di Arièl le è sfuggito. I ricordi mancanti, la felicità ignorata, le passioni trascurate, le confidenze perdute non potranno comunque ricomporre l'enigma. Intero o diviso, deve lasciarlo andare, ma non ne è capace. È un vetro spezzato, un pozzo senza fondo; è insieme incudine e martello, e desidera solo scomparire.

Ancora una volta è Malak a salvarla. Con un balzo si intrufola nello zainetto, che grazie a lui per un istante sembra prendere vita. La coda sbuca sinuosa dall'apertura, poi spunta il muso che le si avvicina al volto, con le vibrisse le sfiora le guance e con il naso umido le tocca delicatamente la fronte. A occhi chiusi, per un istante Micòl immagina che sia l'ultimo bacio di Arièl.

Arrivato al pianerottolo inondato di luce, chissà perché a Tariq non viene in mente di bussare. Apre con le sue chiavi ed entra.

Vede Micòl, subito riconosce lo zainetto, e sparpagliato sul cuscino tutto quello che Arièl ci aveva ficcato dentro.

Gli ultimi istanti di quella mattina gli balzano incontro: il caldo soffocante, l'alterco, il mutismo, la rabbia e la scelta di andarsene. Poi l'esplosione. E all'improvviso capisce che quella madre annichilita dal dolore merita tutta la verità.

Si genuflette ai suoi piedi, reclina il capo sulle sue ginocchia, e le racconta quello che non le ha ancora raccontato. Che il giorno del massacro erano insieme a Shabazi Street, che avevano litigato, che era stato lui ad abbandonarlo, e che aveva provato a chiamarlo per fare la pace un istante prima dell'esplosione, quando era troppo tardi.

Trova persino il coraggio di confessarle la doppia misura della colpa che lo divora. È colpevole della sua fine perché è stato lui a proporgli di fermarsi in quel locale ed è colpevole perché mentre Arièl è morto lui è vivo. E a quella doppia misura se ne aggiunge una terza, se possibile ancora più atroce: l'attentato è stato pianificato da assassini che appartengono alla sua gente.

Micòl lo ascolta in silenzio. Le sta chiedendo perdono? Non può certo perdonarlo a nome di Arièl, e ha già troppo da perdonare a sé stessa.

Con dolcezza gli solleva il capo e guardandolo negli occhi: «In amore non c'è colpa. Basta lacrime, Tariq.»

15

La forza di Micòl è lasciar andare il cuore dove capita, affidandosi alle forme, ai colori, alle sensazioni e alle intuizioni, persino all'azzurro di quelle lenti che la fanno sentire tutt'uno con suo figlio. Soprattutto a quell'azzurro.

Di slancio abbraccia Tariq, carezza Malak, inforca gli occhiali di Arièl con le lenti azzurrine e se ne va.

In strada si guarda intorno stupita. Attraverso le lenti colorate per la prima volta Tel Aviv le appare una celestiale città ultraterrena. È così che l'ha vista suo figlio? È così che l'ha sognata Stella? Ormai non ha importanza. Arièl adesso è con lei. Anzi, lei è Arièl.

Il tempo è un addensante: l'istante azzurrino in cui due vite possono diventare una sola.

Per sfuggire alla madre, padrona assoluta e indiscussa della sostanza della vita, sin da bambina Micòl si era rifugiata nel mondo della forma, che Stella disprezzava. Dalla sfumatura di una passamaneria al volume di un cretonne, dal luccichio di una paillette al riflesso cangiante di un velluto, ha scelto di concentrarsi sull'apparenza, riuscendo a trasformarla in una modalità estrema di resistenza alla donna che l'aveva messa al mondo, ma dalla quale non si era mai sentita amata.

Eppure oggi è decisa a incontrarla e a passi lenti sta andando da lei. Non l'ha avvertita del suo arrivo. Vuole capitare senza preavviso. Spera di sorprendere quella madre che non è mai riuscita a stupire.

Stella ha sempre detto che non avrebbe finito i suoi giorni nella vecchia Europa e che voleva chiudere gli occhi a Tel Aviv. E così era stato, aveva affittato una casa e si era trasferita lì. Micòl l'aveva raggiunta per pochi giorni per aiutarla nel trasloco. Un viaggio di dovere, segnato dalla diffidenza per quella terra ostile che sembrava "promessa" solo a sua madre.

È difficile essere gelosi di una nazione, di un popolo, di una città, eppure lei ci era riuscita. Sapeva di venire dopo Israele nel cuore di Stella. E ora, proprio la terra che le ha sottratto la madre le ha rubato anche il figlio.

Micòl percorre le vie di una metropoli che conosce a malapena ma di cui ha sentito parlare tutta la vita.

Le sessantasei famiglie di pionieri ebrei che nei primi anni del Novecento la fondarono sulle dune a nord di Giaffa, la divisione in lotti uguali e l'estrazione a sorte del fazzoletto di sabbia che sarebbe toccato a ciascuno erano i tasselli di una storia che sua madre raccontava al presente, come stesse accadendo in quel momento e usando sempre la prima persona plurale, quasi fosse anche opera sua.

"Acquistiamo la terra dagli arabi, regolarmente e in contanti, ma i venditori subito si pentono e la rivogliono indietro. Impossibile: ormai è cosa fatta! Dopo l'estrazione dei lotti, il primo edificio da costruire è una torre cisterna perché tutte le case devono avere l'acqua corrente. Micòl, mi stai ascoltando?"

"Sì mamma, ti ascolto."

"Abbiamo in mente le città giardino europee disegnate a riga e squadra, con le strade che si intersecano ad angolo retto. All'inizio costruiamo case senza pretese, ma tutte con la vasca da bagno e un piccolo fazzoletto di terra davanti. Straordinario, vero?"

"Davvero straordinario mamma."

"Solo quando arrivano gli architetti della Bauhaus nasce la moderna Tel Aviv."

Il progresso e la modernità erano la sua religione e concludeva sempre con gli architetti della Bauhaus.

Sulle dune spartite un secolo prima, sorge la metropoli che a ogni incrocio mostra a Micòl la sua pelle stratificata e cangiante. Una vetrina di elettronica con l'insegna "Esaù Levi", un supermarket con la scritta al neon "David the King" e una sartoria intitolata a "Moses&Rachel" testimoniano la follia di una città dove il tempo scorre veloce senza principio né fine e dove il passato è un eterno presente.

Eppure oggi, attraverso le lenti azzurrine di suo figlio, per la prima volta quella città le è amica.

Arrivata all'indirizzo Micòl stenta a riconoscere la casa. Il numero civico corrisponde ma l'aspetto è cambiato. Ricorda un edificio dipinto di rosa, a un solo piano e appena rialzato rispetto alla strada, circondato da un angusto giardino simile a un fossato dove la madre aveva subito interrato delle piante grasse, ma oggi il rosa affiora a malapena da un intrico di arbusti spinosi cresciuti a dismisura fino a coprire le finestre. Persino i pochi gradini della scala che conduce al portoncino d'ingresso sono difesi da un esercito di cactus che ne restringono l'accesso. La dimora di Stella è diventata un fortino inaccessibile. O forse lo è sempre stata?

Per prudenza, sale i gradini di taglio, ma una spina le aggancia la manica della camicetta strappandola. Cercando il campanello seminascosto da un'agave si punge, e un aculeo le si conficca nel polpastrello così profondamente che riesce a estrarlo a fatica. Finalmente allunga la mano per suonare ma Stella la precede.

«Ti stavo aspettando» le dice dallo spiraglio semiaperto, poi con un colpetto del bastone apre la porta e si fa da parte.

Nonostante le finestre siano prive di tende, tutto è immerso in una semioscurità attraversata dai fasci di luce che filtrano tra i rami spinosi dei cactus come dalle sbarre di una prigione.

Con cautela Micòl s'insinua nella penombra. Nulla è cambiato. L'arredamento è quello spartano che ricorda: pochi mobili di pregio portati dall'Italia, librerie affastellate di volumi, un divano con la tappezzeria scolorita, due poltrone spaiate, una lampada con il paralume consunto e un vecchio televisore a tubo catodico. A sua madre non importa la scenografia, a lei interessa solo il copione.

Stella si dirige verso la cucina preceduta dal solito tonfo.

«Ho appena preparato il caffè, è all'italiana, se ne vuoi una tazzina però devi venire a prendertela, il bastone non mi permette di portarne due, tantomeno un vassoio, che peraltro non possiedo.»

Micòl la raggiunge, l'ambiente è spoglio ma tirato a lucido, proprio come sua madre.

«Togliti quegli occhiali da sole, qui sono inutili.»

Micòl se li leva e mentre glieli porge una lama di luce dall'intrico dei cactus intercetta la lente e riflette sul volto della madre un lampo azzurrino:

«Sono di Arièl, li ho trovati nello zainetto che mi ha restituito il capitano.»

«E tu non hai resistito ad aprirlo. Lo avrei fatto anche io. Cos'altro hai trovato?»

«Un basco turchese.»

«Fa parte della divisa dei Tothanim, la sua unità. Arièl era ai radar, nel gruppo di artiglieri che ha il compito di calcolare la traiettoria di lancio dei razzi e di studiare i sistemi dei missili intercettori.»

«Basta guerra mamma!»

«Solo chi sa fare la guerra sa fare la pace» ribatte decisa Stella. «Cos'altro c'era dentro?»

«Una maglietta con ancora il suo... odore» balbetta Micòl.

«I primi giorni sono i peggiori. Coraggio, prendi la tua

tazza di caffè e vieni in soggiorno. Il tuo posto è sul divano, ha le molle rotte ma regge. D'altronde anche una delle poltrone è ormai malandata, ma a me tocca il privilegio dell'unica ancora in buone condizioni, la mia schiena malconcia non mi permette altro.»

Il caffè è bollente e Stella, dopo aver bevuto il suo tutto d'un sorso, con tono asciutto:

«Non ce lo ridaranno prima di venerdì mattina, più probabilmente domenica.»

«Come lo sai? Stamattina il capitano Baruch ci ha accompagnato al Centro di medicina legale, abbiamo incontrato il responsabile di Zaka e ci ha detto che forse domani o dopodomani...»

«So come vanno queste cose.»

«Sai sempre tutto tu» risponde aspra Micòl.

«So quello che c'è da sapere. E so che Zaka non lavora di Shabbat.»

«Domani è giovedì, magari riusciranno a finire prima del tramonto di venerdì.»

«Oggi, domani o domenica, ormai cosa cambia?»

«Perché ci mettono così tanto?»

«Stammi bene a sentire figlia mia. Arièl è esploso in mille pezzi e così pure il terrorista. Non pensare a quello che ti consegneranno. Non c'è nulla che valga la pena di essere visto e neppure immaginato.»

Micòl nasconde il volto tra le mani e con voce soffocata:

«Un figlio è una serie di interminabili attese. Nove mesi per prenderlo in braccio, poi aspetti che cominci a camminare, a parlare, poi che torni dalla prima notte in discoteca e che si laurei... Ma non ti aspetti che te lo restituiscano a pezzi!»

«Ascoltami Micòl: Arièl deve essere seppellito qui, in Israele.»

«Mai! Lui verrà via con me.»

«È andato via da te. Rispetta la sua scelta. Tutte le sue scelte, anche quelle che non conosci.»

«Cosa vuoi dirmi?»

«Che non sei stata abile e neppure attenta.»

Per sfuggire allo sguardo della madre, d'istinto Micòl controlla lo strappo nella manica della camicetta. Poi esitante:

«Non capisco come tu possa salire e scendere da quella scala senza ferirti.»

«Ho molto tempo e poche cose da fare. Tu ne hai avute troppe e non hai voluto vedere quello che avevi davanti agli occhi.»

«Ho difeso mio figlio da un padre arrogante.»

«Ti avevo messo in guardia da Daniel, ma non mi hai dato ascolto e hai voluto sposarlo.»

«Ho rimediato all'errore.»

«E ne hai fatto un altro. Era tutto così evidente, ma tu non hai voluto guardare. Non sei stata coraggiosa, ma devi esserlo: ora!» conclude Stella picchiando con forza il bastone sul pavimento.

Micòl raddrizza la schiena e mormora:

«Hai ragione, il peggio è già successo. E quello che non sapevo l'ho scoperto ieri sera.»

«Dunque hai guardato nella penombra?»

«Smettila con le metafore, non è da te mamma. Tu sei un colpo di fucile, non un arabesco.»

«Io sono l'uno e l'altro. Ebbene, cosa hai scoperto?»

«Ho conosciuto Tariq.»

Sul volto di Stella compare un sorriso enigmatico:

«Sei stata tu a chiedere?»

«È stato lui a dirmi.»

«Cosa?»

«Che sono, che erano...»

«Che si amavano.»

«Sì, e saperlo mi ha turbata. Di più, mi ha sconvolta.»

«E perché mai? Tuo figlio è stato ucciso in un attentato terrorista. E con tutte le cose che non hai voluto capire di lui, non ultima la scelta di venire a vivere qui, solo questa ti ha colpito?» ribatte Stella aggiustandosi gli occhiali sul naso. «Troppe volte ti sei nascosta la verità. Che tuo marito non ti meritava e ti ha tradito per una vita, che esercitava un dominio inutile e volgare su vostro figlio, e che stavi sprecando quello che resta della tua giovinezza in amori su cui sorvolo.»

«Basta mamma!»

«E non hai voluto capire che tuo figlio ne aveva abbastanza dei ricordi delle vostre rivoluzioni inventate. E desiderava qualcosa di più della smania di successo di Daniel e del vortice di piume e paillette dietro alle quali hai sempre nascosto la tua infelicità.»

«Tu invece potevi offrirgli gli ideali, il coraggio, la sfida...»

«Quello che ho provato a trasmettere anche a te, ma che ti sei sempre rifiutata di ricevere.»

«Rifiutavo il tuo leggendario Israele, dove mio figlio è esploso due giorni fa in un attentato!»

«La verità ha sempre un suono diverso da quello che ci si aspetta. Sono passati solo tre giorni dal massacro e hai il coraggio di dirmi che sei turbata perché hai scoperto che amava un uomo?»

«Non capisci? Mi chiedo che madre sono stata! Non avevo occhi per guardare? Non avevo istinto per capire cosa c'era nel suo cuore e per riconoscere le sue passioni?»

«Arièl si è sempre tenuto alla larga dalle passioni perché era assediato dalle vostre. Poi ha incontrato Tariq e il vaso di Pandora si è spalancato. È così difficile per te accettare il mistero dell'amore?»

Micòl sgrana gli occhi. È la prima volta che la madre parla d'amore.

«Perché non si è confidato con me?»

«Si nascondono dei segreti anche alle persone che ci vogliono bene, soprattutto alle madri. Con una nonna è molto più facile aprirsi.»

Poi, con un tono intimo e solenne che Micòl non riconosce:

«Il cuore è uno strumento bizzarro. Ti sarai chiesta perché

non ho mai sfoltito l'intrico di piante che, giorno dopo giorno, finirà per lasciarmi al buio. Io non tengo lontana la notte. Convivo con le ombre. L'ho imparato quando sono tornata a vivere a Tel Aviv. In Israele c'è troppa luce, una luce feroce che può far perdere la testa. Io la mia l'ho perduta al kibbutz di Hanita. Ma questa è una storia che ti racconterò un altro giorno, forse...»

Il caffè è ormai freddo e Micòl non ne ha bevuto nemmeno un sorso. Stella si sporge dalla poltrona e catturando lo sguardo della figlia, con voce sferzante:

«Adesso quello che importa è mettere le mani sul mandante del massacro.» Il volto di Stella è una pietra scheggiata, ogni ruga è una scaglia tagliente. «Voglio che marcisca in una cella per tutta la vita!»

«Anche io» le risponde la figlia aggrottando la fronte.

Leggono l'una negli occhi dell'altra la vertigine della vendetta e ammutoliscono.

Dopo tanto tempo Micòl la sente alleata. Cosa le rimane ormai se non aggrapparsi alla durezza di quella madre misteriosa capace di spostare in silenzio le montagne? Sì, lei sarebbe riuscita a trovarlo, lei avrebbe fatto giustizia. Lei è tutto quello che le resta.

«Grazie, mamma.»

Stella allunga la mano fino a sfiorare quella della figlia.

«Non ringraziarmi, è giusto così. Non bisogna lasciare che le ferite si infettino. Piuttosto, dimmi: quando rivedrai Tariq?»

«Domani a mezzogiorno, a casa di Arièl.»

«Perfetto. Ora che sai quello che c'era da sapere, cerca di capire quello che ancora non hai capito.»

16

A convocarla alle tre in punto al quartier generale dello Shin Bet è Dan Gabai, il colonnello responsabile dell'antiterrorismo in Cisgiordania. L'incontro non può che riguardare l'attentato a Shabazi Street e il capitano Noa Baruch disdice tutti i suoi impegni.

Si sono conosciuti da ragazzi ai campi estivi e per un periodo sono stati persino amici, ma presto le loro strade si sono divise. Noa ne ammira la tenacia ma ne teme la spregiudicatezza e sa per certo che Dan, pur apprezzandola come ufficiale, non condivide affatto la sua adesione a Peace Now. Una scelta convinta che ha regalato a Noa qualche nemico, primo tra tutti il suo ex marito.

Nonostante quel vecchio attrito, quando la riceve nel suo ufficio all'ultimo piano di una palazzina di cui pochi conoscono l'ubicazione, Dan la accoglie calorosamente e viene subito al dunque:

«Cosa sai di Tariq Ghassan?»

«È un omosessuale fuggito da Jenin. Ha chiesto aiuto all'Agudà ed è stato accolto per qualche notte a Beit Dror. A quanto mi risulta, non ha nessun contatto con i terroristi.»

«Sai che era l'amante di Arièl Anav?»

«Ero stata informata, li avevano visti insieme. Pensavo fosse un'avventura, ma a quanto pare durava da mesi.»

«Sull'attentato è in corso un'inchiesta e sembra che prima di morire Arièl abbia salvato delle vite, ma ciò non toglie che la sua relazione con un palestinese fosse un'imprudenza...»

«La passione è un taxi che si teme di perdere.»

«E invece si finisce sempre per trovarne un altro, basta avere pazienza e aspettare che arrivi.»

D'improvviso a Noa torna in mente una notte stellata al campo estivo e la mano di Dan che le scivola attorno alla vita. Lei gliela rimette a posto e lui la allunga di nuovo... Un episodio senza importanza che aveva completamente rimosso.

«La pazienza è sempre stata la tua specialità. State indagando su Tariq?»

«No, ma dobbiamo catturare il mandante della strage, subito e con ogni mezzo. Abbiamo mobilitato i nostri informatori e stiamo setacciando il territorio.»

«Lo "scudo invisibile" dello Shin Bet è in azione.»

«Ovviamente. Abbiamo già una pista, ma qualsiasi informazione può esserci utile. Le famiglie palestinesi sono un intrico di fratelli, cugini, nipoti e i matrimoni incrociano i clan e li allargano. A Jenin quelli che contano si conoscono tutti e Hamas è ovunque.»

«Lo Shin Bet c'è per questo.»

«Infatti. Personalmente sono convinto che quel Tariq sia solamente un gay in fuga, ma tu incontralo e fallo parlare. Non si sa mai.»

«Sarà fatto.»

«Ottimo. Sono felice di averti incontrata e conto su di te.»

Si stringono la mano, forse qualche secondo più del necessario, e tutto finisce lì.

Noa si chiude la porta alle spalle sollevata, eppure ha la sensazione che Dan abbia terminato l'incontro troppo in fretta. O forse era lei a desiderare che durasse di più?

Il capitano Baruch ha visto giusto, Dan ha tagliato corto. Fosse stato per lui sarebbe rimasto più a lungo con la ragazza dai grandi occhi neri che lo aveva tenuto a bada la notte in cui era certo di fare centro, ma a minuti aspetta una chiamata dal cellulare non rintracciabile di un agente che spacca il secondo.

Prudente, determinato e imperscrutabile, sin da giovane Dan è stato scelto dallo Shin Bet, l'agenzia di intelligence per gli affari interni. Una carriera fulminante che lo ha portato in Cisgiordania a dirigere l'antiterrorismo, con l'obiettivo di disarticolare Hamas e jihad islamica. Nato a Gerusalemme da una famiglia fuggita da Baghdad, parla l'arabo come l'ebraico, conosce il territorio palmo a palmo e ha raccolto informazioni dettagliate sulla rete dei clan, ma non si fa illusioni, perché sa meglio di chiunque altro che la nuova generazione di palestinesi è la più disperata e insieme la più inafferrabile. Nonostante gli attentati della seconda Intifada siano costati centinaia di vite, Dan considera la vendetta un sentimento inutile e la rappresaglia un'arma controproducente. Preferisce muoversi nella zona grigia, intervenendo al momento giusto e chirurgicamente. Negli ultimi anni ha decuplicato il lavoro di intelligence per prevenire e bloccare gli attacchi suicidi, e con pazienza è riuscito a costruire una rete di informatori fitta e diversificata che ha dato buoni risultati. Eppure sul massacro di Shabazi Street nessuno di loro ha fornito notizie attendibili.

La telefonata che aspetta con ansia è quella di uno degli agenti che agisce sotto copertura a Jenin.

Il centro estetico "Kamila" è stata un'idea di Dan che nello Shin Bet non ha trovato tutti d'accordo. Soprattutto Moyshe Eshkol, che da tempo aspira a sostituirlo.

"Sei impazzito? È solo una perdita di tempo e di soldi! Cosa vuoi scoprire dalle chiacchiere delle signore?" aveva commentato perfido quando Dan aveva esposto il piano.

"Non sottovalutare la complicità che può nascere in un salone di bellezza, solo lì le donne di Jenin si rilassano e si confidano senza gli uomini tra i piedi."

"Facciamo beneficenza o antiterrorismo?"

"Moyshe, tu sottovaluti le donne arabe. Sono bellissime e hanno una straordinaria cura del corpo: unghie curate, trucco perfetto e sotto il hijab acconciature complesse e raffinate. E non dimenticare che ciascuna di loro ha marito, fratelli e cugini... Fidati, in quel centro estetico raccoglieremo informazioni preziose."

Nonostante l'opposizione di Moyshe, di cui tutti conoscono le segrete ambizioni, l'idea di Dan aveva convinto.

La scelta del locale, a lungo meditata, era caduta su un elegante palazzina a due piani, nel quadrilatero delle banche, non lontano da un grande centro commerciale e da uno dei più importanti ospedali di Jenin. Ben più laborioso era stato individuare e addestrare l'agente che avrebbe indossato i panni di Kamila, la proprietaria del centro estetico che da lei avrebbe preso il nome.

Dopo una severa selezione il cerchio si era ristretto a Tamar, una trentenne nata in Israele ma di origine egiziana che padroneggia alla perfezione l'arabo. Minuta, occhi scuri e vellutati, lunghi capelli neri, ben addestrata dal punto di vista militare, aveva tutte le caratteristiche di un ottimo agente, e in più era decisamente attraente, ma di estetica e acconciature non sapeva nulla. Grazie a un tirocinio intensivo, però, in tre mesi aveva imparato tutto quello che c'era da imparare. Per giustificare il marcato accento egiziano le avevano costruito la falsa identità di una raffinata cairota venuta per affari in Cisgiordania e da quel giorno per tutti era diventata Kamila.

All'inaugurazione del locale erano state invitate le mogli dei maggiorenti di Jenin e in due anni la clientela si era moltiplicata. Molte di loro erano diventare amiche intime della proprietaria e lei stilava rapporti periodici con il contenuto sensibile delle loro confidenze e li inviava a Gabai. Al momento giusto Kamila era pronta a entrare in azione.

Quando l'identità del kamikaze di Shabazi Street era stata resa nota, Dan aveva ricevuto un primo messaggio in cui Kamila confermava che la sorella del kamikaze era una delle sue clienti, di più, un'amica. Gabai le aveva raccomandato di agire con prudenza, ma ormai era certo che la rete tessuta da tempo finalmente avrebbe iniziato a dare i suoi frutti.

Dopo ventiquattr'ore di silenzio, Kamila aveva annunciato quell'appuntamento telefonico da cui Dan si aspetta molto. Anzi moltissimo.

Alle quattro e un minuto, finalmente lo squillo.

«Forse ci siamo. Ieri sono stata invitata alla veglia del martire, celebrata prima della restituzione dei resti, e ho ascoltato una strana conversazione. La sorella del kamikaze chiedeva al cugino di andare a prenderla a casa l'indomani, alle sette, per accompagnarla a consegnare dei pacchi. A insospettirmi è stata l'espressione spaventata di lui. Continuava a dire che in pieno giorno non era prudente, ma quando lei gli ha dato del vigliacco e gli ha ricordato che suo cugino era morto da martire ho capito che c'era in ballo qualcosa di importante. Alla fine lui ha ceduto.»

«Arriva al dunque.»

«Ho noleggiato un'auto e stamane, alle sette in punto, ero parcheggiata dietro un camion in una posizione da cui potevo controllare ogni loro movimento.»

«E allora?»

«Li ho visti caricare nel portabagagli delle borse e una grande valigia.»

«Li hai seguiti?»

«Naturalmente.»

«Dove erano diretti?»

«A est di Jenin. Hanno parcheggiato l'auto davanti all'entrata di un caseificio. Sono entrati con tutti i bagagli e dopo dieci minuti sono risaliti in auto a mani vuote.»

«Continua a starle dietro. Invia subito le coordinate del caseificio, niente gps e niente internet, manda un sms da un cellulare senza connessione di quelli che usano gli *haredim*. Poi distruggi la sim e gettalo.»

«D'accordo.»

«Ottimo lavoro.»

Gabai convoca all'istante il gruppo ristretto dei suoi collaboratori.

«Voglio la lista completa dei caseifici a nord-est di Jenin, i nomi dei proprietari, i loro precedenti, le foto aeree della zona e una squadra pronta all'intervento entro un'ora. Avremo a breve tutti i dati: stanotte entriamo in azione.»

L'irruzione notturna si conclude con un buco nell'acqua. Solo pecore, bidoni del latte, formaggi in stagionatura e casari terrorizzati. Dell'uomo di Hamas nemmeno l'ombra.

«Deve aver fiutato qualcosa e ha cambiato nascondiglio. Peccato, catturarlo sarebbe stato un bel colpo» si rammarica il colonnello.

Subito però ragiona su una controstrategia che ha usato più volte, far circolare voci inattendibili creando false notizie perché qualcuno sia spinto a commettere un errore che li metta sulla pista giusta. Un'operazione che richiede tempo, pazienza e una certa dose di fortuna.

Sono passati tre giorni dal massacro di Shabazi Street e Dan Gabai ha in mano solo un pugno di mosche.

17

Per arrivare dove voleva, Daniel ha sempre modificato la verità a suo piacimento, spesso inventandola di sana pianta. Così era successo con la politica, con la pubblicità, con le ragazze che gli ronzavano intorno, e così pure con Micòl. Quando aveva capito di desiderarla si era convinto di amarla.

In principio aveva funzionato, ma siccome restare fedele alle proprie invenzioni era contro le sue regole, da subito e senza rimorsi aveva cominciato a tradirla. La nascita di Arièl per un po' aveva tenuto insieme i pezzi, ma quando Micòl aveva perso la testa per il teatro l'equilibrio si era rotto. E Daniel subito si era creato un ruolo che gli calzava a pennello: il ricco divorziato che paga a caro prezzo la libertà riconquistata.

Grazie alla naturale faciloneria e a un discreto numero di amanti, quella moglie sfuggita di mano e quel figlio misterioso e schivo non gli erano mancati più di tanto. Il trasferimento a Milano aveva completato il distacco. Tra lui e Micòl solo mail, sms e un lauto assegno divorzile. Tra lui e Arièl sporadiche telefonate e la sensazione di aver messo al mondo uno sconosciuto. Una coppia scoppiata come tante. Fino a quella telefonata maledetta.

Eppure rivedere Micòl dopo tanto tempo lo ha turbato più di quanto voglia ammettere. E la morte del figlio, una atroce verità impossibile da correggere, lo ha annichilito, precipitandolo in un gorgo che non riesce a governare nemmeno attingendo alla sua lussureggiante superficialità.

Al ritorno da Abu Kabir, frastornato, si rinchiude nella stanza d'albergo come in un bunker. Tira le tende, si toglie le scarpe, misura la pressione che da qualche anno deve tenere a bada, inghiotte uno dei tranquillanti che porta sempre in valigia, si sdraia sull'inutile letto king-size e chiude gli occhi. È esausto ma il sonno tarda a raggiungerlo. Non può che pensare e ripensare a quegli ultimi giorni e a tutta la sua vita.

Daniel si è sempre accettato senza dubbi e senza riserve, ma la morte di quell'unico figlio che non è mai riuscito ad afferrare mette alla prova le sue certezze. Che sono tutto quello che ha sempre posseduto.

Le certezze e le parole sono la sua specialità. Con le parole ha infiammato le assemblee politiche, con le parole ha sedotto Micòl, con le parole ha fondato un'agenzia pubblicitaria che lo ha fatto ricco. E con le parole ha provato a incantare anche il figlio.

Arièl era un bambino bizzarro, i suoi slanci erano imprevedibili e i suoi rifiuti invalicabili, eppure per un po' anche con lui le parole avevano funzionato. Le favole senza principesse e cavalieri che inventava all'impronta sembravano affascinarlo, le barzellette di cui aveva un infinito repertorio lo divertivano. Poi qualcosa si era incrinato. Proprio come con i clienti, per recuperare Daniel aveva cominciato a caricare le battute e a moltiplicare gli accenti. Alzava la posta, andava sopra le righe, cercava di superarsi. Inutile. Arièl non lo ascoltava più e, ogni volta che lo rimproverava, i suoi occhi verdi, così uguali a quelli della madre, diventavano trasparenti e ostili. La fine del matrimonio era stato lo strappo decisivo, ma tra padre e figlio la stoffa era logora da tempo.

A rompere il patto del silenzio sancito con il divorzio era stata Micòl. Il giorno della partenza improvvisa di Arièl gli aveva telefonato.

«È appena salito su un taxi diretto all'aeroporto! Il volo decolla tra due ore. Se ne va in Israele!»

«Sono dieci anni che non ci parliamo, e mi chiami per dirmi che nostro figlio fa il turista nella Terra promessa per farsi coccolare dalla nonna?»

«Non hai capito, ha deciso di vivere lì. Farà l'*Alyià*, il servizio militare e tutto il resto... Vuole diventare un israeliano!»

«Cosa?! È impazzito? D'improvviso è diventato sionista? Qui c'è lo zampino di Stella.»

«Lascia stare mia madre, il punto è che è ebreo e grazie alla Legge del Ritorno può ottenere la cittadinanza.»

«Ma se ci siamo sposati con il rito ebraico solo per fare contenti i genitori... Ovviamente lo abbiamo circonciso, ma questo cosa c'entra con una fuga in Israele? Noi siamo ebrei italiani, non siamo mai stati praticanti, mangiamo maiale e non andiamo in sinagoga neppure a Kippur. Noi siamo ebrei per caso.»

Micòl aveva risposto laconica:

«Per una volta potrei anche essere d'accordo con te.»

«Dovevi fermarlo!»

«Non potevo, è maggiorenne ed è fuori dalla nostra giurisdizione.»

«Ma non lo è il suo estratto conto! Dimentichi che quello tocca a me rimpinguarlo regolarmente.»

«Tu sei solo chiacchiere e soldi.»

«Con le une faccio gli altri.»

Micòl aveva interrotto la comunicazione senza nemmeno salutarlo. Da tempo non si capivano più.

Daniel non l'aveva chiamata nemmeno quando l'ambasciata gli aveva comunicato la morte del figlio. E lei si era comportata allo stesso modo. Entrambi avevano fatto la valigia e avevano preso il primo volo per Tel Aviv, lui da Milano e lei da Roma, senza condividere lo strazio. Uno strazio che per la prima volta lo aveva lasciato senza parole.

I tranquillanti non fanno effetto, ma sono decisive due pastiglie di sonnifero ingollate per disperazione.

Di primo mattino, lo squillo insistente del cellulare lo strappa da un oblio artificiale. È Dario, il direttore di produzione dell'agenzia.

«Ti siamo tutti vicini. Vorremmo inviare una corona di fiori.»

«Niente fiori. Per il funerale ci sono dei problemi.»

«Problemi?»

«Lascia perdere, non mi va di parlarne.»

«Come vuoi.»

Dopo un silenzio di circostanza Dario arriva al dunque: «So che non è il momento, ma devo informarti che abbiamo chiuso il contratto con Ramirez, il cliente spagnolo dei costumi da bagno. Vuole ambientare lo spot sulle rive del Mar Morto. Abbiamo realizzato al volo uno storyboard e lui lo ha approvato.»

«Buon per noi.»

«Hai dimenticato la clausola che prevede che tu assista alle riprese.»

«Chiedi ai legali di annullarla.»

«C'è una penale stratosferica. Sei già sul posto... Dimenticavo, ci sarà anche Ramirez.»

«Ti rendi conto di cosa mi stai chiedendo? Mio figlio è esploso in un attacco terroristico e tu pretendi che segua un set di costumi da bagno sulle rive del Mar Morto? Non contare su di me» taglia corto Daniel.

«Con Ramirez chiudiamo il bilancio e, se tutto va bene, l'anno prossimo si raddoppia. E se accetti evitiamo le parcelle degli avvocati.»

«Forse non hai capito, ancora non so quando ci restituiranno il corpo e con Micòl non siamo d'accordo nemmeno su dove seppellirlo.»

«Tu e Micòl non siete mai stati d'accordo su niente. Comunque la troupe sbarca all'aeroporto di Tel Aviv venerdì alle sedici e Ramirez arriva alle diciassette da Barcellona.»

«Cavatela da solo!»

Daniel chiude bruscamente la comunicazione. In che mondo cinico è vissuto e continua a vivere? Possibile che nessuno si renda conto che anche lui è fatto di carne e sangue, rimpianti e paure? E all'improvviso gli salta in mente di chiudere l'agenzia e di mandarli tutti a spasso. Sì, cambierà vita del tutto. Cercherà persino di capire dove ha sbagliato. O forse no. Forse è troppo tardi.

Eppure quella assurda telefonata lo ha fatto sentire l'uomo di un tempo. Sempre che riesca ancora a esserlo. E Daniel non ne è più così certo.

18

È notte fonda, Ilan ha appena lasciato il Centro di medicina legale di Abu Kabir e non vede l'ora di farsi una bella dormita ma, al rientro a casa, gli si para davanti la moglie. È in camicia da notte ed è una furia.

«A quest'ora ti presenti? Per la tua stramaledetta Zaka, da giorni il negozio ha la saracinesca abbassata! Prima o poi i clienti si abitueranno ad andare altrove.»

«Hai ragione, ma prima quell'attentato a Shabazi Street, poi due giorni chiuso ad Abu Kabir...»

«Io non ho sposato Zaka. Forse tu sì, ma io no di certo. Sono una parrucchiera, e non posso occuparmi di Gur!»

«Puoi sempre chiedere aiuto alla signora Kuzmir.»

«Proprio quello che ho fatto stamane. A mezzogiorno si è presentata al negozio con il bambino al collo, me lo ha mollato e se ne è uscita sbattendo la porta. Tutte le clienti mi guardavano.»

«E la padrona?»

«Mi ha licenziato in tronco.»

«Eri solamente in prova...»

«Già, ma mi avrebbero assunto!» Irina urla a squarciagola e intanto pensa: "Visto che quella vecchia arpia con la parrucca sempre sghemba non fa altro che origliare, tanto vale che sappia chi comanda in questa casa".

Come sempre, Ilan prova ad aggiustare le cose:

«Tel Aviv è piena di parrucchieri, non preoccuparti, ne troverai un altro.»

«Di lusso come quello e dove tutte le signore lasciano mance? Impossibile!»

«Puoi sempre venire a lavorare con me in negozio.»

«Vendere frutta e verdura mi fa schifo!»

«Abbassa la voce, Gur sta dormendo.»

«Come faccio a non urlare se sei sordo come una campana!»

Il pianto disperato del figlio li raggiunge. Ilan corre in camera da letto e, mentre lo culla per farlo addormentare, si accorge di uno strano viavai della moglie tra il ripostiglio e la camera da letto. Solo quando la vede in corridoio con indosso il soprabito rosa con il collo di strass e due valigie nelle mani capisce cosa sta per accadere.

«Irina, ti prego, ripensaci.»

«Ho deciso, me ne vado da mia madre. Per sempre.»

«E Gur?»

«Sei stato tu a insistere per avere un figlio, sapevi benissimo che io non lo volevo. Arrangiati.»

«Dove ho sbagliato? Te le ho date sempre tutte vinte... Perché mi lasci?»

«Perché ho un amante. Si chiama Zeev, fa l'idraulico ad Ashkelon, guadagna un sacco di soldi e ci sente benissimo!»

Prima di chiudere la porta gli intima:

«Non provare a cercarmi, non ho nessuna intenzione di rivederti.»

Ilan la insegue per le scale con il bimbo in braccio e arrivato in strada fa appena in tempo a vederla saltare a bordo di un furgone verde sulla cui fiancata campeggia la scritta: "Climatex: impianti idraulici, solari e di condizionamento".

"Mi ha mentito, non sta andando da sua madre" pensa amaramente Ilan mentre risale i gradini.

Arrivato al pianerottolo nota che dalla porta semiaperta della dirimpettaia filtra una lama di luce e avverte il suo profumo dolciastro.

«Ha bisogno di qualcosa?» chiede la Kuzmir affacciandosi dallo spiraglio.

«Torni a dormire, la prego, e le chiedo scusa per il baccano.»

«Scuse accettate. Buonanotte Ilan.»

«Buonanotte signora Kuzmir.»

19

Giovedì, quarta giornata

L'assenza del corpo sospende il tempo. In quella vita senza vita, deformata e dilatata, Micòl controlla di continuo l'orologio. I minuti le sembrano eterni. Gonfiato dal lievito dell'attesa, per lei il tempo ha improvvisamente perso la propria metrica. Gli istanti si trasformano in uno spazio ingovernabile e senza confini, denso dei bagliori accecanti della nostalgia.

Le stanze del passato conservano segreti. Ricordi che l'oblio non ha ancora sepolto affiorano feroci e dettagli insignificanti sepolti dal vortice delle colpevoli amnesie tornano alla luce. Il dolore del lutto scorre tetro e incandescente e trascina con sé il balenio di piccoli gesti inspiegabili, fragili come carta velina: il sorriso di Arièl, il suo modo di camminare e la sua ironia. La memoria può salvare o ferire a morte.

La vita apre voragini che ciascuno riempie come può. Mentre i volontari di Zaka ricompongono i brandelli di Arièl, quelli che lo hanno amato tentano di rimettere insieme i frammenti della vita che hanno trascorso insieme a lui. Micòl con disperazione, Daniel con rabbia, Stella con orgoglio e Tariq con atroce nostalgia, ognuno allinea i rimpianti.

Ciascuno ha in testa il suo Arièl e ciascuno ha la tentazione di inseguirlo dove non può più raggiungerlo.

Dalle prime ore del mattino, Eli Ghershel è chiuso nella sua stanza ad Abu Kabir. È stanco e così concentrato nel lavoro che non avverte il tonfo ripetuto lungo il corridoio e, al rumore della porta aperta con forza, sobbalza, si volta e sgrana gli occhi.

«Cosa ci fai qui?»

«Quello che immagini. Sono venuta per mio nipote.»

«Siamo a buon punto, ma domani al tramonto saremo costretti a sospendere il lavoro.»

Una smorfia si dipinge sul volto di Stella.

«Conosco perfettamente le vostre assurde regole: per salvare vite Zaka interviene anche di Shabbat ma l'identificazione dei corpi delle vittime può aspettare. Non ti sembra inumano?»

«La morte o lo Shabbat?»

«Entrambi.»

«Passo la vita a ricomporre corpi martoriati perché trovino degna sepoltura. Eppure ancora nessuno sa dov'è la tomba di Mosè. Noi non abbiamo bisogno di piramidi.»

«Mia figlia sì. Lei deve seppellire suo figlio. Ora, subito. Non posso vederla soffrire.»

Per la prima volta in vita sua, Stella non si vergogna di ammettere un sentimento di fronte a un estraneo. Non sopporta di vedere la sua creatura torturarsi nell'attesa del corpo dilaniato di suo figlio. Si è riscoperta madre come quando ha preso in braccio Micòl la prima volta. Madre e basta.

«Amica mia, non puoi governare il mondo e ancor meno il tempo. Terminata la creazione, il settimo giorno, il Padreterno ha deciso di riposarsi. Per questo dal tramonto del venerdì al tramonto del giorno successivo noi facciamo altrettanto. Shabbat vuol dire cessare, sospendere dunque l'innata pulsione a modificare il mondo di noi umani: niente internet, niente cellulari, niente giornali, niente vendere e comprare, niente creare e distruggere. Un istante di eternità dove il tempo del fare si ferma. Una tregua con il creato durante la quale devi solo guardare, capire e gioire, ma non agire.»

«Esattamente il contrario di tutta la mia vita!»

«Anche i campi, per ritrovare la fertilità, hanno bisogno di riposare per una stagione, il maggese. Io rispetto lo Shabbat non perché sono bigotto come credi tu che sei un'arida senza Dio, ma perché è l'essenza dell'ebraismo che tu non riesci a condividere. Prova a sospendere la sfida anche tu, gelida amica mia. Ti farà bene.»

Stella picchia in terra il bastone:

«Risparmiami l'elogio dello Shabbat! Mia figlia non trova pace. E nemmeno io.»

«Ti conosco da più di trent'anni, quando mai ti sei fermata, Stella?»

«Mai. E non intendo farlo nemmeno questa volta.»

«Sbagli. Libertà è accettare il limite.»

«Balle! Se avessimo accettato i limiti non ci sarebbe un ebreo sulla faccia della Terra.»

«Quando non avevamo una nazione abbiamo abitato il tempo forti solo di chi eravamo e da dove venivamo. La parola "storia" in ebraico non esiste, per noi la storia è *toledot*, ovvero il succedersi delle generazioni. Non pensare ai tuoi morti, pensa piuttosto ai figli che nasceranno.»

«Né io né mia figlia possiamo più fare figli e mio nipote non ne ha avuti. Con Arièl è morta la mia progenie.»

«Dio non è nella morte ma nella vita. Scegli la vita.»

«Scelgo di andarmene dalle tue stupide regole.»

Stella si alza a fatica, Eli tenta di aiutarla ma lei glielo impedisce.

Sulla soglia:

«Hai il coraggio di dirlo tu a mia figlia che dovrà aspettare fino a domenica?»

Senza attendere risposta varca la porta.

Eli la segue con lo sguardo finché la sua figura oscillante non scompare dietro la curva del corridoio dipinto di azzurro. Non si pente di una sola delle parole che ha pronunciato, eppure mai gli sono sembrate più inutili e vuote.

20

Le notti di Micòl sono un'alternanza di sogni angosciosi e risvegli ciechi. In quelle ore interminabili, ingigantita dall'atroce amalgama di pentimenti e rimpianti, la memoria inacidisce fino a farla impazzire. Fatta per le scorrerie dei ladri e i sospiri degli amanti, la notte per lei ha un unico nome: Arièl.

Ma, se al buio combatte la morte, di giorno cerca disperatamente la vita e aspetta solo il momento di incontrare Tariq. Con lui potrà decifrare lo spartito segreto di quell'amore nemmeno immaginato. Con lui potrà rileggere a rovescio l'esistenza di suo figlio, dall'ultima riga alla prima, frugando nel passato per rianimare l'azzurro dei ricordi e riscattare il presente lambito dal nero dell'assenza.

In una giornata bruciante, con il sole piantato a forza in un cielo di calce viva, Micòl arriva nella casa del figlio un'ora prima dell'appuntamento convenuto, ma quando apre la porta lui è già lì.

Lo intravede attraverso la vetrata: è a piedi nudi in terrazza e sta sgrovigliando il tubo di innaffiamento. Capisce che non l'ha sentita entrare e si prende il lusso di guardarlo non vista.

Lo osserva mentre bagna le piante a una a una, soffermandosi a lungo sui vasi più grandi con gesti meticolosi da contadino. Quando ha finito di innaffiarli, tenendo il pollice premuto sull'estremità del tubo, spruzza l'acqua a pressione inseguendo la terra fuoriuscita dai vasi fin nel pozzetto di scolo. Infine, lo raccoglie in anelli intorno all'avambraccio, lascia andare la matassa sul pavimento e si toglie la camicia abbandonandola su un cespuglio di rosmarino, poi fa scendere i bermuda lungo i fianchi, la stessa sorte tocca ai boxer. Tariq è nudo.

Micòl abbassa gli occhi. Sente distintamente il rumore del getto, può immaginare l'acqua che gli incolla i capelli formando un velo e la pozza allargarsi ai suoi piedi, ma non ha il coraggio di vedere il corpo nudo dell'uomo che Arièl ha amato.

Alla fine si decide: ruba gli occhi a suo figlio e lo guarda.

Lucente come un delfino, l'acqua che gli scorre lungo la schiena fino alla fessura delle natiche tonde come pesche perfette, Tariq è bello. E Micòl capisce perché il figlio lo ha desiderato.

D'improvviso lui si volta e la vede. Imbarazzato, si schermisce:

«Non la aspettavo così presto...»

Poi si riveste in fretta ed entra in casa con gli abiti incollati al corpo bagnato.

«Fa un caldo soffocante, vuole bere qualcosa di fresco?»

Lui dispensa una parvenza di normalità come un balsamo e lei la accetta come una medicina. Parlano d'altro, ma Arièl è sempre tra loro. Proprio come Malak, che in quel momento, sdraiato lungo la spalliera del divano con la coda raccolta tra le zampe, li osserva enigmatico.

Senza aspettare la risposta, Tariq va in cucina e ne torna con una caraffa di succo d'arancia, del pane tostato e una terrina colma di una crema verdastra.

«Assaggi, è una ricetta di mia madre: avocado, olio, molto aglio, tabasco e succo di limone. Mio padre trova questa mescolanza troppo sofisticata. L'avocado lui lo stacca dall'albero, con il coltellino a serramanico lo sbuccia e lo mangia a morsi. Disapprova tutto di Zahira: il linguaggio raffinato, l'abbigliamento stravagante, le letture proibite e persino le ricette. Un matrimonio sbagliato e io nel mezzo.»

Tariq spalma la crema su una fetta di pane e la porge a Micòl, poi addenta la sua.

«È leggermente insipido, il negozio dove l'ho acquistato evidentemente si rifornisce con quelli israeliani, decisamente insapori. Gli avocado più gustosi sono quelli coltivati in Cisgiordania e i migliori quelli di Jenin.»

«Parlami di tua madre.»

«È una donna bizzarra. Quando sono nato, lei aveva solo diciassette anni. Io ero il suo giocattolo e qualsiasi cosa facessi, anche la più strampalata, la incantava. "*Tu es très spécial*" mi diceva sempre. Ma non sapeva quanto.» Dopo un'impercettibile esitazione, Tariq prosegue: «Lo ha scoperto quando mi ha visto fare il bagno nella cisterna segreta con Ziad».

«Segreta? Perché mai?»

«In questa terra l'acqua è un bene prezioso. Ho sempre saputo che, non tanto i nostri olivi, ma di sicuro i nostri agrumi devono il loro rigoglio a una vena sotterranea di proprietà della mia famiglia. Ma sono stato all'oscuro dell'esistenza di una cisterna segreta fino a quando mio padre, il giorno in cui compivo dodici anni, mi ha obbligato a seguirlo al confine nord della tenuta.»

Tariq prende al laccio i ricordi.

«Era un pomeriggio di luglio, faceva molto caldo e si sentivano solo il frinire delle cicale e il rumore dei nostri passi. Mio padre portava con sé un paletto di ferro con l'estremità curva e una lunga fune arrotolata sull'avambraccio, ma lì per lì non ho fatto caso a quella stranezza. Arrivati a una piccola valle vicina alla recinzione, ha incominciato a frugare tra gli arbusti fino a quando non ha trovato, dietro delle rocce e seminascosto da un cespuglio, un grande disco di pietra. "Ecco il forziere segreto della nostra famiglia" mi ha detto solennemente. Poi, ha incastrato l'estremità del paletto di metallo in una fessura del disco, lo ha fatto ruotare scoprendo un foro nel terreno roccioso e mi ha ordinato di entrare. Mi sono calato lungo un dirupo umido e scosceso. Là sotto era buio, ho perso l'equilibrio e sono scivolato in una vasca piena d'acqua. Aggrappandomi alle pareti ho provato a risalire ma la roccia era scivolosa e continuavo a cadere. Impaurito, ho guardato in alto. Attraverso l'orifizio da cui ero entrato mi raggiungeva un fascio di luce accecante che mi impediva di vedere. Chiamavo mio padre ma lui non rispondeva. Poi mi sono accorto che il foro si stava trasformando da cerchio in mezzaluna. Stava chiudendomi dentro.»

«Perché?»

«In quel momento ho temuto che volesse liberarsi di me perché non ero forte, aggressivo e deciso come lui. In cuor mio sapevo di essere un figlio sbagliato.»

«E cosa hai fatto?»

«Quando la mezzaluna di luce è diventata una falce sottile, sono scoppiato a piangere. A quel punto dalla fessura mi ha raggiunto la sua voce: "Giura che non rivelerai a nessuno l'esistenza della cisterna!". Ho giurato. Il foro da falce è tornato rotondo e ho visto penzolare la fune. Mi sono arrampicato e sono risalito in superficie.»

«Perché un giuramento?»

«Voleva insegnarmi la paura e insieme dimostrarmi il suo dominio. Era un modo per recidere il filo di tenerezza che mi univa a mia madre, legandomi con un segreto tra maschi fatto di complicità e terrore.»

«Zahira sapeva dell'esistenza della cisterna?»

«No. Per mio padre lei era superflua. Era servita per il piacere e per mettere al mondo un erede ma di lei non si fidava. Forse non si fidava di nessuno.»

«Da chi doveva essere difeso quel segreto?»

«In caso di siccità il furto d'acqua è frequente e possederne una riserva è un patrimonio.»

«Si è fidato di te...»

«Sì. Non poteva sapere che quella cisterna sarebbe diventata il mio inferno e il mio primo paradiso.»

Micòl ha sperato di tenere lontano il buio ma il buio le sta venendo incontro.

«Ziad è il figlio del fattore di mio padre, da bambini guardavamo insieme i cartoni animati e giocavamo a calcio, poi crescendo tra noi qualcosa è cambiato. Un giorno, facendo la lotta, ci siamo accorti che il contatto dei corpi ci dava piacere. Anche se fossimo riusciti a nascondere il turgore, le guance arrossate, l'affanno e l'appagamento, le macchie di bagnato dei calzoni rischiavano di tradirci.»

Micòl arrossisce:

«Tra di noi nulla era mai stato detto e tutto era sempre stato tenuto nascosto. Mia madre però doveva aver intuito la febbre che ci legava. Una febbre molto pericolosa da esibire. Da noi l'omosessualità è "haram", proibita. Per insultarti i compagni di scuola ti chiamano "luti", che vuol dire frocio, invertito, pederasta.»

«Succede anche in Italia, succede ovunque...»

«Ma da noi è un marchio indelebile che coinvolge tutta la famiglia e porta all'emarginazione, alle botte, e anche a qualcosa di peggio.»

Dai capelli ancora bagnati di Tariq, una goccia d'acqua è appena scesa lungo la tempia fino alla guancia. Non è una lacrima ma gli somiglia.

«Avevamo paura di essere scoperti. Eppure ogni volta che ci incontravamo tra i filari di ulivi ci guardavamo pensando solo a come dare sfogo al desiderio senza essere visti. Ma io un posto segreto ormai lo conoscevo. La trasgressione era doppia: tradivo mio padre e tradivo il divieto di provare piacere con una persona del mio sesso.»

Micòl serra le labbra.

«Forse a insospettire mia madre era stato il paletto di ferro e la fune che ci eravamo portati dietro, o forse aveva letto qualcosa nei nostri occhi febbrili, tant'è che quel giorno ci ha seguito a distanza. Io e Ziad ci siamo calati nella cisterna. Eravamo finalmente soli, dove nessuno poteva vederci. Ci siamo abbracciati al buio nell'acqua, lasciandoci guidare dall'istinto, e l'istinto ci ha portato dove volevamo. Era la prima volta che lo facevamo davvero.»

Micòl abbassa gli occhi, quel racconto evoca fantasmi.

«Sono stato il primo ad arrampicarmi in superficie. Ho trovato mia madre subito fuori e dal suo sguardo spaventato ho capito che ci aveva spiati. Ha voltato le spalle e correndo è sparita tra i cespugli. Sapeva che se a sorprenderci fosse stato qualcun altro per me sarebbe stata la fine. Temeva che potesse capitare di nuovo e per proteggermi ci ha diviso. Ha convinto il marito che il padre di Ziad era un fattore infedele e andava esiliato nella tenuta che possediamo a Zababdeh. Maometto ha scritto che il paradiso è sotto i piedi delle madri. E io penso che sotto quelli dei padri spesso ci sia l'inferno.»

«Lo hai più rivisto?»

«Due anni fa l'ho incontrato in un locale. Era la prima volta che mi azzardavo ad andare in uno di quei posti. All'apparenza sono bar come tanti altri, ma proprio lì, in segreto, si incontrano quelli come noi. Abbiamo fatto finta di non conoscerci, ma quando sono uscito lui mi ha seguito. Mi sono infilato in una stradina che porta a un deposito di carcasse di automobili e lui subito mi è venuto dietro. Ci siamo parlati a ridosso della rete di recinzione nascosti dietro delle pile di copertoni. Era buio pesto ed eravamo soli. Mi ha raccontato che suo padre lo aveva visto mentre si baciava con un ragazzo cristiano di Zababdeh, lo aveva picchiato e poi, per punizione, lo aveva costretto a sposarsi.»

«Perché?»

«Aveva disonorato la famiglia.»

«Per questo sei scappato da Jenin?»

«Avrei dovuto diventare come Ziad? Nascondermi e mentire? Meglio fuggire.»

«E come hai fatto?»

«È una lunga storia che le racconterò.»

Micòl lo abbraccia delicatamente, come se potesse rompersi in mille pezzi.

«Hai ancora i capelli bagnati, devi asciugarli o ti verrà mal di testa...» gli sussurra.

Solo le madri sanno come cambiare argomento usando una banale esortazione.

Rimangono in silenzio. Si sono piaciuti d'istinto e, incontro dopo incontro, tentano di far combaciare le ferite. La tragedia li ha imparentati e così pure il rimorso. Ciascuno si sente colpevole della morte di Arièl perché ciascuno è convinto che avrebbe dovuto trattenerlo: Micòl in Italia, Tariq tra le sue braccia.

Sono passati quattro giorni dal massacro, un tempo breve eppure eterno, e tutto deve ancora essere ripercorso, masticato, digerito, ma lei resiste mentre lui vuole andare fino in fondo:

«Sa già come io e Arièl ci siamo conosciuti ma ancora non le ho raccontato come ci siamo innamorati.»

«Non sono pronta. Non voglio sapere. Mio figlio non è ancora tornato.»

Tariq pensa di aver detto troppo e Micòl di aver chiesto troppo poco.

Per vincere l'imbarazzo escono in terrazza. I fiori e le foglie sono ancora imperlati d'acqua e il cielo è senza nubi, salvo quelle che si addensano nei loro cuori. Con un balzo Malak salta sul parapetto e inarcando la schiena cerca le loro carezze. La curva nera del suo dorso li tiene uniti mentre ciascuno insegue le proprie paure.

All'improvviso una voce dalla strada:

«Signora Anav!»

Proviene da un uomo seminascosto da un cesto ricolmo di frutta e verdura che tiene tra le braccia.

«Sono Ilan Amar, il volontario di Zaka. Posso salire?»

Micòl subito lo riconosce e, mentre uno sciame di disperazione la assale bloccandole il respiro, mormora a Tariq:

«È uno degli uomini che ho incontrato ad Abu Kabir.»

Tariq aggiunge stupito:

«È il proprietario del negozio dove ho comprato stamattina gli avocado.»

Il grande cesto passa a fatica attraverso la porta rossa.

«Buongiorno, ci siamo incontrati al Centro di medicina legale, ricorda? Sono così addolorato per la terribile disgrazia che le è capitata e le ho portato un piccolo dono. Lui è l'altro suo figlio?»

«No, ma...» Micòl si interrompe e poi di slancio: «È come se lo fosse. Tariq Ghassan è un amico di Arièl».

Ilan lo guarda perplesso, poi gli sorride ed esclama stupito:

«Come ho potuto non riconoscerti, tu sei il cliente che preferisce gli avocado palestinesi!»

«Esatto.»

Micòl con voce tremante:

«Quando riavrò mio figlio?»

«Domani al tramonto inizia lo Shabbat. Dunque, se non la chiameranno domattina, dovrà attendere fino a domenica.»

Micòl si fa coraggio e con voce esitante:

«Quel giorno lei era a Shabazi Street?»

«Sono arrivato poco dopo l'esplosione.»

Tariq le afferra il braccio:

«Non chieda, è meglio...»

«Lasciami, voglio saperlo.»

«Siamo tutti fatti a immagine di Dio» recita Ilan.

«Dio non c'era quel giorno» mormora Micòl.

«Ho un timpano rotto. Mi scusi, può ripetere?»

«Non importa.»

«Riavrete il corpo di vostro figlio signora, è solo questione di tempo...»

«Quando potrò seppellirlo?»

«Spero presto, signora Anav.»

«Devi esserci anche tu» dice lei rivolta a Tariq.

«Verrò.»

Pensando di essere di troppo, Ilan accenna un inchino e si congeda.

«Grazie ancora per la frutta e grazie per essere venuto a trovarmi, signor Amar.»

«Mi chiami pure Ilan» risponde lui abbozzando un mesto sorriso.

Poi allunga la mano, pesca dal cesto un'arancia e gliela porge:

«La assaggi, la prego, è dolcissima. Di dolcezza c'è sempre bisogno» conclude carezzando il dorso di Malak che si è precipitato a perlustrare con il muso il cesto profumato.

Micòl sbuccia l'arancia e ne assaggia uno spicchio. È dolce, ma non basta.

21

A Beit Dror Tariq è impigliato nei ricordi. Quelli luminosi e quelli bui.

Dall'adolescenza cangiante alla fuga in Israele, a governare i fili dell'intreccio è stata la madre. Dopo averlo intravisto nella cisterna con Ziad, i corpi allacciati e i respiri ansimanti, Zahira aveva cominciato a tessere intorno a lui una fitta rete di protezione: lo controllava a vista e lo teneva quanto più possibile lontano dal padre. All'inizio aveva funzionato e lui sembrava aver dimenticato l'ebrezza di quel giorno, ma non era così, aveva solo imparato a mentire.

Quando aveva scovato, nascosto sotto il materasso, un quaderno su cui lui aveva incollato foto inequivocabili di ragazzi, senza pensarci un istante lo aveva bruciato. E il giorno in cui lo aveva sorpreso mentre si bistrava gli occhi con il kajal era esplosa.

«Vestiti! E lavati la faccia prima che ti veda tuo padre!»

Tariq l'aveva guardata attraverso lo specchio senza voltarsi. Enfatizzati dal trucco, i suoi occhi neri, bucando la superficie riflettente, avevano raggiunto quelli sgomenti della madre.

«Perché? Ai maschi il kajal non è vietato.»

«I maschi possono, ma tu...»

Poi lo aveva riempito di baci e gli aveva fatto giurare solennemente che non sarebbe successo mai più.

«Non hai bisogno del kajal, bastano le tue lunghe ciglia per farti assomigliare a una donna» aveva concluso abbracciandolo stretto.

«Io non voglio assomigliare a una donna, io voglio solo essere me stesso.»

Da quel giorno Zahira aveva smesso di nascondersi ciò che ormai era evidente: suo figlio era omosessuale. Lei non lo giudicava, voleva solo che non soffrisse e, pur temendo il destino di emarginazione e di violenza che lo aspettava, continuava a difendere ostinatamente quell'eccentricità che sentiva simile alla sua. Ormai erano complici. Lei fantasticava di portarlo lontano da Jenin: prima in Giordania e di lì a Parigi o a Londra, dove avrebbero potuto essere felici, loro due, da soli.

Per qualche anno tutto era filato liscio, ma il giorno dopo il diploma in casa Ghassan era esplosa la tragedia.

«Cos'è questa storia della fisioterapia? Se proprio vuoi iscriverti all'università almeno scegli agraria! Possiedo una distesa di ulivi e il più grande bustan di Jenin che trabocca di aranci e limoni e il mio unico erede desidera fare il massaggiatore? Ti sembra un mestiere da maschio, ti sembra un lavoro all'altezza di un Ghassan?» aveva urlato il padre su tutte le furie.

Per proteggerlo, riscoprendo controvoglia intimità da tempo dimenticate, Zahira era riuscita a convincere il marito che gli agrumi potevano aspettare e che magari il ragazzo col tempo avrebbe cambiato idea. Grazie a lei, il figlio aveva potuto iscriversi al corso di fisioterapia all'Arab American University di Jenin.

Fin dai primi mesi gli insegnanti avevano capito che Tariq possedeva quello che gli esperti chiamano il "fluido naturale". Le sue mani sprigionavano energia e il suo tocco era unico. Ma era stato proprio quel tocco a portargli sventura.

A denunciarlo era stato un paziente di nome Masud, un magistrato arrogante e sovrappeso con una brutta sciatalgia che aveva sentito magnificare quel giovane dalle mani d'oro e voleva provare le sue arti. A metà seduta però non era riuscito a controllarsi e si era tolto l'asciugamano dai fianchi svelando quanto il massaggio, e soprattutto il massaggiatore, fossero di suo gradimento. Tariq lo aveva rifiutato di netto.

Per vendicarsi, e temendo che spifferasse qualcosa, il magistrato aveva ribaltato l'onere della colpa sporgendo contro di lui una denuncia per adescamento e prostituzione.

A Jenin erano girate subito le prime voci e qualcuno si era inventato di averlo visto con dei ragazzi. A lavare l'onta erano stati i cugini. Con una scusa lo avevano fatto salire su un'automobile, lo avevano riempito di botte in una discarica di rifiuti e lo avevano abbandonato sanguinante sul ciglio della strada. Il pestaggio era il primo avvertimento ma, siccome Masud era un uomo potente, Tariq era stato poi arrestato. Non avrebbe mai dimenticato quelle settimane di carcere in cui lo avevano interrogato, malmenato e ricattato. Nonostante Zahira avesse tentato di difenderlo, il padre, credendo alla parola del magistrato, non aveva mosso un dito per tirare fuori il figlio di prigione e quando era stato rilasciato aveva deciso che non gli avrebbe più rivolto la parola: aveva disonorato la famiglia e per lui era come se fosse morto.

Tariq doveva andarsene. Ancora una volta, seppure a malincuore, era stata la madre ad aiutarlo organizzando la sua fuga.

«La barriera al confine è fatta anche di filo spinato ed è piena di varchi che i lavoratori clandestini utilizzano tutti i giorni. Persone fidate ti aspettano stanotte, alle due, fuori del cancello della tenuta. Ti porteranno fino a un buco della recinzione. Dovrai attraversarla da solo. Dall'altra parte troverai un'auto con i fari accesi che ti porterà a Tel Aviv. Prendi questo telefono. Nella rubrica c'è solo un numero, quello di un mio cellulare che tuo padre non conosce. Non mi chiamare, ti contatterò io quando si saranno dimenticati di te. Ecco del denaro. Te ne farò avere dell'altro come potrò. Adesso scappa. Qui non puoi più restare.»

Era fuggito quella notte.

Non era riuscito a capacitarsi di come quella madre frivola e svagata fosse riuscita a entrare in contatto con uomini di tal fatta, ma tutto era andato come lei aveva previsto.

Lo avevano caricato su un'automobile scura e dopo un tortuoso percorso lungo viottoli sterrati lo avevano lasciato sul ciglio della strada indicandogli un punto nella barriera di recinzione, e si erano subito dileguati. A tentoni Tariq aveva cercato il varco, ma era così stretto che aveva dovuto scavare a mani nude il terreno per riuscire ad attraversarlo. Strisciando, era appena sbucato con la testa dall'altra parte quando i fari di un'automobile lo avevano accecato.

«Sbrigati, dobbiamo andarcene, subito!» lo aveva incitato una voce nel buio.

Non c'era tempo per capire e Tariq aveva obbedito. Pancia a terra era sgusciato oltre la rete ed era corso verso i fari. Due uomini lo avevano preso di peso e infilato a forza nel portabagagli. Raggomitolato nel bozzolo metallico, buio e angusto, le ginocchia strette al petto e in balia degli scossoni, Tariq stava andando verso una libertà ignota.

Per arrivare da Jenin a Tel Aviv ci vogliono poco più di due ore ma, pur di evitare i posti di blocco, ne avevano impiegate più del doppio. Rannicchiato nel vano del portabagagli, dolorante per i colpi subiti, a Tariq quel viaggio era sembrato eterno. Quando finalmente l'auto aveva rallentato e si era fermata con un sobbalzo, aveva sentito un rumore di passi affrettati e lo scatto della serratura che si apriva. Il buio, che fino a quel momento lo aveva protetto, era stato squarciato da una lama di luce e aveva avvertito un odore di salsedine.

«Vattene!» gli aveva urlato il *passeur*.

Tariq si era sollevato a stento e a fatica era uscito dal bagagliaio. Aveva fatto appena in tempo a vedere l'automobile che l'aveva portato fin lì invertire la marcia sgommando e sparire.

Tramortito, aveva iniziato a camminare lungo una via costeggiata da una distesa di ulivi. Intravedeva il profilo ruggente dei grattacieli di Tel Aviv e il nastro violaceo del mare in cui non aveva mai nuotato. Poi aveva raggiunto la strada principale e si era confuso tra la gente.

Nessuno aveva badato a lui, alla sua andatura sghemba e al volto segnato dai lividi. C'era chi faceva jogging e chi sorseggiava il primo caffè della giornata negli stabilimenti balneari lungo la spiaggia; qualche donna era velata ma la gran parte era a capo scoperto, le braccia nude e i calzoni corti. Tutto era così strano e così diverso.

Dopo aver percorso più di un chilometro due giovani in divisa con i fucili in spalla lo avevano affiancato. D'istinto si era scansato impaurito ma, quando lo avevano superato, si era accorto che ridevano e gli era sembrato che si tenessero per mano. Forse aveva creduto di vedere quello che aveva sognato e di cui molti fantasticavano: Tel Aviv, la città dove i gay sono liberi di esistere e di essere sé stessi. E gli era tornato in mente il sarto di Jenin da cui Zahira lo aveva portato perché gli confezionasse degli abiti eleganti, prima della denuncia, del pestaggio e della prigione.

Era un omino raffinato con grandi occhi neri e radi capelli corvini pettinati all'indietro con cura, e si muoveva come un colibrì nella sua bottega tappezzata di scaffali stipati di rotoli di tessuto. Si chiamava Karim e doveva aver intuito al primo sguardo la diversità di Tariq tanto che, nel prendergli le misure con il metro di stoffa, si era attardato più del necessario su vita e fianchi, e gli aveva bisbigliato all'orecchio:

«Sei mai stato a Tel Aviv?»

Tariq aveva risposto con un cenno di diniego.

«Io invece sì, per fare acquisti. Solo lì trovo lana e cotone di primissima qualità. Non c'è che dire, gli ebrei con le stoffe ci sanno fare, ma non è questo che mi ha colpito.»

Afferrandogli il braccio lo aveva tirato a sé e gli aveva sussurrato:

«Quella è la città del peccato! Gli uomini girano per strada mano nella mano e si baciano, non come noi sulle guance, si baciano proprio in bocca davanti a tutti, e fanno anche il resto, senza vergogna.»

Poi aveva arrotolato il metro di stoffa su due dita e, abbandonando il puntaspilli di velluto sul bancone di legno tirato a lucido, aveva concluso melanconico:

«Gli israeliani sono dei pazzi e Allah li ha puniti mettendoli accanto a noi. O forse il contrario.»

Muovendo i primi passi nella terra in cui era fuggito, a Tariq erano tornati in mente gli occhi vellutati e le mani carezzevoli del sarto di Jenin e come lo aveva messo in guardia da quello a cui andava incontro pieno di speranza.

Con le membra ancora anchilosate, aveva continuato a camminare finché non aveva incrociato una fermata d'autobus. Accanto c'era una panca di pietra e si era seduto ad aspettare. Prima o poi qualcosa sarebbe passato.

All'inizio aveva vissuto allo sbando. La prima notte aveva dormito sulla spiaggia, la seconda su una panchina nel parco, poi aveva trovato rifugio in una cantina a Bat Yam dove erano ammassati otto clandestini, tre erano omosessuali in fuga. Storie di rifiuti e abusi. Uno era stato immerso in una fossa piena di acqua di fogna ed era stato legato e picchiato con un tubo di gomma dai cugini. Un altro era stato imprigionato, ma il parente che aveva pagato la cauzione gli aveva detto di sparire per sempre. Il terzo aveva l'aria di essere una spia. Per sopravvivere, si prostituivano nelle vie buie dell'Electricity Garden vicino alla vecchia stazione degli autobus o all'Indipendence Park. Tutti sbandati e sospesi in un limbo, tra la patria che li ha ripudiati e il vicino nemico che li accoglie con riserva, devono imparare in fretta l'ebraico e cercare un lavoro: lavapiatti, barista o muratore.

Un popolo di fantasmi, con un biglietto di sola andata perché indietro non vogliono tornare.

Zahira riusciva a inviargli del denaro attraverso un lontano parente giordano che faceva affari in Israele, ma arrivava con il contagocce e a Tariq non bastava.

Per affrancarsi dalla cantina di Bat Yam, aveva accettato l'ospitalità di una vecchietta costretta in carrozzella. In cambio le faceva la spesa e la portava in giro, ma dopo due mesi lei era morta. Poi c'era stato il barbiere di Giaffa. Si chiamava Israel Menasci e aveva poco più di sessant'anni anche se, per via dei capelli tinti e delle spalle ingobbite, ne dimostrava venti di più. Passava le giornate sulla soglia della bottega a lamentarsi dei pochi clienti e dei dolori alla schiena. Senza alloggio e a corto di denaro, Tariq si era offerto di fare dei massaggi ai clienti in cambio di una brandina pieghevole nel retrobottega. Il barbiere aveva accettato ma, dopo i primi giorni, aveva alzato la posta. Prima aveva preteso che pulisse il pavimento e lucidasse gli specchi, poi che ridipingesse la serranda, e alla fine aveva chiesto di più. Molto di più.

Una sera si era trattenuto fino a mezzanotte, all'apparenza per riordinare il negozio, ma in verità per guardarlo mentre si coricava.

«Spogliati, che lo so che ti piace essere guardato e anche tutto il resto. Avanti, ubbidisci.»

Intanto, con la mano nella tasca dei calzoni, si toccava. E voleva essere toccato. Tariq si era rifiutato e dalla tasca di Israel era spuntato un rasoio a serramanico.

«Lo so che sei un frocio di merda. Scappate tutti in Israele perché da voi vi dovete nascondere, mentre qui ognuno fa il cazzo che gli pare!»

Tariq era rimasto immobile, aggrappato alla brandina mentre lui urlava menando fendenti nell'aria con la lama sguainata.

«Se non fai quello che dico ti denuncio per aggressione!

Crederanno a me che sono israeliano, mica a te, arabo del cazzo!»

Approfittando di un istante di distrazione, Tariq era scappato in strada, inseguito dalla voce stridula del barbiere che gli gridava:

«Torna o ti rovino!»

Lui non era più tornato.

Stanco, confuso e assediato dai ricordi, Tariq si è appena arrampicato sul letto a castello e sta cercando di acciuffare il sonno, quando un improvviso tramestio in corridoio lo mette in allarme. La porta della stanza si apre e nella lama di luce appare un ragazzo minuto, di sedici anni o forse ancora meno. Cammina a stento, la testa incassata nelle spalle, indossa jeans striminziti e stivaletti di coccodrillo e ha il cappuccio della felpa tirato sul capo. Dopo entra Yael, la responsabile di Beit Dror:

«Lui è Fuad, stanotte dividerete la stanza.»

Il nuovo venuto cade sulla branda come un sacco. È raggomitolato, le ginocchia strette al petto, e il cappuccio scivolato all'indietro rivela il volto tumefatto. Tariq scende dalla scaletta e si siede accanto a lui:

«Di dove sei?»

Fuad, la voce ridotta a un bisbiglio:

«Di Ramallah.»

«Che ti è successo?»

«Mi hanno pestato all'Electricity Garden.»

«È un posto pericoloso.»

«Mi servono soldi e lì trovo i clienti. Sembro più giovane della mia età e questo ad alcuni piace da matti. Mi faccio chiamare Lubna, un nome inventato che li eccita. Mi abbordano tutti, musulmani ed ebrei, e quelli sposati e con figli pagano meglio degli altri. Chiedono le solite cose ma faccio tutto io e non voglio che mi facciano niente. Io non sono mica frocio. Ma dopo un po' o te lo fai piacere o finisci per impazzire.»

«Ti hanno picchiato?»

Fuad annuisce, solleva la maglietta e mostra i segni delle botte:

«Qualcuno perde la testa e diventa violento.»

«Chi ti ha ridotto così?» chiede Tariq liberandogli la fronte dai riccioli ingrommati di sangue.

«Un tipo arrogante che mi ha abbordato stanotte, un arabo-israeliano, musulmano proprio come me. Ha detto che non poteva pagare ma che io con lui ci dovevo stare lo stesso, altrimenti mi denunciava. Gli ho detto che lo faccio solo per soldi e lui ha cominciato a pestarmi. Era grande e grosso e mi stava massacrando.»

«Come sei riuscito a liberarti?»

«Due ragazzi in moto si sono fermati, lo hanno bloccato e io ne ho approfittato per scappare. Parlavano ebraico... Ma chi se ne frega in che lingua parlavano, quelli mi hanno salvato.»

«Tua madre ti aiuta?»

«È morta quando ero piccolo. A beccarmi insieme a un ragazzo sono stati mio fratello Hazim e i suoi amici. Te l'ho già detto che non sono frocio, ci stavamo toccando e basta ed era la prima volta che lo facevo, ma lui è un pezzo di merda e i suoi amici anche peggio. Lo ha detto a mio padre e a dei tizi di Hamas. Gente che non scherza, che ti ricatta, ti incastra e ti fa fare quello che vuole. Ho deciso di squagliarmela. Ma mio fratello me la pagherà: mi vendicherò per quello che mi ha fatto».

In quel momento dalla porta semiaperta filtra una luce e una voce sussurra:

«Yael russa già come un trombone. Vi va una partita a carte?»

Fuad sgrana gli occhi e Tariq, anche se detesta giocare, non ha la forza di tirarsi indietro.

In quattro e quattr'otto, Muhammad, un ragazzo di Gerico con la passione per la fotografia, Afrah, una transgender di Nablus con i capelli rosa che studia da estetista, Jawad, un quindicenne di Hebron con la nuca rasata e Youval, un ebreo ortodosso con grandi occhi cerulei e lunghe peyot color stoppa, occupano la stanza.

Prima di mezzanotte, Afrah ha già vinto la terza partita di seguito e, dopo aver contato i pochi spiccioli in palio, con fare misterioso si offre di predire a tutti l'avvenire con le carte. Quei cinque ragazzi a corto di futuro accettano entusiasti.

Dalla tasca di Muhammad spunta una candela, colando la cera su un piattino la fa stare dritta, la accende e spegne la luce elettrica. Un refolo di stregoneria subito invade la piccola stanza e Afrah, seduta a gambe incrociate sul letto di Fuad, allinea le carte distribuendo a ciascuno amore, fortuna e lavoro. Nella penombra, alla luce della fiammella, le speranze si intrecciano ai sogni. Il rosa dei capelli di Afrah per ciascuno diventa alba e insieme tramonto: tutti credono ai suoi strampalati vaticini perché non hanno di meglio in cui sperare.

Quando tocca a Tariq, dopo aver disposto le carte, all'improvviso Afrah le copre con le mani e si rifiuta di leggerle.

«Perché no?»

«Perché è inutile. Per te tutto è cambiato e cambierà molte altre volte.»

«Cosa vuoi dire?»

«Che devi fidarti solamente del tuo cuore.»

«Non ho fatto altro nella vita... Dài, voglio sapere di più.»

Afrah esita, prima sfiora tutte le carte, poi ne solleva una e gliela mostra.

«Allora, cosa vedi?»

«Vedo un figlio.»

Qualcuno ridacchia, un altro gli dà una pacca sulla spalla. Tariq la guarda smarrito:

«Impossibile.»

«Io non sbaglio mai» conclude Afrah ricomponendo il mazzo.

Nel frattempo Jawad, che era scivolato fuori dalla stanza, torna dalla cucina con una teiera fumante e dei bicchieri impilati. Facendo cadere dall'alto il liquido dorato con abilità li riempie fino all'orlo, poi li avverte:

«Il primo bicchiere è dolce come la vita, il secondo è forte come l'amore, il terzo è amaro come la morte.»

Il profumo di menta aleggia nella stanzetta di Beit Dror come una magia. Il mondo intorno è svanito e restano solo i loro sogni scheggiati. Afrah sfodera un rossetto dello stesso colore dei capelli e si dipinge accuratamente le labbra, Muhammad mostra a Youval, che le guarda incantato, le sue fotografie, Fuad dalla tasca dei jeans tira fuori un pettinino sdentato e districa i riccioli impastati di sangue e brillantina. Il tè è finito ben prima del terzo bicchiere e Jawad sta progettando un'altra incursione in cucina, quando sentono bussare alla porta con insistenza. È Yael che li richiama all'ordine e ciascuno torna nella sua stanza.

Almeno per quella sera, i ragazzi di Beit Dror sono stati un po' meno infelici.

Nella brandina inferiore del letto a castello il suo compagno di stanza è piombato in un sonno profondo, Tariq invece non riesce ad addormentarsi.

La parola vendetta, scagliata come una pietra aguzza da Fuad, è ancora rattrappita nei suoi pensieri. Non ha mai provato quel sentimento, non per il magistrato che ha sporto denuncia contro di lui e nemmeno per il padre che lo ha rinnegato. Tariq insegue le sfumature e piuttosto che scegliere preferisce essere scelto. Scansa il conflitto e persegue il compromesso, la mediazione, la pacificazione. E non sa che farsene della vendetta.

Ciascuno si fa forte dell'illusione che ha scelto. Dovrebbe vendicare la morte di Arièl. Ma come? Si guarda le mani, sono lisce e morbide, mani che non hanno mai toccato vanga e neppure coltello. Mani capaci di guarire e di amare, ma non di ferire. Eppure l'idea prende forma e gli rosicchia il cuore.

Gli incontri con Micòl sono un lento avvicinamento alla verità, pieno di reticenze e di omissioni. Le ha subito dichiarato quello che conta, l'amore, e solo dopo, quello che più lo tormenta, la colpa. Ma sa di averle mentito e di aver mentito a sé stesso. Quali altri segreti non le ha rivelato?

Vederla per Tariq è come tuffarsi in uno specchio deformante: e il riflesso lo confonde.

Sarà lei a comunicargli il giorno e l'ora del funerale di Arièl, ma il cellulare per ora è muto. Quanto dovrà aspettare ancora?

22

Venerdì, quinta giornata

Il capitano Baruch è in ufficio a riordinare scartoffie quando il cellulare squilla. Eli Ghershel non porta buone notizie

«Sono desolato, non riusciamo a garantire la restituzione dei resti nemmeno oggi. Siamo a buon punto con l'esame del DNA, ma è venerdì e dobbiamo interrompere per lo Shabbat. Riprenderemo domenica.»

«Non sarà facile spiegarlo agli Anav...»

«Sono ebrei, se ne faranno una ragione.»

Noa interrompe con rabbia la comunicazione. E pensa a quei poveri genitori precipitati nel dramma in uno strano paese, dove al tramonto del venerdì il dio dei musulmani trasloca per lasciare il posto a quello degli ebrei, che a sua volta, al tramonto del sabato, fa spazio a quello dei cristiani. Ogni volta facendo finta di non essere lo stesso.

Con un lampo di vigliaccheria Noa pensa di avvertirli con una telefonata, ma poi decide di convocarli nel suo ufficio. Micòl e Daniel arrivano separatamente, a distanza di pochi minuti. Non appena il capitano gli comunica del ritardo dovuto allo Shabbat, lui parte alla carica:

«Oggi no, domani nemmeno! Ovvio, qui di sabato non escono i giornali e non funzionano nemmeno gli autobus, figuriamoci Zaka! A quanto capisco dobbiamo sperare che concludano domenica. O magari ci faranno aspettare fino a lunedì? Al loro buon cuore, naturalmente!»

«Mi dispiace, è la prima volta che Zaka impiega un tempo così lungo.»

«Che cosa faremo nell'attesa?» chiede Micòl smarrita.

«Posso procurarvi qualcuno che vi aiuti, uno psicologo o un assistente sociale...»

«Non si azzardi» ringhia Daniel.

«Magari qualcuno che vi faccia da guida a Tel Aviv. Elias è di turno, è cristiano e dunque anche di Shabbat può portarvi in giro.»

«Turismo? Ho ben altro di cui occuparmi io» sibila Daniel irritato, ma si pente subito di quello che si è lasciato sfuggire.

La voce di Micòl risuona tagliente:

«Cosa hai di meglio da fare che pensare a tuo figlio?»

«Lavoro, Micòl, lavoro.»

«Lavoro? Non capisco...»

«Lascia perdere, abbiamo firmato un contratto per uno spot sul Mar Morto, la troupe sbarcherà tra poco all'aeroporto e il cliente mi vuole sul set. Avrei mandato tutto a monte, ma visto che dobbiamo aspettare i comodi di Zaka...»

«I comodi di Zaka?» chiede stupefatta Micòl.

«Preferisci forse che ci azzanniamo a vicenda su un'automobile dell'esercito mentre un soldato cristiano ci mostra svogliatamente i candidi edifici Bauhaus di Tel Aviv che tua madre adora?»

«Daniel, tu sei...»

«Un mostro. Sì, sono un mostro che non vuole restare chiuso in una stanza d'albergo a ingoiare sonniferi!» urla Daniel dirigendosi verso l'uscita. «Anzi, tolgo subito il disturbo. Buon Shabbat capitano» conclude sbattendo la porta.

Noa e Micòl si guardano come si guardano le donne quando gli uomini se ne vanno. Un impasto in parti uguali di compassione e disprezzo. E un'abbondante dose di sollievo.

«Posso fare qualcosa per lei?»
«Ha già fatto molto capitano.»
«Tre anni fa mio marito se ne è andato sbattendo la porta proprio come il suo. Non può passare questo Shabbat da sola, io e mia figlia saremmo felici di averla con noi. La mia famiglia è originaria del Marocco e la aspetta dunque una cena sefardita: pesce in salsa piccante, cuscus, *mafruma*. Accetti, la prego.»
«La ringrazio, ma voglio andare da mia madre, anche se non è stato facile crescere accanto a lei.»
«Posso immaginare. *Shabbat Shalom* signora Anav.»
«*Shabbat Shalom* capitano Baruch.»

Micòl si chiude la porta alle spalle con delicatezza, come chi non se ne vuole andare.

23

Micòl arriva a casa della madre poco prima del tramonto. Insinua la mano tra le piante spinose e suona il campanello senza ferirsi. Nessuna risposta. Accosta l'orecchio alla porta: dall'interno non proviene alcun rumore. Forse è uscita, forse passa lo Shabbat a casa di un conoscente... No, lei non passa lo Shabbat con gli amici, lei è come la sua casa, protetta da un muro di spine.

Decide di aspettarla seduta sui gradini della scala, i raggi del sole sono ormai obliqui, a est il cielo incomincia a orlarsi di blu cobalto, e Micòl inizia a preoccuparsi. Suona di nuovo e, finalmente, sente il tonfo sordo del bastone che si avvicina.

«Cosa ci fai qui?»

«È Shabbat e non volevo passarlo da sola...»

«Stavo leggendo un libro in poltrona, mi sono appisolata e mi sono completamente dimenticata dello Shabbat.»

Poi, con un gesto esageratamente cerimonioso, si fa da parte e la invita a entrare.

«Siamo in ritardo, ma il Padreterno capirà. D'altronde lo è anche il Messia. Per non parlare di Zaka.»

Gli Shabbat a casa di Stella sono austeri proprio come lei. Frettolosamente accende due candele e recita la benedizione coprendosi gli occhi con la mano, mette in tavola il bicchiere del *Kiddush*, controlla che sotto il telo di lino ci sia la *challah*, il pane a treccia che tutti i venerdì le prepara la donna che la aiuta in casa, e il più le sembra fatto. Va in cucina, tira fuori dal frigorifero due uova sode, delle patate lesse e dell'uva, pesca dalla dispensa semivuota una scatoletta di tonno, la apre e ne rovescia il contenuto su un piatto. Quando quel poco è in tavola, recita il *Kiddush*, versa il vino nel bicchiere, si bagna le labbra e lo porge alla figlia insieme a un pezzo di *challah* intinto nel sale.

«Ora siediti e mangia» conclude indicandole la sedia.

«La *menorah* d'argento vicino alla finestra è quella che era a casa nostra?»

«Hai buona memoria, è quella della famiglia Attias e ha girato il mondo. Mi ha accompagnata da Livorno ad Alessandria d'Egitto, da Basilea al kibbutz di Hanita, poi a Roma e infine a Tel Aviv. Ammetto che ha un gran bisogno di essere lucidata, e prima o poi dovrò decidermi a farlo. *Shabbat Shalom* figlia mia.»

«Uova sode... Hai sempre detto che sono il piatto del lutto.»

«E non siamo in lutto forse? Ricordati di non tagliarle con il coltello, sono il simbolo dell'eternità e vanno mangiate solo a morsi. Così andrebbe divorata anche la vita, prima che ci sfugga.»

Mangiano in silenzio e Arièl è con loro.

Quando dell'uva è rimasto solamente il graspo, Micòl si fa coraggio.

«Mamma, dimmi, perché sono stata la tua più grande delusione?»

«Perché non ti sei fidata della tua intelligenza. E non ti sei fidata di me. Mi hai sempre e solo temuta.»

«Sbagliavo forse? Sparivi per settimane per quei tuoi incontri misteriosi.»

«Era il mio lavoro.»

«Lo sai che una volta ti ho seguito?»

«Non credere che non me ne sia accorta. Non eri un granché come pedinatrice. Ho cambiato strada due volte e ti ho seminata. Come ti era venuto in mente di spiarmi?»

«Per via delle tue attività all'ambasciata israeliana. A me hai sempre detto che ti occupavi di import-export, ma uno del collettivo politico aveva insinuato che tu lavorassi per il Mossad.»

«Furbi i tuoi amici» sottolinea Stella impilando i piatti sulla tavola. «Se è per questo anche io ho seguito te. E più di una volta».

«Fermati, sparecchio e lavo tutto io dopo. Dove mi hai seguito e quando?»

«Quando sognavi di fare la rivoluzione insieme a quell'idiota che hai deciso di sposare. Lui era solo un innocuo vortice di inutili parole, ma tu un paio di volte hai rischiato di ficcarti nei guai.»

«Cosa dici, mamma?»

«Non fare finta di non capire. Ricordi quando sei arrivata a casa con quel borsone più grande di te? Volevi farmi credere di esserti iscritta a una palestra; figurarsi, sei sempre stata così pigra. Lo trascinavi a fatica con un'aria risoluta che mi ha subito insospettita, poi l'hai infilato sotto il letto e hai pensato di averla fatta franca. Ma quando sei uscita, prima che arrivasse la domestica, l'ho aperto.»

«E cosa hai trovato?» chiede Micòl imbarazzata.

«Era pieno di volantini con slogan deliranti, ma in un doppio fondo...»

«Un doppio fondo?»

«Proprio così. Nell'intercapedine della borsa che ti avevano affidato era nascosta una pistola. Malandata ma funzionante.»

Micòl sgrana gli occhi.

«Giuro che non lo sapevo.»

«Ne ero certa. Una delle regole base è essere all'oscuro di cosa si trasporta. Tu non eri una fiancheggiatrice, appartenevi piuttosto a quella zona grigia in cui si pesca ogni volta che si ha bisogno di persone insospettabili. Comunque ho rimesso tutto a posto e il giorno dopo, quando sei uscita con la borsa in spalla, ti ho seguita.»

«Non me ne sono resa conto.»

«Ho esperienza, io. E tu sei stata così ingenua da non voltarti nemmeno una volta. Ricordo esattamente l'uomo a cui l'hai consegnata alla stazione della metropolitana, era un tipo qualunque: altezza media, capelli corti, giacca blu, pantaloni stirati e uno stupido mazzo di fiori in mano. Confesso che avrei avuto difficoltà a stilare l'identikit di quell'uomo. Almeno in questo i tuoi contatti ci sapevano fare.»

«Non lo conoscevo, mi avevano detto solo l'ora, il luogo della consegna e che avrebbe avuto con sé dei tulipani. Gli ho dato la borsa e tutto è finito lì.»

«Meglio così. A ogni buon conto, ti ho seguito anche una seconda volta. Mi avevi detto che andavi a dormire da un'amica ma eri uscita di casa con uno zaino troppo voluminoso. Ti ho vista entrare nel portone di un palazzo sconosciuto e uscirne con lo zaino semivuoto. Al ritorno a casa però era di nuovo pieno. Chissà cosa ci avevi ficcato dentro per darmela a bere, giornali probabilmente. A insospettirmi è stata la sparizione dall'armadio di tuo padre di una giacca a quadretti e di un impermeabile che ero sicura di non aver portato in tintoria. La settimana seguente ho visto sul giornale la foto di un terrorista catturato in Austria durante una rapina. Non posso giurare che l'impermeabile che indossava nella foto fosse quello di tuo padre, ma la giacca a quadretti era sicuramente la sua.»

«Una coincidenza...»

«Le coincidenze non esistono.»

Aiutandosi con il bastone, Stella si alza e raggiunge lentamente la poltrona. Si siede, si aggiusta gli occhiali sul naso, si liscia la gonna e senza preamboli va dritta dove vuole andare.

«Hai rivisto Tariq?»

«Sì. Mi sto affezionando a lui» risponde Micòl accendendosi una sigaretta.

«Ti ha detto perché è fuggito da Jenin?»

«Mi ha raccontato di una madre stravagante, della piantagione di agrumi e di ulivi, di un padre prepotente e di un primo amore omosessuale... E di quanto è dura essere gay a Jenin.»

«Quelli come lui subiscono pestaggi e matrimoni forzati. E sono condannati agli amori clandestini o alla fuga.»

«Comunque è difficile ovunque, anche in Italia...»

«Ebrei, cristiani, musulmani, siamo tutti figli del divieto biblico. Ma la legge anti-sodomia che ci portavamo dietro dal mandato britannico è stata abrogata e, salvo tra gli ortodossi e le famiglie più tradizionaliste, l'omosessualità in Israele non è più un tabù.»

«Per questo Arièl è venuto a vivere a Tel Aviv?»

«Sei stata la mia più grande delusione e continui a esserlo. Ti ostini a non voler capire che tuo figlio è venuto per inseguire lo stesso sogno che ha portato me qui molti anni fa. Un sogno che non ti ha mai conquistata.»

Micòl spegne rabbiosamente la sigaretta.

«È colpa tua se ho detestato Israele. Tu amavi questa terra più di me e di mio padre.»

Stella incassa il colpo e subito cambia discorso.

«Almeno hai parlato di Arièl con Tariq?»

«No.»

«Lui ne ha bisogno e ne hai bisogno anche tu.»

«Io non riesco ancora a parlare di Arièl.»

«Dovrai incominciare. Come quella tua borsa, la vita è piena di doppi fondi che dobbiamo avere il coraggio di scoprire.»

Fino a quel momento Micòl aveva tenuto per sé il groviglio che le intrecciava le viscere.

«Oggi abbiamo incontrato il capitano Baruch, Zaka non è ancora riuscita a...»

Stella si toglie gli occhiali, pulisce accuratamente le lenti con il lembo della gonna, controlla il risultato in controluce e li inforca di nuovo:

«Zaka non finirà prima di domenica. Avremo Arièl lunedì.»

«Cosa avremo, mamma?! Non avremo nulla! È esploso, scomparso, sparito!»

«Il loro compito è ricomporre i corpi. Stanno separando quello che è rimasto di Arièl da quello che è rimasto del kamikaze.»

«Chi mi garantisce che non seppellirò insieme a lui il suo assassino?»

«Anche se accadesse, che differenza vuoi che faccia?»

Micòl guarda smarrita quella madre piena di aculei.

24

Quando all'aeroporto Ben Gurion spunta Daniel Anav, nessuno della troupe crede ai propri occhi. Operatori, tecnici delle luci, truccatrici, costumiste, e persino le modelle che non lo avevano mai visto – tranne una che aveva avuto una storiella con lui l'anno precedente –, tutti sanno del suo lutto e fanno la fila per abbracciarlo.

Eppure, una volta sul pullman, il cordoglio svanisce, soppiantato dall'atmosfera cameratesca che inesorabilmente accompagna le comitive.

Nell'accordo è compresa una guida suggerita dall'ufficio del turismo. Si chiama Ghila, è ebrea ma lavora anche di Shabbat, e le tre ore di viaggio da Tel Aviv al Mar Morto le bastano per condensare l'epopea ebraica: da Mosè alla guerra del Kippur. E bastano a Daniel per soffocare l'angoscia e rimettersi in carreggiata. Almeno per qualche ora vuole tornare sé stesso.

Dopo una curva a gomito una sottile striscia di un celeste opaco appare all'orizzonte come un miraggio. Ghila ne approfitta per scandire con enfasi:

«Stiamo raggiungendo il Mar Morto, la depressione più profonda del pianeta, 420 metri sotto il livello del mare» e dopo una pausa a effetto: «Per gli antichi era il Mar Salato e a causa dei suoi vapori, ritenuti mortiferi, era anche chiamato Mare Pestilenziale o Mare del Diavolo. Fu anche soprannominato Asfaltide per i blocchi di bitume, il primo prodotto petrolifero utilizzato dall'uomo, che affiorano talvolta sulla sua superficie densa».

All'idea del bitume sui preziosi bikini del cliente spagnolo, la costumista lancia un'occhiata preoccupata al regista, che le fa cenno di tacere. La guida prosegue impassibile:

«Secondo la Bibbia, Sodoma e Gomorra, le due città distrutte dal castigo divino, sorgevano proprio qui. Gli scienziati attribuiscono la depressione alla caduta di un meteorite e questo spiegherebbe l'elevata concentrazione di zolfo in questo mare.»

Il tecnico delle luci ridacchia perché di Gomorra non sa nulla, ma Sodoma gli ricorda qualcosa.

Ghila fa finta di non accorgersene e conclude con tono drammatico:

«Il fiume Giordano nasce dal monte Hermon, si versa nel lago di Tiberiade, da cui sfocia scorrendo in una fossa tettonica, per sboccare infine nel Mar Morto, dove si suicida, perché da lì le sue acque non possono più defluire ma solo evaporare. Quello che state vedendo potrebbe svanire nel giro di cinquant'anni o forse meno.»

Al finale tragico della guida, la compagnia ammutolisce fino a quando il pullman frena davanti all'albergo, un casermone color sabbia affacciato sul mare che ha tutta l'aria di non meritare le cinque stelle che esibisce sull'insegna al neon. Scendendo dalla scaletta del pullman Daniel accende subito una sigaretta e borbotta:

«Ramirez è un pazzo! Come gli è venuto in mente di girare uno spot con le modelle che galleggiano in un mare senza vita con bitume e fango...»

«Abbiamo provato a fargli cambiare idea, ma era fissato con questo posto» si scusa il regista. «Ho già avvisato le truccatrici e, se riusciamo a spalmare con il fango le modelle nei punti giusti, potrebbe avere un effetto sexy.»

«Girate in fretta più materiale possibile, gli errori li correggerete in postproduzione. Stringiamo i tempi, sabato notte devo essere a Tel Aviv per mio figlio» conclude Daniel spegnendo la sigaretta con la punta della scarpa.

«D'accordo. Stasera tu lavorati per bene lo spagnolo.»

Proprio in quel momento un operatore, barcollando verso l'hotel sotto il peso delle attrezzature, li sorpassa:

«Con tutto questo salino alla fine delle riprese i sensori e gli obiettivi delle telecamere saranno da buttare. Mettete in conto allo spagnolo pure questo.»

Con la testa vuota e il respiro rallentato, Daniel rimane nel piazzale dell'albergo a contemplare lo strano mare opalescente che ha davanti, inabissato nel punto più profondo della Terra e dove un fiume sceglie di suicidarsi. Quella superficie densa, immobile e avvolta da vapori lattiginosi all'improvviso gli sembra l'immagine della sua inutile esistenza. Tra poco dovrà sfoderare il suo repertorio per sedurre Ramirez. Eppure le parole che ha sempre maneggiato con abilità sembrano scomparse insieme a suo figlio. Pesca una sigaretta, la accende ma il fumo gli va di traverso. Dalla morte di Arièl non fa che spegnerle e accenderle una dopo l'altra. Persino Micòl ha ripreso a fumare. D'improvviso il ricordo di lei, nuda sul letto della villa al mare degli Anav, lo turba. Pensa a quanto era bella e a quanto lo è ancora, e all'improvviso gli manca. Perché l'ha tradita? Controlla l'orologio, Ramirez arriverà tra poco. Deve sbrigarsi, deve ritrovare la concentrazione. Riuscirà a ritrovare anche le parole?

Si fa la doccia e indossa il completo di lino bianco che ha comprato in fretta e furia in un negozio arabo di Giaffa subito prima di andare all'aeroporto, ma si accorge di non aver portato con sé una cravatta. Nella boutique dell'hotel ne acquista una di seta artificiale con degli sgargianti disegni floreali di cui si vergogna un istante dopo aver fatto il nodo. Si guarda allo specchio e si riconosce: un volgare pubblicitario pronto a rimbambire l'ennesimo cliente che lo sta facendo ricco. Ma non è già ricco abbastanza?

Ramirez, un omino grassottello e trafelato, arriva con una buona mezz'ora di ritardo insieme a una stangona dalla lunga chioma color platino. Capendo al volo che dovrà inserirla nel cast, Daniel sfoggia un baciamano ossequioso che lei accoglie con un sorriso esagerato.

La cena va come deve andare. Lo spagnolo mangia di gusto, la stangona non tocca una pietanza e Daniel continua a riempire i calici con il vino più costoso della lista. Il cliente lo subissa di consigli e prima di separarsi:

«Deve perdonarmi per aver voluto a tutti i costi questa location.»

«Ma cosa dice Ramirez, il Mar Morto è un'idea grandiosa!»

«Anche per lei a cui è appena morto un figlio?»

«La morte è sempre nel conto.»

Mentendo spudoratamente, Daniel dice la verità.

25

Sabato, sesta giornata

È una giornata tersa, sulla superficie dell'acqua i vapori si sono miracolosamente diradati, e sin dalle prime ore del mattino le modelle galleggiano davanti alle macchine da presa con indosso gli striminziti costumi da bagno di Ramirez. Grazie alla supervisione di Daniel e alla cancellazione della pausa pranzo, il set si conclude in anticipo e senza contrattempi. Nel viaggio di ritorno è prevista un'escursione a Masada. La troupe e le modelle sono già sul pullman e Daniel, per ultimo, sta per salire a bordo quando lo spagnolo lo prende da parte.

«Si faccia coraggio. Il percorso è lungo.»

«La guida ha garantito che per arrivare ci vorrà solo una mezz'ora...»

«Non parlo del tragitto. So quello sta passando. Il mio figlio maggiore, Alejandro, è morto in un incidente. La pista del circuito di Jerez era sdrucciolevole, un istante di distrazione e la moto gli è sgusciata via dalle gambe. In un attimo è volato sull'asfalto. La spina dorsale non ha retto il colpo. Tre mesi dopo mia moglie mi ha lasciato. Ma una moglie non conta. Le mogli si sostituiscono, i figli no» conclude amaro, e di slancio lo abbraccia battendogli più volte le mani sulle spalle.

Dopo aver balbettato un saluto, sollevato, Daniel va a sedersi nel posto accanto all'autista. Le parole di Ramirez lo assalgono in ordine sparso accavallandosi l'una sull'altra fino a divorarlo. Chiude gli occhi e precipita in un sonno di piombo.

Nella fortezza, appollaiata come un falco su un gigantesco contrafforte di roccia a strapiombo su una valle desolata, Ghila sembra esserci nata, e mentre si inoltra tra le rovine snocciola date di interminabili assedi e capienze di cisterne sotterranee grandi come cattedrali.

«Dopo la caduta di Gerusalemme e la distruzione del Tempio, a Masada si arroccano gli ultimi ebrei zeloti guidati dal condottiero Eleazar ben Yair. Il resto del paese è sottomesso, ma quest'unica fortezza resiste all'assedio dei romani» prosegue indicando un rudere che emerge dalla pianura: «Quel muro che affiora dalle rocce è il quartier generale della decima legione dell'Impero, e su quel rialzo potete vedere il tracciato dell'accampamento ancora intatto».

Poi li guida verso un parapetto da cui si scorge una gigantesca rampa di terra che dalla valle sale fino alla fortezza.

«Per raggiungere le mura con un ariete e sferrare l'assalto decisivo, i romani la costruiscono in pochi mesi. Quando cominciano a piovere palle infuocate, Eleazar ben Yair capisce che il destino di Masada è segnato, ma decide che nessun ebreo deve cadere nelle mani dei soldati romani.»

«E come?» chiede una delle modelle.

«Ogni capo famiglia uccide moglie e figli e si sdraia accanto ai loro corpi. Dieci uomini estratti a sorte tolgono la vita ai sopravvissuti.»

«E gli ultimi dieci?» domanda la truccatrice.

«Scelgono a sorte chi, dopo aver ucciso gli altri nove, si suiciderà. Valicate le mura, i soldati romani entrano a Masada, ma trovano solo una distesa di cadaveri.»

«Sarà vero?» sbuffa incredulo l'operatore.

«È storia. Ancora oggi le reclute dell'esercito israeliano il giorno del giuramento gridano: "*Metzadà shenìt lo tippòl*".»

«E cosa vuol dire?» chiede Daniel.

«Mai più Masada cadrà!»

Il Khamsin, il vento del deserto, li raggiunge. Inghiotte la voce di Ghila e raccoglie la sabbia in un turbine ocra, trasformando il cielo in un incendio e la luce nel riflesso accecante di uno specchio ustorio. Daniel ha la gola in fiamme, tossisce, gli sembra di soffocare. All'improvviso rivede suo figlio: sbuca fuori dall'acqua dopo un tuffo, lo guarda e gli sorride. Di colpo si sente vecchio.

Piegato controvento, a tentoni, si avvicina a Ghila e le urla nell'orecchio:

«Lei ha fatto il militare?»

«Ovviamente.»

«E ha giurato: "Mai più Masada cadrà"?»

«Sì.»

«Lo ha fatto anche mio figlio Arièl.»

Ed è così che a Masada Daniel riscopre l'orgoglio per quel figlio perduto, mescolato con un lampo di vanità e una dose abbondante di esibizionismo. D'altronde lui è fatto così. Impossibile modificare l'impasto.

26

Domenica, settima giornata

Il cellulare inizia a squillare proprio mentre sta versando un mestolo di minestra di ceci e zucca nel piatto di Nachmy, ma Noa non risponde. Quell'unica figlia che ancora porta l'apparecchio per i denti è a casa per la licenza, e lei vuole godersela. Quell'unica figlia per cui trema ogni giorno è viva e affamata.

Al quarto squillo però si decide.

Eli Ghershel è di poche parole: i resti del soldato Arièl Anav possono essere restituiti.

«Chiama subito i genitori, la cena può aspettare» la esorta Nachmy sfoderando un sorriso tempestato di gancetti metallici.

Noa compone per primo il numero della madre: il silenzio dilatato con cui Micòl accoglie la notizia è straziante, ma si fa bastare il suo "grazie". Subito dopo chiama il padre, che la travolge con una sequela di domande. Poi compone il numero della nonna ma il telefono rimane muto.

Intorno a Stella Attias aleggia una sorta di mistero. Una sionista della prima ora che abbandona la ricca casa di Basilea per un selvaggio kibbutz di frontiera e che, dopo il matrimonio con un fisico italiano, si trasferisce a Roma continuando a lavorare per Israele, ma nessuno è disposto a dire esattamente come, non è una biografia del tutto inedita in quel singolare paese. Eppure c'è chi avvalora tesi più ardite, e nella security Noa ha sentito qualcuno sostenere che la

Attias ha fatto parte della rete, che passava anche per l'Italia, che aveva lo scopo di procurare l'uranio necessario a quella bomba atomica che Israele non ha mai ammesso di possedere. E che sia stata fondamentale in alcuni incontri con rappresentanti dell'ala moderata dell'Olp, avvenuti proprio a Roma. In una cerchia ristretta il suo nome è una leggenda.

Noa compone di nuovo il numero e, dopo molti squilli, finalmente Stella risponde.

«Sono il capitano Baruch, volevo comunicarle...»

«Che Zaka ha completato il lavoro. L'ho saputo poco fa e ho ringraziato personalmente Eli Ghershel.»

«Dunque vi conoscete?»

«Capitano, lei mi delude.»

«Non immaginavo...»

«Lasci stare, sono una vecchia bisbetica. Grazie per quello che ha fatto per Micòl e per quell'idiota di suo marito. E soprattutto grazie per mio nipote.»

«Era solo il mio dovere: Arièl mi è rimasto nel cuore.»

«Anche nel mio.»

Stella chiude la comunicazione bruscamente, ma il capitano ha avvertito una sottile incrinatura nella sua voce. La minestra è ormai fredda e madre e figlia hanno perso l'appetito.

«Quanti giorni hanno dovuto aspettare per riavere il corpo?» chiede Nachmy con un filo di voce abbandonando il cucchiaio nel piatto.

«Una settimana. Purtroppo la morte non è reale fino a che non c'è un corpo da seppellire. È tutto vero solo quando vedi arrivare la bara. Il difficile per loro viene adesso.»

«Dove sarà sepolto?» domanda sparecchiando la tavola.

«Saranno i genitori a decidere» risponde la madre immergendo le stoviglie nell'acqua saponata. «Ma la nonna che vive a Tel Aviv sembra avere voce in capitolo su tutto. E per fortuna, perché quei due sono allo sbando.»

Noa sciacqua i piatti e li porge alla figlia, che li asciuga con un canovaccio.

«E i resti del kamikaze?» chiede Nachmy.

«C'è chi pensa che debbano essere restituiti alla famiglia e chi no.»

«Restituiti? Chi lo ha mandato a farsi esplodere li userà per l'ennesima propaganda!»

Noa le lancia uno sguardo che non ammette repliche:

«I morti meritano comunque rispetto.»

«Falla finita di fare la pacifista schizofrenica mamma! Sei un capitano di Tsahal e hai visto anche tu il filmato che ha girato il kamikaze prima di morire. Inizia con "Dentro il detonatore è il paradiso" e si conclude con "Scriverò il mio nome con il sangue". Da giorni la sua foto è affissa ovunque in Cisgiordania e a Gaza come quella di un eroe.»

«Succede sempre dopo un attentato.»

«Già, ma per il funerale del kamikaze la madre organizza un ricevimento con centinaia di invitati come fosse un matrimonio con la morte.»

«Lo vuoi capire sì o no che senza una propaganda martellante nessuno di loro sceglierebbe di trasformarsi in una bomba umana? Molti sono benestanti, istruiti, alcuni laureati, e le loro comunità li considerano giovani modello. Spesso sono donne o addirittura bambini... Sono vittime di una liturgia della morte» conclude Noa lasciando scorrere l'acqua sporca nel lavello.

«Vittime?! Indirizzare i sogni dei bambini verso il baratro è atroce. Nessun popolo ha mai educato i propri figli nel miraggio di diventare kamikaze. I piloti suicidi giapponesi non uccidevano civili, erano ufficiali in guerra e colpivano navi militari con americani in divisa.»

Noa scioglie i lacci del grembiule, se lo sfila e lo abbandona sul tavolo. Poi incrocia le braccia sul petto e guardandola dritta negli occhi:

«Tu non hai mai avuto dubbi, Nachmy?»

La figlia esita. Da quando suo padre se n'è andato, la madre è diventata il suo scudo. Le deve la verità. Dopo un respiro profondo:

«Sì, una volta. Stavamo pattugliando il mare al largo di Gaza con una motocannoniera quando abbiamo avvistato un piccolo peschereccio che seguiva una rotta incompatibile con la pesca, ben oltre le acque territoriali. Hamas usa i pescatori per trasportare armi e terroristi, l'equipaggio si comportava in modo più che sospetto, e l'abbiamo abbordato. Io avevo l'ordine di piantonare un giovane più o meno della mia età nella cabina di comando. Ero da sola e lo tenevo sotto tiro. Stava difendendo la sua barca e aveva paura, ma avevo paura anche io. Era un terrorista o un pescatore? Se avesse fatto un movimento sbagliato sarei stata costretta a sparare a un ragazzo che si era solo svegliato all'alba per riempire la sua rete.»

«Probabilmente non era che uno dei tanti poveracci chiusi in quella sacca di disperazione governata da Hamas.»

«Faceva freddo, indossava una giacchetta impermeabile troppo leggera, ma siccome lo avevo nel mirino non poteva prendere dalla tasca il fazzoletto e continuava e tirare su con il naso. Aveva un buco nella maglia e una faccia stanca e impaurita, ma era bello e orgoglioso. All'improvviso mi ha fatto una gran pena ma temevo che la compassione intaccasse la mia fermezza. Insomma, che cazzo ci facevo io con il fucile spianato contro un ragazzo con cui sarei potuta andare a ballare?»

«E cosa hai fatto?»

«Mi sono sfilata la bandana che avevo al collo e gliel'ho passata.»

«Hai fatto bene.»

«Sapevo che lo avresti detto. Io ho il terrore dei tuoi dubbi, mamma! In quei momenti dubitare è un rischio e il sentimento un impaccio e perfino un pericolo.»

Noa prende le mani della figlia, le stringe tra le sue e con voce decisa:

«In questa terra c'erano anche gli arabi e con loro dobbiamo fare i conti.»

«Noi questa terra la volevamo e loro non la volevano abbastanza!»

«Non dire idiozie. I pionieri non avevano in testa uno Stato guarnigione: assediato e che assedia. "La pace è per il mondo quello che il lievito è per il pane" dice il Talmud.»

Nachmy sbuffa, ma la madre tira dritto:

«E dice anche: "Se sei un'isola devi farti amico il mare". Molti palestinesi sono disposti a fare accordi, altri vogliono cancellare Israele dalla faccia della Terra. C'è una sola strada che possiamo percorrere: rafforzare quelli con cui è possibile fare patti. Solo accordi rispettati da entrambe le parti possono portare alla pace. E di pace abbiamo bisogno sia noi che loro. Se per decenni un popolo occupa militarmente un altro popolo, qualcosa si corrompe.»

La figlia la ascolta in silenzio con le braccia conserte e la fronte aggrottata.

«So che non sei d'accordo. Capita. I genitori non si scelgono e a te, purtroppo, è toccata una madre di Peace Now.»

«Ciascuno ha la mamma che si merita» risponde Nachmy abbozzando un sorriso tempestato di metallo. «Ma ammetti che non possiamo continuare a liberare decine di terroristi condannati con sentenza definitiva pur di riavere il corpo di un unico nostro soldato morto. E intanto le madri dei kamikaze lodano Allah in favore delle telecamere, orgogliose di aver messo al modo degli eroi che si fanno esplodere e seminano la morte. È un mondo alla rovescia!»

«La morte non è mai un percorso di salvezza, Nachmy. La morte è una schifezza. E il tuo compito è restare viva. Per te, per me e per il tuo Paese.»

La cucina è ormai tirata a lucido. Noa accarezza i riccioli scuri e le guance rosate della figlia e pensa che non vuole perderla.

27

Lunedì, ottava giornata

Non c'è un corpo da lavare e avvolgere nel lenzuolo di lino per prepararlo alla sepoltura. Quello che resta di Arièl Anav è in un parallelepipedo di legno grezzo con una targhetta di ottone.

L'aria condizionata al massimo ha trasformato in una cella frigorifera la spoglia stanza della Chevra Kadisha, la società ebraica di sepoltura, ma nessuno dei presenti sembra accorgersene.

Micòl, ipnotizzata dal riflesso del metallo, non riesce a staccare gli occhi dalla targhetta con inciso il nome del figlio. Accanto a lei, Daniel, lo sguardo ostinatamente a terra, cerca di controllare il tremore che si è impadronito del suo corpo. Alle loro spalle Stella, aggrappata al bastone come a un'arma, e il capitano Baruch pronta a sorreggerla. Ma non ce n'è bisogno.

Dopo le condoglianze di rito, e non senza aver ricordato che prendersi cura del morto è un favore che il destinatario non può restituire e dunque è senza prezzo, il rappresentante della Chevra Kadisha, un sessantenne con la barba brizzolata e un abito scuro a tre bottoni chiuso a malapena sul busto massiccio, elenca i possibili luoghi della sepoltura.

«Purtroppo nel Cimitero di Yarkon, in quello di Trumpeldor o nell'antico cimitero di Giaffa è quasi impossibile trovare un posto, ma con l'aiuto dell'esercito possiamo cercare altre soluzioni: il cimitero militare di Beer Yaakov, al centro di Israele, per esempio, o quello di Har Herzl a Gerusalemme, dove riposano molti soldati soli come vostro figlio. O forse intendete seppellirlo altrove?»

Confusi da quell'elenco di luoghi sconosciuti, Micòl e Daniel rimangono in silenzio un istante di troppo. In quel vuoto, Stella picchia tre volte il bastone sul pavimento e con un tono che non ammette repliche:

«In Israele la terra non basta più nemmeno per i morti, ma io sono previdente e ho prenotato per tempo un posto per me nel cimitero del mio kibbutz a Hanita. Mio nipote sarà sepolto lì. Io ne prenderò un altro, e uno anche per te, figlia mia.»

Micòl si gira di scatto e l'abbraccia. Per un istante torna nel ventre oscuro di sua madre per assorbirne la forza.

«Dammi retta, non lo portare via» le bisbiglia all'orecchio Stella.

«Non lo farò. Appartiene al paese che ha scelto. Sarà sepolto qui e Tariq verrà con noi al funerale.»

«È giusto.»

Quando si separano sono una cosa sola.

«Abbiamo deciso, sarà sepolto nel cimitero del kibbutz di Hanita» sillaba Stella con voce forte e chiara. «Qualcosa da obiettare?» conclude lanciando un'occhiata al genero.

Daniel non risponde. Come sempre ha vinto lei.

La morte è un imbroglio che i vivi cercano di chiamare per nome. Il corpo tanto atteso ora c'è, ma lui non c'è più.

28

Abituata al melodramma ma non all'atroce tragedia che l'avvolge da giorni, Micòl traballa, incespica, deraglia. Vorrebbe essere più forte, vorrebbe essere migliore, ma riesce a essere solo quello che è.

Con il cuore in gola, va da Tariq. Vuole dirgli della cassetta di legno che contiene ciò che in loro è ancora vivo.

È certa di trovarlo a casa del figlio, dove si incontrano da giorni con la scusa di Malak.

Nella luce accecante del lucernaio, sale a fatica l'ultima rampa, inciampa in un gradino, ma appoggiandosi al muro riesce a non cadere. I muscoli contratti le ricordano che è viva ma la morte, come un topo, le rosicchia viscere e pensieri.

Quando nel vano della porta rossa compare Tariq con Malak arrampicato sulla spalla, all'improvviso Micòl scopre di avere la testa vuota e riesce solo a balbettare:

«Ce l'hanno restituito.»

Colpito da un'onda d'urto, Tariq arretra.

«Lo porterete via? In Italia?»

La sua voce ha squame taglienti. Ferita, Micòl risponde a precipizio:

«Rimarrà qui, in Israele. Sarà sepolto domani nel kibbutz di Hanita.»

Malak si divincola dalle braccia di Tariq, con una svirgolata salta a terra, e rimane tra di loro con la coda ritta, in allarme.

«Tu verrai con noi al funerale, ti farò sapere dove e quando raggiungerci.»

«E come? Non conosce il mio numero e io non conosco il suo.»

Si guardano smarriti. Gli è sempre bastato incontrarsi per sbaglio in quei giorni sbagliati, solo per essere certi che tutto poteva continuare, ma non si sono mai scambiati i numeri di telefono. Li scrivono nella rubrica del cellulare in fretta, ancora sulla soglia, come amanti clandestini. Di slancio Micòl lo abbraccia:

«Finché ci saremo noi due ci sarà anche lui.»

Poi, senza aggiungere altro, gli gira le spalle e a capo chino inizia a scendere la scala seguita da Malak che prima le cammina a fianco, poi la precede superando a balzi i gradini e infine si ferma davanti all'ascensore. Solo quando la vede sparire nell'abitacolo fila dritto a casa.

La porta rossa si richiude con un tonfo sordo.

Disteso sul letto dove si erano amati Tariq lascia che il tempo lo attraversi. Un tempo che all'improvviso si è ristretto. Il funerale è l'indomani ma domani è già oggi.

La memoria è inaffidabile e cangiante. Ricordi del colore del miele lo avvolgono: i risvegli lenti, il pudore dimenticato e gli abbandoni. Ricordi del colore del fango ancora lo inseguono: il litigio, la fuga dal locale, la chiamata senza risposta e poi il boato e il muro d'ombra. E in quella casa che quei ricordi li contiene tutti, gli torna in mente la promessa fatta ad Arièl in una notte piena di premonizioni.

Una cappa di afa avvolgeva Tel Aviv e nessuno dei due riusciva ad addormentarsi. Il mattino seguente Arièl sarebbe tornato alla base e tutto era pronto per la partenza. Lo zaino e gli anfibi tirati a lucido erano allineati lungo la parete accanto al letto, la divisa era sulla stampella agganciata a uno scaffale della libreria e il basco turchese sul comodino. Il fucile M16 smontato, i pezzi nascosti separatamente come prevedono le regole di sicurezza dell'esercito, sarebbe stato rimesso insieme solo all'ultimo momento.

Dopo aver perlustrato con lo sguardo quell'armamentario, Tariq all'improvviso aveva nascosto il volto con il lenzuolo, ma Arièl subito ne aveva afferrato un lembo e lo aveva scoperto.

«A cosa stai pensando?»

«La tua divisa mi fa paura.»

«Qualche volta fa paura anche a me, ma l'ho scelta» aveva risposto Arièl con orgoglio.

Le mani si erano sfiorate e le dita intrecciate d'istinto. Faceva caldo, ma si desideravano e ciascuno voleva la propria carne dentro la carne dell'altro. Come sempre, ma forse più d'ogni altra volta. E così era stato.

Quando la smania era finita ed era rimasto solo l'amore, Arièl gli aveva bisbigliato all'orecchio:

«Se mi dovesse succedere qualcosa, promettimi che racconterai a mia madre di noi due.»

«Perché mi chiedi questo? Cosa sta per succedere?»

«Nulla, ma tu devi promettermelo.»

Arièl si era liberato dall'abbraccio, era uscito dalle lenzuola ed era rimasto in piedi davanti a lui. Era nudo, sudato, gli occhi verdi scintillavano nel buio, e Tariq aveva pensato che non aveva mai visto un uomo così bello.

«Ti ho chiesto una promessa, puoi chiedere qualcosa in cambio...»

«Non tornare alla base!»

«Sai che non posso.»

«Non è vero, devi solo volerlo. Fallo per me.»

«Vuoi che diventi un disertore?»

«Fingiti matto o diventa un ebreo ortodosso, a loro è permesso non fare il soldato. Diventa ortodosso, ti prego... I riccioli ti starebbero bene. Coraggio, fallo per me...»

«Impossibile.»

«Perché?»

«Io voglio difendere il mio paese.»

«Lo difenderà qualcun altro.»

«Dovrei lasciare che qualcuno rischi al mio posto?»

«Perché hai voluto diventare israeliano? Perché metti in pericolo la tua vita per un paese dove nemmeno sei nato?»

«Era l'unica cosa giusta che potevo e volevo fare.»

«Hai avuto la fortuna di nascere in Italia, il posto più bello del mondo!»

«Ma vuoto e allo sbando. I miei amici pensano solo agli aperitivi e alla carriera. Mio padre è travolto dal denaro e dalle amanti. Mia madre soffoca l'infelicità in un vortice di frivolezze. Sono vite senza sogni.»

«E tu avevi bisogno di un grande sogno?»

«Sì. E per quello c'era mia nonna, che degli israeliani mi ha insegnato ad amare la follia pungente, la tenacia aguzza e l'orgoglio acuminato esibito fino all'affronto.»

«Eppure ami me, mica un israeliano.»

«Colpito e affondato!»

«Guardati intorno, Israele sarà pure il tuo sogno, ma quel sogno mi tiene in gabbia.»

«In gabbia? Qui sei libero di essere te stesso come non sei mai stato a Jenin.»

«Qui io non sono niente e nessuno. Il nostro amore deve rimanere un segreto persino nel tuo super democratico Israele. Con i gay vi ripulite la coscienza, ma intanto tu con me alla luce del giorno non ci puoi mica stare!»

Arièl lo aveva afferrato per le spalle, scrollandolo:

«Adesso basta! Devi metterti in testa che sono un soldato. Cosa pretendi, che vada dal mio capo e gli dica "sono innamorato di un palestinese fuggito da Jenin"? Pensi che mi risponderebbe: "Wow, che figata progressista, portalo alla prossima festa delle reclute"? Figurarsi...»

«Ma io non sono un terrorista! Mio padre mi ha rinnegato, i miei parenti mi disprezzano, non ho casa e non ho lavoro. Ho solo te. Tu mi hai salvato e per questo il tuo esercito dovrebbe darti una medaglia!»

«Ora che mi ci fai pensare, in effetti è strano che nessuno abbia ancora proposto un'onorificenza per un soldato israeliano che si innamora di un palestinese fuggito da Jenin. Quasi quasi lo faccio io, e faccio pure domanda per ottenerla. Per Israele sarebbe un'ottima idea di marketing. Sai che ti dico? Ti presento a mio padre, ti assumerebbe subito nella sua agenzia...»

«Il Medio Oriente è una gabbia di matti e io ci sono nato, tu però potevi scegliere il mondo. Ma siccome sei pazzo sei voluto venire proprio qui. Tutto è meglio di questo paese diviso e in guerra. Pensaci Arièl, nel tuo Israele io ho ragione e tu hai torto, ma io ero dietro a un muro e tu sei libero.»

«Nel mio Israele possiamo votare e cambiare i governi e alla Knesset c'è un partito arabo. Sarà pure una nazione piena di errori e di ingiustizie ma qui nessuno ci proibisce di amarci, di tenerci la mano e di baciarci.»

«Non davanti a tutti...»

«Non finché sono un soldato.»

Erano rimasti a lungo in silenzio, poi Arièl, facendo combaciare la fronte con quella dell'altro, gli aveva sussurrato:

«Io combatto anche per farti ballare.»

Tariq aveva abbandonato il capo sul suo petto e sospirando:

«Chissà quando potremo ballare, io e te, insieme.»

«Smettila di tormentarmi. Adesso per noi è così, ma la leva finirà. Io ti aiuterò, avrai il permesso di soggiorno e non appena potremo ci sposeremo all'estero.»

«Intanto ho paura di quello che ti può succedere. Senza di te io non potrei vivere. Abbandona il militare, fallo per me.»

«Allora non capisci?! Non si può mica lasciare l'esercito così! Se lo fai devi avere una ragione, ti devi far passare per matto o devi fingere problemi di salute e non ho intenzione di farlo. Ho preso l'impegno di difendere il mio paese e voglio rispettarlo, io amo Israele.»

«Ma ami anche me...»

«Non puoi chiedermi l'impossibile.»

Esasperato, Arièl gli aveva voltato bruscamente le spalle, ma subito si era pentito, si era girato di nuovo verso di lui e guardandolo dritto negli occhi:

«Quella promessa non mi basta, mi serve di più, devi giurare.»

«Promesse, giuramenti... Cosa ti succede stanotte?»

«Se mi dovesse capitare qualcosa, giura che racconterai a mia madre di noi e avrai cura di lei.»

«Giuro, ma come potrei aiutarla? Mi guadagno la vita con lavori irregolari, sono un clandestino, non ho nemmeno l'assicurazione medica e mio padre mi odia.»

«Volendole bene e facendole capire quanto io gliene ho voluto, nonostante tutto.»

Quale oscuro presagio, un mese prima dell'attentato, aveva spinto Arièl a pretendere quel giuramento? Eppure l'amore che vince la morte e dà senso alla vita in quel momento era lì, tra le sue braccia. Temeva forse di non riuscire a vivere il futuro che desiderava e non aver svelato a Micòl la sua relazione con un uomo lo tormentava più di quanto volesse ammettere? Oppure gli affidava quella rivelazione perché fosse Tariq a tagliare il filo che non riusciva a recidere e perché sapeva che lui avrebbe trovato le parole giuste?

Solo quando si impara ad amare si riscopre il sentimento istintivo e totale che ci lega alla donna che ci ha generato. Per tutta la vita Arièl aveva spiato i gesti, gli umori e le fragilità di quella madre che aveva tenuto a distanza perché l'amava di un amore irragionevole e pervasivo. Ma ora, avendo finalmente scoperto di saper amare, poteva amarla davvero.

Tariq ha prestato fede al giuramento. Fin dal primo incontro, e senza pudore, ha rivelato a Micòl il segreto del figlio, le è rimasto accanto come Arièl avrebbe voluto e il mattino seguente gli dirà addio insieme lei.

Si strappa dal letto a fatica. Ripete i gesti di sempre: sistema le lenzuola, riempie le ciotole di Malak, innaffia le piante della terrazza e toglie le foglie ingiallite da quelle nella vasca di graniglia. Tira le tende e si guarda intorno: l'appartamento è in penombra, dalla strada lo raggiungono le grida degli ambulanti e la sirena di un'ambulanza lontana. Vorrebbe restare in quella casa ma sa che non è più sua e dovrà separarsene. Si china per accarezzare Malak che lo anticipa incurvando il dorso. Quel gatto ha accompagnato il loro amore, forse almeno lui potrà portarlo con sé, ma dove?

Tutto è compiuto. Non gli rimane che tornare a Beit Dror e aspettare l'indomani per salutare Arièl per l'ultima volta.

29

Martedì, nona giornata

Incolore, la voce di Micòl lo raggiunge al telefono nel letto a castello di Beit Dror. L'appuntamento è tra un'ora a Sarona, davanti al Comando Generale delle Forze di Sicurezza.

Tariq deve fare in fretta.

I gesti più banali continuano a riportare a galla il ricordo di Arièl. I risvegli assonnati e quelli precipitosi, gli abbracci bruschi e quelli languidi, le notti ingarbugliate in cui si scambiavano frasi indecenti e quelle tenere in cui si tenevano stretti e basta. Tariq lo ricaccia a forza nell'alambicco.

Rovista nella borsa per cercare una camicia bianca, la trova e la indossa, ma all'improvviso gli torna in mente un gioco che faceva sempre Arièl. Voleva abbottonargli la camicia e di proposito iniziava con l'asola sbagliata per costringerlo a slacciarla, bottone dopo bottone, in uno spogliarello che li eccitava. A fatica raschia via il pensiero. Si infila in fretta e furia l'unico paio di pantaloni scuri e mentre lega i capelli con l'elastico si ricorda il soprannome che gli aveva affibbiato Arièl per via di quel codino: Escamillo, come il torero della *Carmen*. Forse questo a Micòl potrà raccontarlo, questo magari la farà sorridere... Giorno dopo giorno le sta restituendo il figlio perduto, a poco a poco, senza ferirla.

È tardi e lo stanno aspettando.

Quando esce dal cancello di Beit Dror, un vento prepotente ha spazzato via le nubi liberando un cielo azzurro di porcellana, e si scopre a pensare che con un cielo così non si va a un funerale, quello è un cielo per essere felici.

Acciuffa al volo un taxi, sbircia il proprio volto nello specchietto retrovisore ma non si riconosce nell'uomo con lo sguardo spaurito e gli occhi cerchiati che vi è riflesso. E improvvisamente si sente fuori posto, estraneo, sbagliato. Micòl come lo presenterà al marito? Un amico del figlio e niente più?

Nemmeno la morte riesce a pareggiare i conti. Ma di quei conti a Tariq non importa nulla: con Arièl è sparito tutto quello che conta.

Micòl lo vede scendere dal taxi e gli va subito incontro, è pallida, il volto divorato dagli occhi vitrei. Lo presenta come il miglior amico di Arièl. Stella capisce al volo e, stringendogli la mano, si comporta come se lo incontrasse per la prima volta. Quanto a Daniel non si chiede da dove sia spuntato questo Tariq Ghassan, a capire Micòl ormai ha rinunciato. Nemmeno il capitano Baruch fa domande perché conosce già le risposte e in cuor suo si sente in difetto: ha promesso a Dan Gabai di incontrarlo e di farlo parlare, ma ancora non lo ha fatto. Non era difficile trovarlo, sarebbe bastato cercarlo all'Agudà o magari a Beit Dror, eppure qualcosa le ha impedito di frugare nella vita di quel giovane colpito già così duramente. Ci penserà dopo il funerale.

L'automobile nera della Chevra Kadisha con quello che rimane di Arièl Anav giunge con una decina di minuti di ritardo.

"Non sei mai stato puntuale amore mio, nemmeno il giorno del tuo funerale" pensa Tariq trattenendo a stento lacrime impossibili da asciugare.

Il corteo funebre parte e, lasciandosi alle spalle Tel Aviv, si dirige verso nord, seguito a una lunghezza di distanza dalla

Land Rover guidata dal capitano. Daniel è seduto al posto del passeggero, Tariq sul sedile posteriore, tra Micòl e Stella.

A ogni curva e a ogni scossone Micòl sente la sua spalla contro la propria e con la coda dell'occhio ne spia i lineamenti contratti. Dietro quella quinta dolente, intravede il profilo enigmatico della madre e davanti le spalle minute del capitano Baruch e quelle di Daniel, curve come non sono mai state. Nell'automobile nera che li precede è raccolto quello che resta di suo figlio, nella Land Rover quello che resta della sua famiglia.

Finora la casa di Arièl è stata il nascondiglio che ha condiviso con Tariq. Ancora non osano aprire un cassetto o spostare un oggetto, ma anche quando sono in due sanno di essere in tre. Micòl lo sta usando per sopravvivere? La speranza si impara e la sua unica speranza è lui. Lo ha voluto con sé nell'ultimo viaggio di suo figlio. Ormai sono parenti.

Dopo due ore, superata Haifa, l'automobile della società funeraria abbandona la strada principale che corre parallela al mare e lungo dolci tornanti si arrampica fino a un'altura, in cima alla quale c'è un boschetto recintato. Solo a quel punto rallenta e si ferma.

Nel suo ultimo viaggio il soldato solo Arièl Anav non è solo.

Davanti al cancello del cimitero di Hanita sono schierati uomini e donne in divisa, e accanto a loro c'è un folto gruppo di persone in attesa.

«Quanta gente... Perché tutti quei soldati?» chiede Micòl confusa.

«È il picchetto d'onore dell'esercito che scorterà la bara» le risponde il capitano Baruch.

«Il picchetto è un omaggio, figlia mia. Non vedi quanti amici aveva il nostro Arièl?»

Poi rivolta a Daniel, con voce brusca:

«Tu non stare con le mani in mano e aiutami a scendere senza inciampare in questo stupido bastone. E strappa la camicia all'altezza del cuore, almeno per una volta comportati da ebreo.»

Daniel obbedisce. Pesca le chiavi nella tasca, con la più appuntita buca la camicia, poi con le dita la lacera. Il rumore della tela strappata lo fa rabbrividire. Con la mano destra preme il taglio come fosse una ferita.

Il capitano Baruch si dirige verso il picchetto, i soldati scattano sull'attenti e lei risponde al saluto. A un suo comando sei di loro estraggono dall'automobile nera la bara avvolta nella bandiera con la stella di Davide, la caricano in spalla e lentamente varcano il cancello.

Il corteo funebre si avvia lungo una strada che si arrampica fino al punto più alto della collina, punteggiata dalle fioriture rosse delle giacarande. In testa Micòl, Stella e Daniel, subito dopo gli amici di Arièl, chi in divisa, chi in calzoni corti e camicia. Alcuni anziani, dopo un cenno di saluto rivolto a Stella, si mischiano ai giovani. Arrivati al luogo della sepoltura, dietro il feretro è raccolta una piccola folla. In fondo, da solo, Tariq.

Il corteo si ferma davanti a un grande cedro del Libano circondato da un dolce declivio erboso. Una lapide di pietra grezza presidia la feroce geometria di un rettangolo buio e profondo scavato nella collina; accanto un cumulo di terra in cui sono conficcate delle pale.

I soldati adagiano la bara davanti alla buca e si schierano a lato. Con voce ferma il capitano Baruch pronuncia un breve discorso in ebraico di cui Micòl e Daniel non comprendono che qualche parola. Ma cosa c'è da capire che già non sappiano nel profondo dei loro cuori?

In un silenzio solenne il picchetto arma i fucili e spara a salve tre volte. I colpi lacerano l'aria. Per tre volte Micòl chiude gli occhi.

Dal gruppo dei convenuti si fa avanti un uomo dalla lunga barba bianca. Indossa un vecchio pastrano scuro, un cappello a larghe tese e scarpe da contadino incrostate di terra. Giunto vicino alla fossa si presenta: il suo nome è Israel Herstein, è il rabbino del kibbutz di Hanita, sarà lui a recitare il Kaddish, la preghiera dei defunti.

«Sia magnificato e santificato il Suo grande nome, nel mondo che Egli ha creato conforme alla Sua volontà, venga il Suo Regno durante la vostra vita, la vostra esistenza e quella di tutto il popolo d'Israele, presto e nel più breve tempo. Sia il Suo grande nome benedetto per tutta l'eternità. Sia lodato, glorificato, innalzato, elevato, magnificato, celebrato, encomiato, il nome del Santo Benedetto. Egli sia, al di sopra di ogni benedizione, canto, celebrazione, e consolazione che noi pronunciamo in questo mondo. Scenda dal cielo un'abbondante pace e una vita felice su di noi e su tutto il popolo d'Israele. Colui che fa regnare la pace nell'alto dei cieli, nella Sua infinita misericordia la accordi anche a noi e a tutto il popolo d'Israele. Amén.»

Mentre il rabbino pronuncia l'ultimo Amén, la mano di Daniel cerca quella di Micòl. Le dita rimangono unite per un istante, poi si separano.

I soldati rimuovono la bandiera e scoprono la bara di legno grezzo. Dopo aver ripiegato il drappo, con le corde la calano nella fossa, poi affondano le pale nel cumulo di terra smossa e cominciano a ricoprirla. Il tonfo sordo e ritmato delle zolle che cadono assomiglia al battito lento di un cuore dolente.

Fino a quel momento rimasto ai margini, Tariq si avvicina lentamente.

Vedendolo avanzare i soldati si fermano. Sotto gli sguardi attenti di tutti, si inginocchia sul prato come fosse su un tappeto, china il busto fino a toccare il suolo con la fronte e il palmo delle mani e rimane immobile. Nel silenzio si sentono solo il sibilo del vento e i suoi singhiozzi. Poi solleva il busto, si siede sui talloni, con la mano destra raccoglie un pugno di terra, alza il braccio verso il cielo e la lascia scorrere tra le dita come acqua. Infine si alza, fa un lento inchino e torna nelle ultime file seguito da un brusio.

I soldati riprendono in mano le pale. La fossa è quasi colma, la terra ormai cade lieve su altra terra con un tonfo soffocato.

La gente raccolta a emiciclo incomincia a disporsi in una lunga fila: chi si china per prendere una pietruzza, chi cerca un sassolino poco più in la, chi tiene già il suo tra le dita. Poi, uno dopo l'altro, lasciano ciascuno la propria piccola pietra davanti al tumulo.

Rallentando il passo di proposito, Micòl è rimasta ultima. Solo quando i convenuti sciamano verso l'uscita si avvicina ad Arièl.

L'odore della terra smossa le invade le narici. Si china a raccoglierne una manciata e la saggia tra le dita: è terriccio buono, grasso e concimato, assomiglia a quello con cui rinvasavano insieme le piante a primavera. Proprio in quell'istante, da un ramo del cedro vola verso di lei una gazza e le atterra vicino. Prima l'osserva guardinga, poi le si avvicina saltellando circospetta. La sua livrea bianca e nera spicca nel verde del prato, è ormai a pochi passi e Micòl vede che ha qualcosa nel becco. Sembra non avere paura, con due piccoli balzi arriva ai suoi piedi, piega il capo, apre il becco, lascia cadere un pezzetto di vetro e vola via.

Micòl lo raccoglie, è color verde acqua, levigato come quelli che si trovano lungo la spiaggia. Guarda attraverso la superficie traslucida e magicamente il cimitero di Hanita si trasforma: il cielo è un mare calmo dove tuffarsi, il prato una trapunta su cui distendersi e il cumulo di terra un giaciglio su cui riposare.

È solo un istante. Si china e posa il pezzetto di vetro accanto alle altre pietruzze: è l'ultimo della fila, ma è l'unico da cui si può vedere attraverso.

A passi lenti Micòl percorre il vialetto, e ha quasi raggiunto il piccolo corteo quando una ragazza con il braccio ingessato legato al collo da un foulard azzurro timidamente le si avvicina.

«Lei è la mamma, vero?»

«Sì.»

«Mi chiamo Rachel, ero a Shabazi Street quel giorno.»

«Con mio figlio?»

«Ero seduta al tavolino accanto al suo. Lui era con un giovane ma non l'ho visto perché mi dava le spalle. Hanno ordinato una spremuta d'arancia, l'altro si è alzato e lui stava per seguirlo. Aveva lo zainetto in mano ma d'improvviso lo ha abbandonato ed è corso verso la cassa con il fucile in spalla. Ha urlato di allontanarci e io sono scappata. Poi l'esplosione... Sono viva grazie a lui. Mi dispiace davvero signora Anav.»

Micòl le accarezza delicatamente il braccio: sente il duro del gesso e poi la pelle calda e viva del polso.

«Cosa ti è successo?»

«Le schegge hanno rotto ulna e radio. Suo figlio, invece...»

Di slancio Rachel la bacia. Micòl sente le sue labbra calde contro la guancia e il suo odore. L'ultima persona che ha visto Arièl profuma di vaniglia e cannella.

Uno dopo l'altro tutti si avvicinano per salutarla. Sono ragazzi in divisa con i volti contratti e giovani in T-shirt con gli occhi pieni di lacrime. Per ultimo si fa avanti un omone con dei baffoni spioventi:

«Mi chiamo Fuad, ho un banco di fiori al Carmel Market, Arièl veniva sempre a comprare da me le piante per la terrazza. Se ne intendeva suo figlio, sceglieva sempre le più belle. Ho chiuso bottega per venire a salutarlo, condoglianze signora.»

Dietro Fuad spunta Ilan:

«Anche io ho chiuso il negozio. Coraggio signora Anav, si faccia coraggio.»

Micòl stringe le mani e ringrazia, poi con passo incerto raggiunge l'uscita.

Stella, sottobraccio al rabbino, è già oltre il cancello. Fa caldo e Herstein si è tolto il cappello a larghe tese scoprendo una logora kippà di feltro grigio. Si è sfilato anche il pastrano nero ed è rimasto in maniche di camicia con una tuta da lavoro dalle cui tasche spuntano pinza e cacciavite. Micòl si avvicina quanto basta per ascoltare le loro parole.

«Il corpo è solo un abito che l'anima indossa, ma credimi, non avrei mai voluto pronunciare quel Kaddish, amica mia» sussurra il rabbino a Stella.

«Caro Israel, non potevi che essere tu a recitarlo. La nostra è una preghiera per i defunti dove la morte non è mai nominata e si benedice solamente il nome dell'Altissimo. Ma, avendo appena seppellito il mio unico nipote morto in un attentato, ti assicuro che non riesco proprio a capire perché dovrei benedirlo.»

«Sei incorreggibile, Stella.»

«Piuttosto, quando ti deciderai a smettere di trafficare nell'officina e ricomincerai a perfezionare il tuo ebraico? Hai recitato il Kaddish con quel pessimo accento polacco che non sei mai riuscito a toglierti» ribatte lei sfiorandogli con la mano il braccio su cui si intravedono dei numeri scoloriti.

«Persino tu ce l'hai con gli ebrei polacchi...» risponde Herstein accennando un mesto sorriso.

Aggrappato a una collina a lungo contesa, il cimitero di Hanita è un crocevia di confini: a poche centinaia di metri quello con il Libano e a nord-est quello con la Siria. Un fazzoletto di terra che incarna la strabica utopia dei pionieri: a sinistra il mosaico verde dei campi coltivati goccia a goccia, alle spalle il kibbutz difeso con le armi dai padri fondatori, la terra del latte e del miele da conquistare a qualsiasi prezzo.

Quel boschetto punteggiato di lapidi affacciato sul blu del Mediterraneo è il riassunto di un sogno e insieme di un conflitto, di giorni feroci e di notti oscure. Il confine tra la vita e la morte passa per la collina dove oggi è sepolto Arièl Anav.

30

Nella mestizia funebre, i pensieri non seguono regole e inesorabilmente la morte inciampa nella vita. Il colmo del dolore nasconde il seme dell'egoismo e ai funerali ciascuno finisce per immaginare la propria fine. Accade anche alle esequie del soldato solo Arièl Anav.

Tra commiati e strette di mano, Stella pensa a quando sarà sepolta accanto al nipote, Micòl che non avrà il figlio a darle l'ultimo saluto, Daniel che non gli toccherà un picchetto d'onore. Quanto a Tariq non ha il tempo di pensare alla propria fine, perché il capitano Baruch gli ha appena fatto cenno di avvicinarsi.

«Non ci eravamo mai incontrati prima, eppure da qualche parte sono certa di averti visto. So che sei uno dei ragazzi aiutati dall'Agudà e che eri un amico di Arièl. O forse qualcosa di più?»

«Molto di più.»

«L'ho immaginato. Quando tornerai a Tel Aviv, vieni a trovarmi al Comando Generale delle Forze di Sicurezza, a Sarona. Ti aspetto.»

«Verrò.»

Il cuore gli batte all'impazzata. Quel capitano lo aiuterà o lo rimpatrierà a forza? Tariq a Jenin non vuole più tornare.

Intanto, subito fuori dal cimitero, seduta su una panchina di pietra accanto al rabbino Herstein, Stella sta ricevendo le condoglianze da una processione di uomini e donne che l'hanno conosciuta o che hanno sentito parlare di lei. Le parole di cordoglio sono subito scavalcate da racconti di trattori acquistati e rivenduti, di scontri alla frontiera e di soldati feriti, di un *kibbutznik* morto di una brutta malattia e di un altro che si è tolto la vita. Ognuno aggiunge un dettaglio, tutti esprimono un'opinione. Per ciascuno Stella e il rabbino spendono una parola di commento e di conforto. Poco lontano, Micòl e Daniel spiano lo srotolarsi del nastro dei ricordi di quella comunità stravagante e battagliera, fatta di gente arrivata in cima a quella collina perché non aveva più nulla da perdere e aveva già perduto tutto.

Quando ciascuno ha detto la sua, così come si è formato il gruppo si disperde, e Stella e il rabbino rimangono da soli. Lui le elenca i nomi dei meccanici che ha addestrato nell'ultimo anno in officina, lei lo prende in giro per le mani sporche di grasso e la barba incolta. Quei due si capiscono ben oltre le parole.

«Il rabbino è innamorato di tua madre» mormora Daniel all'orecchio di Micòl.

«Non dire sciocchezze, si conoscono da quando lei viveva qui.»

«Forse lo è sempre stato. Non vedi come la accarezza con lo sguardo?»

Poi rivolto a Tariq:

«E tu che ne dici?»

«L'amore resiste alle ingiurie degli anni. E moltiplica la sua forza se non è stato vissuto a pieno.»

Daniel si scopre a guardare l'amico di suo figlio con occhi nuovi. Quel ragazzo sbucato dal nulla proprio come lui sa maneggiare le parole. Vuole conoscerlo meglio, e visto che hanno deciso di tornare a Tel Aviv l'indomani e di passare la notte nella foresteria di Hanita gli propone una passeggiata fino al kibbutz. Tariq accetta.

Micòl li osserva camminare l'uno a fianco all'altro lungo la strada. Quei due uomini sono l'inizio e la fine di suo figlio. Con le medesime spinte, uno lo ha generato, l'altro lo ha amato. Il cerchio si è chiuso. Tutto è compiuto. Non ha provato un moto d'orgoglio per il picchetto d'onore e non le importa che ad avvolgere la bara di suo figlio sia stata la bandiera con la stella di Davide che lei non ha mai sentito sua. E persino non averlo potuto vedere per un'ultima volta ora le sembra un atroce regalo della sorte, che le permette di tenerlo ancora in vita, sospeso per sempre nello spazio creato dai suoi pensieri. A torturarla è solo il rimpianto di non averlo amato abbastanza. Chi le ha insegnato che la durezza può scavalcare l'amore è davanti a lei, seduta accanto al rabbino polacco che sembra capirla più di quanto Micòl l'abbia mai capita. Cosa lega sua madre a quel kibbutz di frontiera e a quello strampalato rabbino? Trascorre la notte a Hanita, vicina ai misteriosi cunicoli della vita di Stella, la inquieta. Del passato non le ha mai parlato, per lei esiste solo il presente; quanto al futuro, è convinta di averlo già costruito abbastanza.

«Vieni a sederti accanto a noi» le ordina la madre con un gesto brusco della mano.

Riluttante, Micòl obbedisce. Rovista nella borsa e pesca il pacchetto di sigarette. Prontamente il rabbino estrae dal taschino della camicia un accendino ammaccato che si accende al primo colpo. La lingua di fuoco balena come un piccolo incendio. Guardandola attraverso la fiamma con i suoi occhi grigi, Herstein le sussurra:

«Guarirà Micòl. La ferita cercherà i suoi margini e si chiuderà. La cicatrice rimarrà per sempre, ma la vita è più forte di tutto: io ne sono testimone.»

Con uno scatto, il fuoco scompare.

Micòl caccia a forza il fumo nei polmoni e lo soffia fuori con una smorfia amara:

«Qui dire addio ai figli è nel conto, ma io non sono israeliana.»

«La morte di Arièl le ha conferito, suo malgrado, un passaporto onorario. È ebrea e questo paese le appartiene comunque, che lo voglia o no» conclude il rabbino. Poi rivolto a Stella: «Perché non mostri a Micòl la tua poltrona?».

«Sono storie del passato.»

«Ma riguardano anche tua figlia.»

Stella gli lancia un'occhiata di rimprovero. È dubbiosa e in principio esita, ma poiché esitare non è nella sua natura, facendo forza sul bastone si solleva.

«Forse hai ragione... Forse glielo devo» risponde enigmatica.

Poi rivolta alla figlia:

«Andiamo Micòl, seguimi.»

Madre e figlia si avviano lungo la strada che dal cimitero scende verso il kibbutz costeggiando la recinzione che segna il confine: da una parte il Libano e le postazioni di Hezbollah a gittata di mortaio, dall'altra Hanita e i soldati israeliani pronti a rispondere al fuoco.

Stella procede con cautela appoggiandosi al bastone, Micòl regola il passo su quello della madre come ha sempre fatto. Superarla è un rischio, scavalcarla un'imprudenza: per tutta la vita a decidere il ritmo è stata sempre e solo lei.

Come nelle escursioni estive in montagna: per suo padre un'avventura, per sua madre una marcia a cui imporre una cadenza e per Micòl un estenuante esercizio di mediazione. A camminare erano in tre, ma a Micòl sembrava di essere da sola, perché mentre Stella puntava dritta alla meta, Benedetto trovava sempre un motivo per cambiare sentiero: inseguiva uno scoiattolo, trasformava una roccia in una lezione di geologia e una foglia in una dissertazione sui frattali. Eccentricità che irritavano Stella, mentre a Micòl sembravano un'imperdibile lezione di libertà.

Giunte a una biforcazione, con un cenno del bastone Stella fa segno di proseguire a sinistra lungo un viottolo bianco in salita. Lo percorrono fino a un rilievo dove sorge un edificio lungo e stretto, circondato da uno spiazzo di cemento da cui spuntano dei pali e un reticolo di fili.

«Questa è la mia lavanderia. Ai miei tempi il tetto era di lamiera e quando il vento soffiava forte, e qui capita spesso, il rumore era straziante.»

«Lavoravi in una lavanderia? Non me lo avevi mai detto...»

«Perché avrei dovuto? Le macchie su lenzuola, camice e tovaglie sono di gran lunga meno affascinanti dei discorsi complicati con cui ti incantava tuo padre. Il kibbutz mi aveva assegnato questo compito e io lo svolgevo al meglio. Ammetto che in principio non è stato facile passare da palazzo Azoulay a Basilea, dove comandavo a bacchetta uno stuolo di camerieri, a un capannone dove mi toccava insegnare a fare il bucato, stendere e stirare a direttori d'orchestra e a professori di filologia che non avevano mai preso in mano un ferro da stiro.»

«Tutti intellettuali?»

«Tutti tornati dall'inferno. Ma, mentre idraulici e muratori finivano subito nell'officina del rabbino Herstein, a me toccavano professori e artisti. Solo una volta mi hanno assegnato un sarto polacco che cuciva e stirava alla perfezione, ma la vita del kibbutz non gli andava a genio. A quanto so ha aperto un atelier a Tel Aviv.»

«Solo uomini ai tuoi ordini?»

«Anche donne. La migliore era Alina, era nata in Bucovina e aveva avuto otto figli, ma i primi due li aveva persi con l'epidemia di Spagnola e gli altri erano scomparsi nell'abisso di Auschwitz-Birkenau. Del marito non aveva più avuto notizie ed era certa che avesse fatto la stessa fine. Quando i russi hanno abbattuto i cancelli del campo di sterminio lei era sola al mondo e si è imbarcata su una delle navi dirette in Israele. Alina era la migliore lavandaia che abbia mai avuto: lavorava molto e parlava poco.»

«Perfetta per te, mamma.»

«Inutile che tu faccia del sarcasmo. Potevo fidarmi di lei ciecamente, non sbagliava un lavaggio, non ha mai bruciato una camicia e sapeva tenere a bada gli uomini.»

«Era tra quelli che sono venuti a farti le condoglianze?»

«Purtroppo no. Un giorno, di punto in bianco, è sparita. L'abbiamo cercata ovunque, sono stata io a trovarla impiccata a una trave nella rimessa. Appallottolata in una tasca del grembiule c'era la lettera di una sua conoscente che viveva a Brooklyn e il ritaglio di un giornale in yiddish con la notizia del matrimonio tra due sopravvissuti.»

«Uno era il marito?»

«Sì. Capitava più spesso di quanto si immagini, ciascuno aveva pensato che l'altro fosse morto ed entrambi avevano ricominciato a vivere: lei nel kibbutz di Hanita, lui a Brooklyn con un'altra donna.»

«Atroce. E gli altri? I professori, i direttori d'orchestra e gli artisti che fine hanno fatto?»

«Qualcuno se n'è andato, qualcuno è morto, ma tutti quelli che sono rimasti a vivere quassù oggi sono venuti a salutarmi.»

«Eri il loro comandante.»

«Puoi essere certa che con me rigavano dritto.»

«Posso immaginarlo.»

«Non sono sempre stata un comandante, Micòl, e non sai quanta fatica mi è costata diventarlo.»

Micòl la guarda interdetta, quella madre spinosa dunque non era nata con gli aculei?

«Vedi quella grande pietra a destra dell'ulivo che sporge verso il mare? È lì che dobbiamo arrivare» le dice Stella indicando con il bastone un punto sul lato ovest della collina.

Esitando tra i sassi e la sterpaglia salgono fin lassù. Stella affretta il passo come chi ha paura di pentirsi e riprende fiato solo davanti a un masso levigato dal vento con un avvallamento al centro che lo fa assomigliare a una poltrona di pietra. Micòl la aiuta ad accomodarsi e si siede accanto a lei.

Rimangono in silenzio a contemplare il paesaggio che, dispiegandosi in dolci colline verdi, scivola dolcemente nei campi coltivati tuffandosi nel mare che il tramonto sta cominciando a tingere di rosso.

Se Micòl fosse presente a sé stessa, sapendo meglio di chiunque altro che sua madre non ha avuto in dono un'indole contemplativa, si accorgerebbe che sta fissando ostinatamente un punto all'orizzonte, preoccupata solo di non incrociare lo sguardo della figlia. Ma quando si è appena detto addio al proprio figlio, più che farsi domande si aspettano risposte, o magari una madre capace di consolare.

Stella non è affatto interessata a quel paesaggio che conosce a memoria, sta solo prendendo tempo. Se avesse già deciso di dar retta al consiglio del rabbino, troverebbe il tempo per un abbraccio, uno sguardo, una carezza per quella figlia disperata, ma il dubbio ancora l'attanaglia.

Per decenni si è preparata a questo momento, sempre incerta se rivelare o continuare a fingere, e si chiede se quel giorno luttuoso sia quello giusto per confessare alla fragile figlia la verità che le ha sempre celato.

Distoglie lo sguardo dall'orizzonte e vede caracollare ai suoi piedi una lucertola maculata con la coda mozza, che con mossa repentina ingoia un insetto e se ne va. E pensa alla paradossale astuzia di quei dinosauri in miniatura, che per sfuggire ai predatori sacrificano la coda pur di sopravvivere. Una coda legata al corpo che li aiuta a mantenere l'equilibrio e a farsi notare nell'accoppiamento, ma in grado di staccarsi in caso di pericolo e persino di ricrescere. Quale parte di sé deve abbandonare Stella per rimanere viva?

«Questo è il mio posto segreto.»

«Sei sempre piena di segreti tu. Perché lo hai scelto?»

«Perché qui ho salvato la vita a una persona che ha cambiato la mia.»

«Un altro mistero?»

«Quando il lavoro era finito cacciavo tutti dalla lavanderia e venivo qui da sola a godermi il tramonto. Ma un giorno da un cespuglio è sbucato uno sconosciuto dalla carnagione scura, con occhi verdi e grandi baffi, che si era beccato una fucilata da un cecchino arabo. Mi ha detto di chiamarsi Amal Arslan, di essere druso, e mi ha fatto il nome del capo della sicurezza del kibbutz. Era un rischio, ma non c'era tempo da perdere. Sanguinava e l'ho subito fasciato con delle bende ricavate da un lenzuolo, gli ho detto di camminare davanti a me e, con la pistola senza sicura in tasca, l'ho condotto al comando, dove l'hanno riconosciuto e subito ricoverato in infermeria.»

«È guarito?»

«Perfettamente.»

«Ed è rimasto a Hanita?»

«Sì, ma mesi dopo, durante uno scontro a fuoco, lo hanno colpito di nuovo. Quella volta non c'era nessuno ad aiutarlo. È morto dissanguato a pochi metri dal confine.»

Un falco solca il cielo disegnando un'ampia curva nera che a entrambe sembra una ferita.

«Morti, solo morti!» mormora Micòl con il volto tra le mani. «Oggi ho seppellito mio figlio e non voglio più saperne di questa terra dove tutti vengono a saldare i loro conti!»

«D'accordo, allora parliamo d'amore.»

Stella subito si pente di quello che ha appena detto.

Dovrebbe raccontarle di quell'amore che l'aveva lasciata senza fiato? Quale madre rivela ai figli i segreti del proprio piacere? Di colpi Micòl ne ha già ricevuti abbastanza, perché incrinare le sue poche certezze?

Per l'ultima volta esita. È ancora in tempo. Può continuare a mentire e restare il monolite di certezze i cui spigoli taglienti Micòl ha sempre temuto, o può rivelarle quello che le ha nascosto. Bilancia per un'ultima volta i pro e i contro e poi, seppure a malincuore, decide che il rabbino Herstein ha ragione, è tempo di sciogliere gli enigmi del passato e restituirle il dovuto.

Serrando il bastone tra le mani più del necessario:

«Vuoi sapere come ho incontrato Benedetto?»

«Lo so a memoria: papà era a Tel Aviv per un programma di ricerca e ti ha chiesto un'informazione in un ebraico zoppicante. Dall'accento hai capito che era italiano e hai incominciato a parlargli nella sua lingua. Nel giro di una settimana lui ha chiesto la tua mano.»

«Questa è la versione ufficiale.»

«Un giorno che era in vena di confidenze, papà mi ha raccontato la verità.»

Stella si volta di scatto verso la figlia:

«Quale verità?»

«Che sei stata tu a chiedergli di sposarti.»

«È andata proprio così, sono stata io a prendere l'iniziativa. D'altronde non potevo aspettare.»

«Un italiano, neolaureato in Fisica, qualche anno più giovane di te, con gli occhi azzurri e molto romantico, non potevi lasciartelo scappare...»

«Già, non potevo proprio lasciarmelo scappare. E sai perché?»

«Perché?»

Stella mira dritta al cuore: al suo e a quello della figlia.

«Perché quando ho incontrato Benedetto ero appena uscita dallo studio di un ginecologo che mi aveva confermato che ero incinta. Di te.»

Micòl vacilla.

«Quando sei venuta al mondo, Benedetto non ha fatto domande. Sapeva calcolare l'orbita dei pianeti ma non si è preso la briga di contare i mesi dal concepimento alla tua nascita. Io però volevo che tutto fosse in regola e, grazie alla complicità di un'ostetrica, per lui e per tutti sei nata settimina.»

Di slancio Micòl le afferra le mani, il bastone rotola a terra: madre e figlia sono occhi negli occhi.

«Chi è mio padre?» Più che una domanda è il lamento di un animale ferito.

Stella non esita.

«Amal Arslan.»

«Mamma!»

Tutto è compiuto. Stella non può tornare indietro.

«Ricordi quando ti ho detto che in Israele c'è una luce feroce che fa perdere la testa e che io la mia l'avevo perduta nel kibbutz di Hanita? La mia luce era Amal. Una settimana dopo la sua morte, ho scoperto di essere incinta. Avrei potuto interrompere la gravidanza, ma in te viveva una parte dell'uomo che amavo e io ti volevo con tutte le mie forze. Ho dovuto trovare una soluzione perché tu crescessi con un padre e così è stato. I riccioli neri di Benedetto si sono confusi con quelli del druso e i suoi occhi azzurri hanno giustificato i tuoi verdi.»

Micòl è annichilita. Il padre le è appena stato strappato dalla carne. Chi ha amato dunque e chi avrebbe dovuto amare? Il sordo rancore per quella madre insuperabile all'istante si tramuta in odio. Ha cancellato le tracce di un amore inventandone un altro e le ha imposto un padre scelto su due piedi per salvare le apparenze. L'arroganza di Stella le appare in tutta la sua forza devastante: l'ha ingannata, manipolata, usata.

Nel tunnel della memoria balenano lampi accecanti: Benedetto accarezza la mano di Stella e lei la ritrae, lui le sorride e lei non risponde al sorriso, lui si spertica in lodi e lei smorza l'entusiasmo. La mancanza di intimità tra i suoi genitori spicca ora in tutta la sua atroce verità. Ora capisce perché non ha mai conosciuto la passione: nessuno gliel'ha mai insegnata. E imitando il loro amore sbagliato si è accontentata di Daniel e di amanti a casaccio. Lampi inversi l'abbagliano: la musica che ascoltavano insieme, i libri che si scambiavano, la stima, il rispetto e il sostegno reciproci... Quale sbilanciato compromesso li legava? Perché lui non faceva domande quando Stella partiva per quei suoi strani viaggi e perché quando tornava la accoglieva sempre a braccia aperte? Quel marito stravagante e gentile aveva mai sospettato?

Con rabbia, chiede a bruciapelo:

«Papà ha mai saputo?»

«Non era necessario. Una felicità presa a prestito da altre vite è una felicità più complicata, ma non per questo è meno vera.»

Il colpo di mortaio sparato dalla madre ha appena sbriciolato i ricordi della figlia, ma quell'ultima frase magicamente li ha rimessi al loro posto.

Quei genitori strambi, persi ciascuno nelle proprie passioni tanto da farla sentire un corpo estraneo, si erano amati comunque? E di quale amore? Troppo distratto e sedotto, Benedetto si era fatto bastare baci tiepidi e abbracci sfuggenti. Troppo infelice e troppo consapevole della proterva banalità dell'esistenza, Stella aveva ostinatamente difeso il suo segreto. Spregiudicata e innamorata del futuro, il suo futuro ha finito per nasconderlo nella trincea di un matrimonio senza voluttà, negandosi una nuova passione. Stella ha ingannato tutti. Soprattutto sé stessa.

«Mi hai cresciuto nella menzogna.»

«Ti ho voluta con tutte le mie forze, ti ho difesa sin dal primo istante e ho continuato a farlo tutta la vita. Sei la figlia dell'unico uomo per cui ho dimenticato me stessa. E sei tutto quello che mi resta di lui.»

Micòl si accorge che la voce di sua madre è rotta. Quella confessione impudica ne capovolge l'immagine granitica, ne svela la femminilità, le debolezze, gli abbandoni. Dunque anche lei per un istante si è smarrita e ha corretto un amore con un errore. E finalmente quella vecchia testarda e prepotente le appare vulnerabile.

Il sole sta per essere inghiottito dal mare e l'avanzare del crepuscolo addensa le ombre, scava rughe profonde sul volto di Stella e cambia il verde tenero degli occhi di Micòl in color palude.

Con mano esitante sfiora il viso appassito della madre, e le torna in mente il giorno in cui aveva partorito Arièl e lei aveva voluto a tutti i costi assistere al travaglio e, quando l'ostetrica le aveva messo sul petto il neonato, guardandolo aveva esclamato orgogliosa:

"Nostro figlio."

"Nostro?" aveva chiesto smarrita Micòl.

"I figli sono delle madri e delle madri delle madri. Saremo noi a dargli il nome. Lo chiameremo Arièl, che in ebraico vuol dire 'Leone di Dio'."

Come sempre aveva deciso solo lei.

A Micòl che suo figlio fosse un leone di Dio non importava, ma il suono di quel nome le era piaciuto da subito. E siccome il primo costume che aveva disegnato era stata una tutina violetta con ali di garza da libellula per il personaggio di Arièl ne *La tempesta* di Shakespeare, per una volta madre e figlia erano state d'accordo. Cosa aveva provato il giorno in cui era nato quel nipote che custodiva il seme del suo amore segreto?

«Dove è seppellito Amal?» domanda Micòl con voce tremante.

«Accanto ad Arièl.»

Hanita è l'inizio e la fine del cerchio imperfetto tracciato da Stella.

31

Mercoledì, decima giornata

Noa Baruch non ha tenuto fede alla promessa fatta a Dan Gabai, perché è convinta che da Tariq non tirerà fuori nulla di interessante. Comunque, per vederci più chiaro, prima vuole incontrare la nonna di Arièl.

Stella acconsente e alle otto del mattino Noa bussa alla porta della casa circondata di spine, accetta di buon grado la tazza di caffè ma, siccome quella coriacea sionista la mette in soggezione, senza tergiversare, viene subito al punto:

«Era a conoscenza della relazione tra suo nipote e Tariq Ghassan?»

«Naturalmente sì.» Poi, inarcando le sopracciglia, aggiunge brusca: «Sia esplicita, capitano: devo considerare la sua visita un interrogatorio?».

«Ovviamente no. Non avrebbe senso dopo quello che è accaduto.» Visibilmente in imbarazzo, rigira tra le mani la tazza e sottolinea: «Come sa l'omosessualità di suo nipote per l'esercito non è un problema. Il divieto di servizio militare per i gay è stato abolito nel '95. Io stessa, proprio il mese scorso, sono stata a una festa per celebrare le nozze del mio colonnello, che si è sposato in Olanda con un maggiore...».

«Non propini a me la lezione su quanto siamo gay friendly, è uno dei miei cavalli di battaglia e ne conosco tutte le sfumature: quelle sinceramente democratiche e quelle propagandistiche. Mi dica, piuttosto: come potevate non sapere della relazione che legava mio nipote a un ragazzo fuggito da Jenin? L'intelligence non è più quella di una volta?»

Noa tenta di replicare:

«Qualcuno li aveva visti insieme ma eravamo conviti che fosse un'avventura occasionale. Poi il massacro, e quando ho visto Tariq il giorno del funerale ho capito che...»

«Cosa ha capito?»

«Che era una storia d'amore.»

«Le faccio i miei complimenti, capitano, lei non è una burocrate e osserva con attenzione il campo di battaglia.»

Noa incassa il colpo. Per darle il tempo di digerirlo, Stella si toglie gli occhiali, pulisce le lenti con un fazzoletto, li inforca di nuovo e continua:

«Sicuramente sa della mitica falange sacra tebana?»

«Veramente, io non...»

«È una storia vecchia, risale al 400 avanti Cristo. Secondo la leggenda era composta da centocinquanta coppie di soldati che erano amanti e proprio per questo invincibili, perché in battaglia ognuno era disposto a dare la vita per salvare colui che amava.»

«Non siamo a Tebe.»

«Ma l'amore è un imbattibile generale, ne conviene capitano?»

«Sì. E ammetto di essere stata più volte sconfitta.»

«Chi non lo è stato?»

Seppure di età e opinioni così diverse, come spesso capita alle donne, su quell'argomento entrambe la pensano allo stesso modo. Stella ne approfitta subito per scoprire le carte.

«Quando mio nipote mi ha confidato di essere innamorato di quel giovane, perché, come ha intuito, di amore si trattava e non di un'avventura, ho preso le mie informazioni. Tariq non ha nessun rapporto con Hamas, e nemmeno con dei fiancheggiatori; è scappato con l'aiuto di sua madre perché è gay ed era in pericolo.»

«Confermo, il ragazzo è a posto, ma è comunque un fuggitivo.»

«L'amore ha una trama misteriosa ed è una faccenda maledettamente seria, ma la vita obbliga a delle scelte. È successo anche a me, molto tempo fa, e le assicuro che ho pagato un prezzo salato.»

Non è facile sostenere lo sguardo affilato di Stella e Noa si chiede se non sia giunto il momento di andarsene, eppure il fascino che emana da quella donna le impedisce di congedarsi. Ha conosciuto molte vecchie pioniere ruvide come carta vetrata, ma in lei c'è qualcosa di enigmatico che la trattiene.

«Come sa, capitano, io ho lavorato tutta la vita per Israele: apertamente e sotto copertura. Conosco dunque la simulazione, l'inganno e la menzogna. Fanno parte del gioco e, se usati per gli scopi che ci prefiggiamo, sono legittimi. Ne conviene?»

«Ne convengo.»

«Nei campi di battaglia non tutto è palese e neppure tutto encomiabile, ma spesso è necessario. È d'accordo?»

«È così.»

«Bene. So di parlare con un ufficiale dell'esercito, ma anche con una donna, dunque sa come la vita intrecci i destini ben oltre la nostra volontà e le nostre strategie.»

«Purtroppo.»

«Io per prima ero consapevole che il loro amore scavalcava muri e trascinava con sé delle implicazioni. Arièl mi ha chiesto consiglio. E io, come è mia abitudine, ho parlato chiaro.»

«Non ne dubito.»

«Anche se non esiste una legge che lo vieti, il loro rapporto non era opportuno. Senza giri di parole gli ho detto che in ballo c'era una questione di pura sicurezza. Chi si sarebbe fidato di averlo accanto in missione se amava un uomo il cui amico, o parente, poteva trovarsi nel mirino del suo fucile? E sono stata altrettanto esplicita nel dirgli che il problema non era Tsahal. Sarebbe stato così nell'esercito di qualsiasi nazione del mondo e con indosso qualsiasi divisa.»

«Proprio così. L'amore ha un repertorio sconfinato ma il conflitto ha regole ferree.»

«Infatti, come può immaginare, il problema di mio nipote non era essere gay ed essere un soldato dell'esercito israeliano, ma che indossava quella divisa ed era innamorato di un potenziale nemico. Se avesse avuto una relazione con una ragazza palestinese sarebbe stato lo stesso.»

«Infatti. Chi esercita la forza deve farlo in assoluta sicurezza per sé e per gli altri.»

«Immagino che le sia capitato di trovarsi al fronte. Dunque sa che in prima linea si diventa ciascuno la madre dell'altro e ci si deve fidare completamente di chi si ha accanto. Quando tutto intorno senti sparare, la vita si restringe alla sopravvivenza, e un dubbio o un'esitazione possono costare la pelle a te e ai tuoi compagni. Se poi ne avesse parlato con i commilitoni, qualcuno sarebbe stato comprensivo e persino solidale ma qualcun altro non si sarebbe sentito al sicuro accanto a lui e lo avrebbe isolato, o gli avrebbe fatto passare brutti momenti. Arièl doveva prendere una decisione.»

«Si può essere d'aiuto anche senza la divisa. Si può essere felici nonostante...»

«Già, avrebbe potuto chiedere di essere spostato nel Comando Generale delle Forze di Sicurezza, dove avrebbe fatto un lavoro d'ufficio e sarebbe rimasto a Tel Aviv. Cambiare unità, però, non è semplice, ci vuole tempo, e se avesse spiegato il motivo rischiava di essere degradato a cuoco o autista o messo a pulire fucili. Insomma, Arièl doveva scegliere: o Tariq o l'esercito.»

«Una decisione difficile.»

«Israele è un paese giovane e forte ma complicato e con molte contraddizioni. Le sembra normale che qui non esista il matrimonio civile ma solo quello religioso?»

«È un paradosso, lo ammetto» risponde Noa imbarazzata. Poi, dopo una lunga pausa: «Non deve essere stato facile parlare con suo nipote».

«Al contrario. Arièl a me confidava tutto: le terribili ore prima di un'azione, la paura, la voglia di vivere. E quel suo amore complicato. Sapeva di essere davanti a un bivio.»

«Poi l'attentato...»

«In Medio Oriente nessuno è innocente. Viviamo in un atroce melodramma senza fine, ma abbiamo bisogno di figli vivi e non di eroi morti. Gli avevo suggerito di parlarne con lei e di chiederle consiglio. Era deciso a farlo, purtroppo il kamikaze lo ha preceduto.»

Noa sostiene a fatica lo sguardo penetrante dell'altra, che subito ne approfitta per riprendere:

«Mio nipote non è stato bugiardo ma solo reticente.»

Stella scandisce le parole perché il capitano non ne perda nemmeno una sillaba:

«La felicità arriva per caso. Arièl voleva essere certo della natura di quell'amore. Ha esitato più del dovuto a chiedermi consiglio perché conosceva già il mio verdetto. E ha esitato ad abbandonare la divisa perché la amava tanto quanto amava Tariq. La vita è fatta di ore, minuti, e secondi che decidono per noi.»

Noa beve l'ultimo sorso di caffè ormai freddo e Stella ne approfitta per assestare una perfidia:

«Piuttosto, non mi spiego perché non siate ancora riusciti a trovare il mandante.»

«Ci stiamo lavorando.»

«Noi un tempo eravamo più veloci. Avevamo i nomi dei terroristi, uno per uno, conoscevamo le loro reti...»

«Siamo a buon punto, glielo assicuro.»

«A buon punto? Io li voglio in galera. Subito! Mio nipote deve essere vendicato. Conosce il significato della parola vendetta, capitano?»

32

Yael alle regole non ha mai creduto più di tanto e fosse per lei Tariq potrebbe restare ancora a Beit Dror, ma il suo letto serve a un sedicenne appena scappato da Ramallah. In quella casa rifugio di ragazzi disperati lei ne ha visti passare di ogni sorta, eppure quel giovane silenzioso che ha chiesto ospitalità la notte dell'attentato a Shabazi Street ha qualcosa di speciale e non può lasciarlo nei guai.

Forse riesce a sistemarlo nella rimessa degli attrezzi o magari nella lavanderia, in cantina deve pur esserci qualcosa con cui arrangiare un giaciglio di fortuna. Fruga, ma scopre che il materassino da spiaggia è marcito e la brandina pieghevole rotta. A malincuore si arrende e convoca Tariq nel suo ufficio.

Tappezzato di carte geografiche di paesi che non ha mai visitato e di fotografie di attori che non ha mai conosciuto, il locale al piano terra dove lo sta aspettando più che a un ufficio assomiglia alla stanza di un'adolescente, stagione della vita a cui, nonostante l'anagrafe, Yael non si decide ancora a rinunciare.

Quando lo vede entrare, esordisce accorata:

«Purtroppo dobbiamo cedere il tuo posto a un nuovo ospite, è minorenne e ha la precedenza.»

La conversazione potrebbe finire lì, ma siccome Yael è una donna curiosa non riesce a trattenersi:

«So che sei un fisioterapista e a Tel Aviv un buon massaggiatore è pagato bene. Se solo riuscissimo a farti avere il permesso di lavoro... Vediamo cosa si può fare.»

«Grazie.»

«Dove passerai la notte?»

«Non lo so.»

«Ieri non sei venuto a Beit Dror, il tuo letto era intatto. Hai dormito con il tuo misterioso innamorato? Lui non può ospitarti a casa sua?»

Tariq abbassa gli occhi e Yael, che non vuole mai perdersi una storia d'amore dei suoi ragazzi:

«Vi siete lasciati?»

«È morto nell'attentato a Shabazi Street. È stato sepolto a Hanita. Ieri l'ho salutato per l'ultima volta e ho dormito nel kibbutz.»

Yael è sempre stata maldestra. Travolta dalla commozione, si alza di scatto dalla sedia e la rovescia, aggirando la scrivania va a sbattere su uno spigolo, ma quando lo raggiunge lo stringe al petto.

«Se non capisco cosa c'è nel cuore dei miei ragazzi vuol dire che sto invecchiando e forse è meglio che smetta di fare questo lavoro» conclude sconsolata.

Sta per sciogliersi dall'abbraccio ma Tariq la trattiene e le abbandona il capo sulla spalla. Da troppi giorni nessuno lo stringe, la pelle di Yael profuma di buono e lui è stanco, molto stanco...

«Troverò una sistemazione per te. Dammi il tempo di fare qualche telefonata. Ti chiamo al cellulare non appena ho una risposta certa» conclude liberandosi con dolcezza.

Poi, per riprendersi dall'emozione, si ravvia i capelli, si aggiusta il vestito che le va stretto perché non fa che mangiare dolci e, sfoderando il senso pratico che è la sua arma migliore:

«Sei a corto di abiti? Prendi pure qualcosa nell'armadio in corridoio, è tutto pulito e stirato.»

«Posso approfittare?»

«Ma certo, sono per gli ospiti! Vieni con me, sono sicura che troveremo qualcosa della tua taglia.»

Yael lo trascina al piano di sopra, spalanca l'armadio e comincia a rovistare. Trova due camicie dai colori sgargianti, una bianca ancora con il cartellino del negozio e un paio di jeans della sua misura. Aggiunge delle T-shirt, dei calzini di spugna, due boxer e una felpa blu.

«Buona fortuna! Te la meriti» gli augura accompagnandolo alla porta.

«*Inshallah.*»

Mentre a passi lenti si dirige verso la casa di Arièl, Tariq pensa a quanto gli è stato difficile separarsi da Yael. Ha nostalgia degli abbracci del suo amore e di quelli di sua madre, e rimpiange la sua camera affacciata sulla limonaia. All'improvviso, contro ogni prudenza, di slancio telefona a Zahira.

La voce della madre è un bisbiglio:

«Non posso, tuo padre è nella stanza accanto. A Jenin ancora tutti parlano della tua fuga e lui mi ha proibito di nominarti. Spero che non venga mai a sapere del tuo innamorato israeliano...»

«Abbassa la voce, potrebbe sentirti!»

«Non ho più potuto mandarti del denaro perché mi controlla.»

«Non importa. Non ti sentivo da tempo e mi manchi... Sono successe tante cose che non ho potuto dirti.»

«Non vedo l'ora di abbracciarti, figlio mio. Ci rivedremo, a tutto c'è rimedio, salvo alla morte.»

«Mamma, non sai che...»

«Adesso no, mi sta chiamando...»

«Aspetta, devo dirtelo.»

«Cosa?»

«Lui è morto nell'attentato di Shabazi Street. Ieri sono stato al suo funerale.»

«Cosa?! Il tuo Arièl?»

«Sì. E io mi sento perduto.»

«Povero figlio mio, come vorrei che tu fossi qui con me.»

«Anche io, mamma.»

«Sento i passi di tuo padre... Ti devo lasciare. Abbi cura di te habibi.»

Di quell'habibi Tariq ha un bisogno disperato, e per quel giorno se lo fa bastare.

Quando la nostalgia lampeggia incandescente anche la bellezza può evocare fantasmi. Il cielo di Tel Aviv oggi è così blu da sembrare un mare rovesciato, e le quinte rosse delle giacarande in fiore che si aprono come sipari al suo passaggio a Tariq ricordano quelle del cimitero di Hanita.

Non fa che pensare a quel giorno. È orgoglioso di aver trovato il coraggio di salutare Arièl a modo suo davanti al picchetto dei soldati, agli amici che non aveva conosciuto ma che gli sembrava di conoscere, e ai ruvidi *kibbutznikim*. Molti dovevano essersi interrogati su chi fosse quel giovane che pregava alla maniera musulmana, eppure nessuno gli aveva rivolto la parola. Per tutti era trasparente e se non fosse stato per Micòl, Stella e Daniel, che per un istante erano diventati la sua famiglia, Tariq sarebbe stato solo una comparsa. Nel viaggio di ritorno a Tel Aviv però aveva notato che Micòl e Stella erano stranamente silenziose e lontane. Il funerale li aveva uniti e divisi allo stesso tempo.

È quasi giunto a destinazione ma, nonostante abbia il numero di Micòl, non la avverte del suo arrivo e, una volta sul pianerottolo, invece di usare le chiavi decide di suonare il campanello.

Ad aprire è Daniel, che lo accoglie entusiasta:

«Arrivi proprio al momento giusto! Puoi darci una mano a riordinare le cose di...»

Non fa in tempo a completare la frase che Micòl lo oltrepassa e getta le braccia al collo di Tariq. Rimangono per un istante sospesi, aggrappati ai loro segreti. È Daniel a rompere l'incanto e indicando una pila di scatoloni da imballaggio:

«Avete finito di farvi le smancerie? Qui c'è una montagna di cose da fare.»

«Lasciate l'appartamento?» chiede Tariq sconcertato.

E Daniel, deciso: «Sì».

«No» lo contraddice aspra Micòl.

Le risposte divergenti si accavallano.

«Cosa vuol dire "no"?»

Con una lenta piroetta Micòl accarezza con lo sguardo la casa del figlio, poi:

«Io rimango qui.»

«Sei impazzita?! Sei ebrea e dunque puoi chiedere il passaporto israeliano, ma ti ricordo che per il servizio militare sei fuori tempo massimo!» mastica sarcastico Daniel.

«Quello fuori tempo massimo sei tu.»

Gli occhi di Micòl scintillano.

«Io vado. Vi lascio soli...» sussurra imbarazzato Tariq.

«No, tu rimani» gli intima Micòl.

Si accomoda sulla poltrona, accavalla le gambe e prosegue:

«Sedetevi, devo parlarvi delle decisioni che ho preso.»

«Diciamo piuttosto delle decisioni che ti sono saltate in mente negli ultimi due minuti» sibila Daniel accendendosi una sigaretta. «Avanti, sentiamo cosa ha partorito la testolina creativa della mia ex moglie. Ti avverto Tariq, stai per assistere a una delle sue specialità, la sceneggiata. Perdersela sarebbe un vero peccato. Accomodati sul divano accanto a me. Coraggio, su il sipario: si va in scena!»

Sprezzante, Micòl aggancia gli occhi di Daniel:

«Il mio cuore si è spezzato e la mia vita si è capovolta. Ho perso il mio unico figlio ma ho scoperto che era innamorato.»

«E di chi? L'hai conosciuta? È carina?» chiede Daniel incuriosito.

«L'amore di Arièl è seduto proprio accanto a te.»

Daniel sbianca. Guarda di sbieco Tariq, si alza di scatto e spegne la sigaretta ma subito ne accende un'altra. Sbuffa il fumo, tossisce e infine esplode:

«È uno scherzo? Micòl, dimmi che è uno scherzo!»

«Non lo è. Vivevano insieme qui, in questa casa.»

«Guardami negli occhi! Ho capito bene, hai appena detto che mio figlio era...?» balbetta Daniel.

«Sì, Arièl era gay.»

Micòl si alza in piedi e con un sorriso beffardo:

«O forse preferisci: frocio, culattone, finocchio, checca, invertito, pederasta! Così hai sempre chiamato un uomo che ama un altro uomo. Perché di amore si è trattato, che tu lo voglia o no.»

«Basta!» urla Daniel premendosi le tempie con le mani.

Poi rivolto a Tariq con voce aspra:

«Dimmi: è vero?»

«Sì.».

Daniel si accascia sul divano e chiude gli occhi. All'improvviso si sente perso. Sì, a lui i froci fanno ribrezzo. Un maschio che fa sesso con un altro maschio gli fa schifo e quel compagno di liceo che aveva provato a toccarlo lo aveva subito steso a terra con un pugno... Nella sua mente irrompe l'immagine molesta di Arièl e Tariq nudi e avvinghiati e inorridisce. Perché è toccato proprio a lui un figlio così? E perché sua madre sembra esserne fiera? Perché Micòl è capace di cambiare strada con una sterzata mentre lui sa solo andare dritto? Apre gli occhi e se la trova seduta accanto.

«Non è finita, Daniel. Preparati.»

«Cos'altro?»

«Ti ricordi il capo del collettivo di Medicina?»

«Giorgio, il neurochirurgo?»

«Ci sono andata a letto.»

«Quando?»

«Ben prima che nascesse Arièl.»

«Non voglio sapere niente!»

«Per questo ho fatto l'errore di sposarti. Se qualche mese dopo non avessi aspettato un figlio da te ti avrei lasciato per lui. Arièl è stato più forte di tutto.»

Mentre pronuncia quelle parole, in una vertigine Micòl realizza che ha commesso lo stesso sbaglio di sua madre: entrambe hanno sposato un uomo che non amavano e, nell'illusione di costruire la felicità dei loro figli, hanno cancellato i propri sentimenti. Solo ora capisce che gli errori possono trascinarsi di generazione in generazione come una condanna. E in un istante fa la pace con Stella.

«Ne ho abbastanza!» urla Daniel rosso in volto. «E pensare che quello sbagliato ero io! Il traditore seriale, quello che ha messo incinta la segretaria... Hai superato ogni limite, Micòl. Non voglio saperne più niente degli Attias, dei Lattes, e nemmeno dei... com'è che ti chiami tu?» urla Daniel con gli occhi sbarrati.

«Ghassan, Tariq Ghassan.»

«E nemmeno dei Ghassan!»

«Fai come vuoi. Io rimango qui» conclude Micòl.

«Finalmente l'hai detta giusta. Rimani con quella pazza di tua madre, rimani in Israele, in questa casa con... con Tariq. Io me ne torno a Milano con il primo aereo!»

Di colpo Daniel non riconosce più la propria voce: è gracchiante, fuori tono, sbagliata. Vorrebbe andarsene a testa alta ma non trova le parole... Si dirige verso la porta, di colpo gli manca il respiro ed è costretto ad appoggiarsi allo stipite. D'istinto con pollice e indice si tasta il polso per cercare i battiti ma non riesce ad afferrarli. Dov'è finito il suo cuore?

«Cosa ne sarà di noi due?» balbetta smarrito.

«Nulla più ci lega» sillaba Micòl.

«Complimenti, ora sì che mi hai lasciato davvero. Peccato, per un istante ho pensato che la morte di nostro figlio potesse farci tornare insieme. Sono stato un idiota.»

Spalanca la porta, sta per andarsene, eppure esita. Sulla soglia si gira e li guarda: l'uno accanto all'altra sembrano madre e figlio. È lui quello tagliato fuori. È lui quello sbagliato.

Si passa la mano sugli occhi, poi con voce spenta:

«Essere padri è la cosa più crudele. Li metti al mondo senza accorgertene, per anni sono cuccioli e sei il loro capobranco, poi d'improvviso crescono e ti guardano come un estraneo. Se avessi avuto tempo di abituarmi all'idea di avere un figlio gay, forse avrei potuto capire e magari tentare di cambiare... Ma farlo ora, a cosa servirebbe? Non so più che dire. Le parole sono sempre state la mia forza, ma da quando Arièl è morto sono diventate la mia condanna. Ho perso tutto. La sconfitta è la mia.»

Lentamente si chiude la porta alle spalle.

Malak, che alle urla di Daniel si era nascosto sotto il divano, sguscia fuori, si stiracchia e come un guardiano si sdraia davanti all'uscio a sbarrare i pentimenti.

«Dunque non tornerai in Italia?» chiede Tariq esitante.

«Resterò a Tel Aviv.»

«Sono felice.»

«Anche io.»

«Verrai a vivere qui?»

«No, questa è casa tua.»

33

Giovedì, undicesima giornata

La decisione di rimanere a Tel Aviv non è meditata. Come sempre Micòl agisce d'istinto. Vuole prendere tempo per capire dove la vita la sta portando.

Per liberarsi dagli impegni di lavoro le basta qualche telefonata al suo atelier: Anita è entusiasta di terminare da sola i costumi della *Carmen* e le sarte contente di ricevere comunque lo stipendio. Prepara le valige, paga il conto dell'albergo e chiama un taxi. Stella ancora non lo sa ma Micòl ha intenzione di trasferirsi a casa sua. Un'invasione, una forzatura o un abbraccio letale? Le debolezze uniscono più delle virtù. A Hanita, ha scoperto un padre sconosciuto e una madre inaspettata. Il segreto che la madre le ha rivelato non pareggia i conti, semmai ne allinea di nuovi e complicati, ma accorcia le distanze e apre uno spiraglio di confidenza in cui Micòl ha deciso di tuffarsi.

Quando la vede arrivare, Stella non fa domande. L'inaspettata richiesta di ospitalità di quella figlia troppo spesso trascurata la incuriosisce e le appare un nuovo inizio. Quanto male le ha fatto nascondendole la verità? Quanti anni ha perso in solitudine, circondata da segreti, soffocando il ricordo dell'unica passione che l'aveva travolta?

Come in uno specchio deformante, i figli inconsapevolmente si appropriano degli impulsi segreti dei genitori e li interpretano oltre misura: Micòl aveva fatto proprio l'unico istante di sventatezza della madre, di cui non era nemmeno a conoscenza, conducendo la vita sconsiderata che l'altra si era sempre negata.

È tempo di ritrovarsi per scoprire la sostanza dei loro sogni incrociati.

La stanzetta che Stella le mette a disposizione più che a una camera degli ospiti assomiglia a una cella. Il letto a una piazza ha un materasso duro come la pietra, sul minuscolo tavolino addossato alla finestra difesa dai cactus c'è spazio a malapena per un libro aperto, ma Micòl si trova subito a suo agio.

«La mia casa è così spoglia che sono sicura ti fermerai il meno possibile, ma sei la benvenuta e se è per me puoi restare quanto vuoi» borbotta, aggiungendo beffarda: «Basta che non ti fai venire delle idee per cambiare l'arredamento».

Micòl sorride, alla diffidenza della madre per i suoi talenti artistici non fa più caso da tempo e alla sua ostinata frugalità è abituata da sempre.

«Oggi il caldo è soffocante» aggiunge Stella. «Detesto l'aria condizionata ma da qualche parte deve essere rimasto un vecchio ventilatore, di sicuro è rumoroso ma se vuoi puoi sistemarlo nella tua stanza. Dovrai anche procurarti qualche vestito adatto al clima di Tel Aviv. E un costume...»

«Un costume?»

«Oltre ai tuoi fantasmagorici costumi da palcoscenico, esistono anche i più prosaici costumi da bagno. Il mare è a poche centinaia di metri, approfittane!»

Micòl non se lo fa ripetere due volte. Esce e dopo un'ora è di ritorno con un due pezzi che infila in un cassetto, un mezzaro giallo con cui ricopre il letto della sua stanzetta, un paio di cuscini dello stesso colore che piazza come spalliera e un mazzo di tulipani che sistema in un vaso in soggiorno.

«Sapevo che non avresti resistito a distribuire i tuoi tocchi magici» commenta burbera Stella, ma è evidente che il cambiamento non le dispiace.

Solo a quel punto Micòl tira fuori dall'ultima busta un mezzaro azzurro, e vincendo le sue resistenze riesce a sistemarlo sul letto della madre.

«Ti sei ricordata che mi piace l'azzurro... Però bada, un'altra pennellata di colore e te ne torni in albergo» commenta Stella infastidita, ma da come liscia le pieghe del nuovo copriletto Micòl capisce che il regalo le è piaciuto.

Al tramonto il caldo allenta la presa, ma la brezza leggera che viene dal mare, ostacolata dalla barriera dei cactus, raggiunge a stento le finestre spalancate del soggiorno.

«Ho comprato anche due ventagli. Oltre all'aria condizionata sei contraria anche ai ventagli?» le dice Micòl porgendogliene uno.

Stella lo apre e comincia a sventolarsi, poi a bruciapelo:

«Sei andata a casa di Tariq?»

È la prima volta che sua madre chiama così la casa di Arièl. Nessuno meglio di Stella è capace di anticipare i cambiamenti.

«Sì. Avevo appuntamento con Daniel per imballare le cose di Arièl, poi è arrivato Tariq e ho capito che dovevo dirgli tutto.»

«Tutto cosa?»

«Del loro amore.»

Stella sgrana gli occhi.

«E come ha reagito?»

«Torna in Italia con il primo aereo.»

«Fugge, come sempre. Buon pro gli faccia.»

«Nulla ormai ci lega.»

«Tuo figlio non c'è più, ma tu ci sei ancora...»

E poi aggiunge:

«Devo farti una confessione.»

«Un'altra?» chiede Micòl sbigottita.

«So di essere stata una madre inflessibile e assente e so di averti amato meno di quanto avrei dovuto e voluto. E ho usato tuo figlio per concedermi una maternità tardiva di cui sentivo un bisogno intenso. Arièl è stato il mio risarcimento. Te l'ho sottratto.»

Micòl la guarda allibita. Confessione dopo confessione, quella madre granitica rivela un groviglio di sentimenti inaspettati.

Di fronte allo sguardo attonito della figlia, Stella all'istante cambia argomento:

«Ora però dobbiamo pensare a Tariq. Ha perso il suo amore ed è in bilico. Conosco quella condizione.»

Micòl prende al balzo la palla che la madre ha lasciato cadere:

«Perché hai deciso di confidarmi solo ora chi è il mio vero padre?»

«Da tempo ero in debito con te di una colossale menzogna.»

Si guardano mute. La sorprendente rivelazione di quella notte a Hanita è un nodo che fino a quel momento hanno evitato di sciogliere. Questa volta è Micòl a uscire allo scoperto:

«Parlami di mio padre.»

«Benedetto o Amal? Sono tuo padre entrambi.»

«Del padre che ho scoperto all'improvviso.»

«È stato il mio sole. Sorto all'improvviso e tramontato troppo presto.»

La voce di Stella si incrina: una fenditura profonda che diventa crepa e poi squarcio. Il silenzio che segue assomiglia a un tuono.

«Con lui ho perso la verginità che avevo inutilmente conservato per un uomo che non mi meritava.»

«Dalla tua vita spunta un altro amore?!» balbetta Micòl.

«Più che un amore è stata un'ossessione. Sai quanto ha contato nella mia vita Avrahàm Azoulay, il ricco mercante di cotone che ad Alessandria d'Egitto mi ha assunta per occuparmi di sua figlia Havah. Ma non ti ho mai detto che in segreto ne ero innamorata. Ero poco più che un'adolescente, un'orfana cresciuta da una zia che viveva in Egitto e che pur tra mille difficoltà era riuscita a darmi un'istruzione. Azoulay era un uomo affascinante e ambiguo, gli era appena morta la moglie e aveva affidato alle mie cure la sua unica bambina. L'ho seguito a Basilea dove gestivo da padrona la sua casa e la servitù, occupandomi della figlia come una madre e di lui come una moglie. Ma non ero né l'una né l'altra. Nonostante questo, l'ho servito fedelmente prima della guerra, durante e anche dopo. Nessuno era a conoscenza di quell'amore a senso unico, palesemente non ricambiato. Sono diventata donna in un deserto sentimentale, ma poiché il vuoto cerca il pieno, presto ho incontrato un altro amore: il sionismo. Una passione che ha contagiato anche Havah. Sognavamo il nuovo Stato degli ebrei e intanto maturavamo la nostra vendetta.»

«Vendetta?»

«Havah si era innamorata di Yaacov, un sopravvissuto alla Shoah che durante la guerra era stato accolto, insieme a molti altri profughi, nel palazzo Azoulay. Ma di quel matrimonio con un ragazzo solo al mondo e impastato di tragedia Avrahàm non voleva saperne e non aveva dato il consenso alle nozze. Per motivi diversi, Havah, Yaacov e io abbiamo tradito Azoulay. Ci siamo vendicati abbandonandolo e fuggendo in Israele. Dove io ho ricominciato tutto daccapo. All'amore ormai non pensavo più, la ciurma di sopravvissuti a cui dovevo insegnare a lavare e stirare montagne di biancheria e la nuova nazione che stavo contribuendo a costruire mi riempivano la vita. Poi è arrivato Amal. Con lui ho scoperto l'amore che auguro di vivere a ogni donna almeno una volta nella vita.»

Quando parla del druso la voce tagliente di Stella si ammorbidisce, trova pause e persino sospiri.

«Ti ho chiesto perché mi hai svelato del mio vero padre solo ora.»

Stella esita, cerca le parole, poi:

«Perché devi sapere quanto fortemente ti ho voluta. I figli nascono anche per caso, per inerzia, per noia, ma tu sei stata il frutto della passione. Ora lo sai e devi sempre tenerlo a mente.»

«La passione...» sussurra Micòl.

Nella sua mente appare un mulinello di immagini conturbanti: il volto di sua madre arrossato per l'eccitazione, gli occhi luccicanti, le braccia strette al collo di un uomo e i fianchi abbandonati alle sue spinte. Il tumulto di sentimenti che le suscitano la confonde.

Intuendo l'imbarazzo della figlia, Stella di slancio continua:

«Sì, la passione. Cosa credi, anche le donne più coriacee si abbandonano agli impulsi del cuore. Perdono la testa le lavandaie e ancor più le signore, e io sono stata entrambe. Ti ho concepita a Hanita in un vortice di lenzuola in una giornata di vento impetuoso. E questo deve bastarti per sapere che, se lo vuoi, anche tu puoi governare il vento. E qualcosa mi dice che seppure in ritardo stai imparando a farlo.»

«Hai una sua fotografia? Voglio vederlo.»

Con l'aiuto del bastone Stella si tira su a fatica, raggiunge lentamente la sua camera da letto e ne ritorna con una busta di carta color paglia che porge alla figlia. Con mani tremanti Micòl la apre e spuntano due foto.

Nulla come un'immagine può nello stesso tempo ingannare e dire la verità.

Nella prima fotografia in bianco e nero compaiono un uomo e una donna sorridenti appoggiati a una staccionata, sullo sfondo le colline e un cielo gonfio di nuvole. Lei ha i capelli raccolti, indossa dei calzoni corti e una camicetta annodata sotto il seno e ha un'aria spavalda. Lui, alto, con spalle larghe e folti baffi neri, ha la divisa e la tiene stretta a sé. Quella giovane donna è sua madre e quell'uomo suo padre. Quel giorno Micòl era già nella pancia di Stella?

L'altra foto, dai colori sbiaditi, mostra lo stesso uomo con i capelli scompigliati e la faccia sorridente. Abbagliata, Micòl perlustra quel volto sconosciuto e pure familiare.

Si alza di scatto e si guarda intorno alla ricerca di uno specchio. Sua madre li detesta, eppure Micòl ne scopre uno stretto e lungo accanto alla porta, seminascosto dall'attaccapanni. Con la foto del padre accanto, Micòl guarda le due immagini riflesse: gli occhi hanno il taglio allungato e il colore dei suoi e di quelli di Arièl, così pure gli zigomi alti e pronunciati e le labbra piene. Sbigottita, non può non riconoscersi nei lineamenti dello sconosciuto che l'ha generata.

Senza che Micòl se ne accorga, Stella l'ha raggiunta e nel riflesso ora appare anche il suo volto enigmatico. Per la prima volta sono tutti e tre, insieme come non sono mai stati.

«Gli somigli, Micòl, e ancor più gli somigliava tuo figlio. Ogni volta che guardavo Arièl ritrovavo Amal.»

Nel tumulto di quei giorni disperati, Micòl ha scoperto due passioni ugualmente inaspettate: quella di suo figlio per un ragazzo fuggito da Jenin e quella di sua madre per l'uomo misterioso con cui l'ha concepita. Troppo per chiunque e troppo per lei.

Eppure, d'istinto, le sfugge una domanda che a lei per prima sembra assurda, ma lo è meno di quanto si possa immaginare:

«Hai detto che era un druso. Chi sono? Una tribù, un popolo o cosa?»

«Li chiamano i "figli della grazia". I musulmani li considerano eretici o addirittura infedeli, ma sono una costola esoterica dell'Islam impastata di induismo e di sufismo.»

Micòl balbetta sbigottita:

«Dunque sono figlia di un'ebrea e di un musulmano?»

«Rassegnati, Micòl, tu sei ebrea perché figlia di madre ebrea.»

«Se vi amavate, perché non vi siete sposati?»

«Perché ai drusi sono vietati i matrimoni misti. Un druso può sposare solo una drusa, diversamente è considerato morto dalla sua famiglia. Le religioni sono disseminate di inutili steccati, figlia mia.»

«Come è possibile che combattesse dalla parte di Israele?»

«I drusi hanno firmato con noi un patto di sangue. Nell'esercito israeliano esiste un'unità drusa: il "Battaglione della spada". Muoiono al nostro fianco. E così e accaduto ad Amal.»

«Non capisco, se per tutta la vita non hai fatto altro che parlarmi di coraggio, spiegami perché non hai scelto di crescermi senza un padre, da sola a Hanita. Sarebbe stato così scandaloso?»

«Avrei potuto, ma volevo che avessi un cognome e una vera famiglia. E ci sono riuscita. Benedetto è stato un ottimo padre e un buon marito.»

«Ma hai costruito la tua e la mia vita su una menzogna!»

«Non avevo scelta, eppure ho scelto. L'ho fatto per te. E per Israele.»

«Cosa c'entra Israele?»

«Pochi giorni prima che Amal fosse ucciso dal cecchino e ancor prima di sapere di essere incinta, avevo accettato un incarico molto delicato che non avrei potuto svolgere senza una copertura. Un matrimonio con un giovane professore universitario della facoltà di Fisica di Roma e una famiglia stabile erano quello che ci voleva.»

«Dunque sono stata parte della tua copertura?»

«Tu sei l'unica cosa bella che abbia mai avuto.»

«Dopo Israele.»

«Insieme, Micòl, insieme. Ho lavorato per il bene di entrambi.»

Stella prova a cucire lo strappo, ma come ago maneggia un coltello a doppia lama e molto affilato.

«Mai un rimorso?»

«Molti. Con la verità ho sempre avuto un rapporto complicato e ho trasformato il matrimonio in un inganno che Benedetto non meritava. Come non lo meritavano altri amori mai nati perché c'era sempre poco tempo e troppe cose da fare. Ci si innamora anche da vecchi ma per ammetterlo ci vuole dolcezza e a me la dolcezza ha sempre fatto difetto.»

«Balle! Mi hai riempito di balle. Tu non sai quanto ho detestato la tua durezza, che della libertà è solo un'imitazione!»

«Sbagli, per me le due cose coincidono» risponde aspra picchiando il bastone sul pavimento.

«Sei sicura che papà – lo chiamo ancora così e continuerò a farlo – non abbia mai avuto dei sospetti?»

«Ne sono certa, Benedetto era sempre così svagato...»

«Eppure, quando a Hanita mi hai rivelato il tuo inganno, frugando nella memoria alla ricerca di un indizio mi sono ricordata di una volta in cui è stato vicino a scoprire la verità.»

«Quando?»

«Eri partita per uno dei tuoi viaggi improvvisi e misteriosi e io ero felice perché quando non c'eri si occupava solo di me. Mi portava al cinema, a cena in ristoranti eleganti, e mi comprava dei vestiti...»

«Ti regalava degli abiti troppo frivoli che non approvavo.»

«Li adoravo e adoravo quei giorni senza di te, sola con lui.»

«Arriva al dunque.»

«Mi aveva chiesto di accompagnarlo in un laboratorio di analisi a ritirare un referto. Aveva letto il risultato e mi aveva detto di avere una malattia e che con delle indagini cliniche avrei potuto sapere se anche io ero predisposta. Tu sei tornata il giorno dopo e non ne abbiamo più parlato.»

«Gli avevano diagnosticato la leucemia che dopo qualche anno lo ha ucciso. Si era convinto che la sua malattia fosse ereditaria. Voleva che anche tu facessi quel prelievo per la mappatura genetica, ma sono riuscita a impedirglielo. Sì, quella volta è stato vicino a scoprire la verità, ma a cosa gli sarebbe servito conoscerla? È stato un padre perfetto anche senza esserlo.»

«Bugie, segreti, omissioni... Amal sapeva che eri incinta?»

«È stato ucciso prima che potessi dirglielo.»

«Chi altro sapeva del vostro amore?»

«Oltre al rabbino Herstein, solo Havah. Eravamo due orfane e io l'ho cresciuta. Insieme siamo fuggite da Basilea, insieme abbiamo vissuto a Hanita e lì ho visto nascere suo figlio, ma quando Avrahàm Azoulay è morto si è trasferita in America, è diventata una donna d'affari e le nostre vite si sono divise. Le ho scritto che mi ero sposata, che mi trasferivo in Italia e aspettavo una bambina. Pochi mesi dopo la tua nascita, lei mi ha spedito un telegramma in cui mi annunciava il suo arrivo a Roma la settimana seguente. Quando ci siamo incontrate, non c'è stato bisogno di parole: ti ha presa in braccio e ha capito al primo sguardo che eri la figlia di Amal.»

«Sei una pazza!»

«La vecchiaia è un distillato di buonsenso e pazzia. Io sono nata vecchia e quando mi sono concessa di essere giovane era ormai tardi. E l'ho pagata cara.»

«Tu hai sempre e solo inseguito il tuo sogno e a quello hai sacrificato tutto e tutti! Ma adesso ti ritrovi in un fortino di spine. E Israele è come te, in trappola.»

Micòl si trattiene, poi spara il colpo fatale:

«E in quella trappola è caduto anche il mio Arièl.»

Frugano nel passato per assolvere o per castigare? Per ritrovare quello che hanno perduto o per lasciarlo andare per sempre? Sanno che è ancora troppo presto per perdonarsi.

Gli ultimi raggi di un tramonto infuocato filtrano attraverso i cactus e disegnano sul pavimento arcipelaghi luminosi che madre e figlia guardano mute. Attendono che l'oscurità smussi gli spigoli taglienti delle verità che si sono appena confessate senza pudore.

34

Venerdì, dodicesima giornata

«Desidera?» chiede distrattamente Ilan sporgendo il capo da una pila di cassette ricolme di insalata. Ma subito lo riconosce.

«Tu eri a casa di Arièl Anav quando ho portato il cesto di frutta alla madre, e ti ho intravisto anche al funerale a Hanita, ma non ricordo come ti chiami...»

«Tariq.»

«Puoi ripetere più forte, purtroppo non ci sento da un orecchio...»

Alzando il tono della voce Tariq scandisce le sillabe del suo nome.

«Così va meglio. Cosa ti serve?»

«Melanzane, aglio, cipolla, pomodori, insalata e degli avocado. Hai solo quelli israeliani?»

«Aspetta che guardo.»

Ilan si infila nel retrobottega e torna con una cesta.

«Anche io preferisco quelli che vengono dalla Palestina, hanno un gusto più intenso. Questi sono fantastici, me li porta un muratore che va e viene dalla Cisgiordania.»

Tira fuori un coltellino, sbuccia l'avocado, ne taglia una fetta e gliela porge sulla lama:

«Più saporosi, vero? I miei clienti vogliono solo gli avocado con il marchio israeliano ma io questi me li faccio dare comunque e li tengo per me.»

«Ne prendo cinque.»

«Sono felice di averti accontentato. Che insalata vuoi?»

«Hai della portulaca? Ho bisogno dei germogli.»

«Siamo fuori stagione, ma ne ho ancora qualche mazzetto. Prepari una *salatet ba'lehè*, con portulaca, cipollotti freschi, pomodoro, olio, sale e sommacco?»

«È un'insalata palestinese, come mai la conosci?»

«Questo negozio era di mio padre e prima ancora di mio nonno. La mia famiglia era già qui a vendere frutta e verdura quando c'erano gli inglesi e Israele ancora non esisteva. Siamo ebrei ma mio padre parlava arabo alla perfezione. Anche io me la cavavo, ma ormai sono fuori esercizio e se non fosse per qualche cliente me lo sarei dimenticato. Perché non cucini anche i fagioli in salsa di pomodoro con l'alloro e il cardamomo? Ho delle scatole di fagioli bianchi di ottima qualità, le aggiungo?»

«Mi hai dato una buona idea.»

«Non dimenticare i gambi di prezzemolo tritati e mezzo limone spremuto. Non so perché, ma agli arabi piace quel tocco di acidulo.»

«Per ricordarci che la vita è amara.»

«Sei arabo, israeliano o cosa?»

«Vengo dalla Cisgiordania.»

«Quando ti ho visto con quella signora italiana, ancora una bella donna e di gran classe, ho capito che...»

«Che cosa?»

«Che sei palestinese e che sei scappato. Me ne sono accorto dagli occhi. Quelli che vanno e vengono in giornata con i permessi di lavoro hanno occhi fermi, mentre i tuoi sono sempre in allerta.»

Tariq nasconde lo sguardo dietro le lunghe ciglia nere.

«Non ti ho mica offeso, vero? Dicevo così per dire.»

«Quanto ti devo?»

Ilan scrive delle cifre su un blocchetto a quadretti e le somma, poi cancella il totale, segna accanto la metà dell'importo e gli porge il foglio.

«Ti ho fatto lo sconto. Dimmi, chi si godrà la *salatet ba'lehè*?»

«La mamma e la nonna di Arièl.»

«E il papà che fine ha fatto?»

«È tornato in Italia.»

«Ci sono padri che fanno i figli per sbaglio, il mio invece l'ho voluto con tutte le mie forze. Eppure alla fine è stata lei ad andarsene. C'è chi non riesce a capire il miracolo della vita e capita anche se quel miracolo lo ha portato in pancia per nove mesi.»

«Ora sei tu a occuparti di lui?»

«Durante il giorno lo accudisce la signora Kuzmir, la mia dirimpettaia. Non è sposata e non ha figli, ed è così gentile che stasera mi ha persino invitato a cena a casa sua. È un'ashkenazita e so già che cucinerà zuppa di cavolo, collo d'oca farcito, *gefilte fish*... Detesto quei piatti pesanti e insapori, odorano di Cracovia come la sua vecchia vestaglia a fiori, ma ho accettato perché non ne posso più di mangiare da solo. Torna a trovarmi, ti tengo da parte qualche avocado del muratore» conclude Ilan con un sorriso.

Mentre gli porge le buste, però, non riesce a trattenersi:

«Dove vivevi prima di fuggire?»

«A Jenin.»

«Ci sono stato.»

«Quando?»

«Lasciamo perdere, tieni i soldi. Ti regalo tutto. Buona fortuna.»

Non appena Tariq esce dal negozio, Ilan copre la frutta con i teli, chiude la cassa, tira giù la saracinesca e se ne va a zonzo. Ha bisogno di camminare senza meta macinando ricordi.

Quella a Jenin è stata la sua ultima missione. Lo avevano spedito lì per far saltare la casa di un terrorista. Era un'operazione pericolosa, c'era poco tempo e non poteva sbagliare. Aveva già attivato l'innesco, quando aveva visto sbucare un gruppetto di bambini. Invece di allontanarsi, era corso verso di loro urlando, era riuscito a farli scappare in un vicolo e quando la carica era esplosa era ormai troppo vicino. Era stata quell'ultima deflagrazione a fargli perdere l'udito. Ed erano stati gli occhi di quei bambini a fargli venire voglia di averne uno tutto suo.

Dopo aver girato in lungo e in largo, Ilan suona il campanello della signora Kuzmir mezz'ora prima dell'ora concordata. Lei, con la sua parrucca migliore e cosparsa di un profumo più intenso e smielato del solito, con un gesto teatrale gli mostra le candele dello Shabbat accese e la tavola apparecchiata con i cibi che Ilan detesta. Poi, come se il merito fosse suo, indica Gur che puntando le braccia e facendo forza sulle ginocchia avanza a quattro zampe sul tappeto.

«Gattona?!»

Nell'entusiasmo lui l'abbraccia. Lei lo lascia fare. L'osservanza dei suoi dettami religiosi le vieterebbe il contatto fisico con uomini estranei, figuriamoci un abbraccio. Ma è il primo Shabbat che non passa da sola da tanto di quel tempo. Le regole poi permettono gli abbracci quando lo scopo è salvare una vita. E tutto sommato lei si sente proprio una donna in fin di vita. O all'inizio?

Mentre Ilan è alle prese con le insipide pietanze della vicina, Tariq ha appena terminato i preparativi della cena. Il tavolo è ricoperto con il mezzaro blu e oro comprato con Arièl a Gerusalemme. Piatti e bicchieri sono scompagnati ma la *salatet ba'lehè* è perfetta, così pure i fagioli bianchi in salsa di pomodoro, e la crema di avocado è finalmente all'altezza di quella di sua madre. Coglie tre peperoncini freschi dalla pianta in terrazza e li sistema davanti a ogni piatto come faceva Arièl. Ripetendo i suoi gesti, gli sembra di ritrovare i suoi sguardi, le sue movenze e il suo respiro.

Micòl e Stella arrivano in ritardo, cariche di dolci, ma Tariq non può non notare che sono stranamente taciturne e guardinghe. Stella accende controvoglia le candele di Shabbat e borbotta in fretta la benedizione. È una notte dolce, in cui ciascuno cerca di tradurre il silenzio. Malak passa dalle braccia dell'uno a quelle dell'altra e si concede persino alle ruvide carezze di Stella. Tutti fanno onore alle pietanze ma nessuno leva il calice per il brindisi. Il vino è bevuto a piccoli sorsi e il retrogusto è amaro.

In quei giorni di lutto ciascuno prende le misure del vuoto che Arièl ha lasciato.

35

Sabato, tredicesima giornata

Micòl e Stella sembrano aver siglato una tregua, ma con il trascorrere dei giorni cominciano a cercarsi. Il passato chiede prezzi ma offre rivincite. La lama della madre ha perso il filo? Quella della figlia lo sta trovando. Il copione assegnato da Stella a Micòl ormai le va stretto? Lei è pronta ad abbandonarlo. E lo stesso fa l'altra. Quando la commedia diventa tragedia bisogna adattare la sceneggiatura. Stanno riscrivendo la loro storia e si bastano, ma di Tariq non possono più fare a meno. Anche per questo, decidono di ricambiare la cena del giorno precedente.

Stella non ha mai perso tempo in cucina e il suo pranzo di Shabbat assomiglia a quello del mercoledì, ma in onore di Tariq decide di preparare un sontuoso sformato di carne sfoderando i piatti di porcellana custoditi nella credenza e i tovaglioli con l'orlo a giorno ripescati in un cassetto. Tariq arriva in perfetto orario con un vassoio di datteri freschi e una confezione di gelato al pistacchio. A tutti e tre sembra un pranzo di famiglia e in fondo è così. Dopo il caffè, senza tergiversare, Stella gli chiede quello che vuole sapere da tempo:

«Come ti hanno incastrato a Jenin?»

Tariq non si tira indietro:

«Un magistrato potente e con molti agganci mi ha denunciato per adescamento e prostituzione. La sua parola contro la mia e sono finito in cella. Per farmi confessare, pugni, calci, schiaffi... Poi, all'improvviso, hanno cambiato tecnica: caffè, sorrisi, pacche sulle spalle, e mi hanno offerto di diventare uno dei loro. Mi avrebbero scagionato e avrei ricevuto una cifra mensile se fossi diventato un informatore.»

«Probabilmente sapevano già che quel magistrato era omosessuale ed erano interessati a scoprirne altri per ricattarli.»

«Proprio così. Volevano ingaggiarmi come spia, avrei dovuto fornire dossier, foto, la lista dei contatti e gli orari degli incontri dei pezzi grossi della città con tendenze omosessuali: dirigenti dell'Autorità Palestinese, capiclan, professionisti. Evidentemente c'è chi accetta di farlo e in cambio ottiene denaro e protezione.»

«Ti è andata fin troppo bene. Almeno in Cisgiordania ti hanno offerto di diventare un informatore. A Gaza ti saresti fatto dieci anni di galera o saresti già morto.»

«E tu cosa ne sai dei gay di Gaza?» chiede spaventata Micòl.

«Più di quanto non immagini. Tariq, avevi dei nomi da vendere?»

«Nessuno. Ma se avessi adescato e incastrato qualche pezzo grosso avrei avuto un futuro radioso. Una schifezza, ho rifiutato. E il paradosso è che una volta arrivato a Tel Aviv mi hanno offerto la stessa cosa anche gli israeliani.»

«Non mi stupisce» osserva sprezzante Stella. «I gay sono l'anello debole: sono ricattabili e dunque possono ricattare».

«Infatti. Quando ho chiesto il permesso per restare in Israele mi hanno offerto uno scambio. Avrebbero preso in considerazione la velocizzazione della mia pratica a patto che, con la loro protezione, tornassi a Jenin per raccogliere gli stessi dossier che mi avevano chiesto i palestinesi e con lo stesso obiettivo: il ricatto.»

«Hai chiesto asilo all'estero?»

«Sì, anche quello, ma le procedure sono lunghe e l'esito positivo è rarissimo.»

«Asilo? Dove?» chiede sbigottita Micòl.

«In Canada. Dopo aver incontrato Arièl, però, anche se me lo avessero concesso avrei rifiutato. Ma ora che sono solo, chissà...»

«Non sei solo, hai una casa, ci siamo noi» gli sussurra Micòl abbracciandolo.

Proprio in quel momento il cellulare nella tasca di Tariq comincia a vibrare. Lui si scusa, si avvicina alla finestra e risponde. Parla in arabo in tono sempre più concitato e il piccolo schermo illuminato proietta sul suo volto ombre taglienti.

«Brutte notizie» mormora Stella all'orecchio di Micòl.

«Da quando in qua sai anche l'arabo, mamma?»

«Perfettamente, dimentichi che sono cresciuta in Egitto, e purtroppo ci sono guai in vista, figlia mia.»

Tariq chiude bruscamente la conversazione e si volta verso di loro. È pallido e in controluce, nel riquadro della finestra invaso dal groviglio di piante grasse, appare circondato di spine.

«Era mamma. Devo tornare a Jenin, mio padre è in fin di vita e vuole incontrarmi.»

«Come pensi di riuscire a rientrare in Cisgiordania? Non passerai mai il controllo della polizia israeliana e nemmeno quello della polizia palestinese. E ottenere un permesso in così poco tempo è impossibile» borbotta Stella.

«Rientrerò come sono fuggito. Farò il viaggio al contrario.»

«Se ti serve denaro io posso...» balbetta Micòl.

«Grazie, mia madre ha già organizzato tutto per stanotte. Ho poco tempo, devo andare, subito.»

Quando Tariq esce dalla casa di Stella, i cactus che la assediano come una fortezza lo lasciano passare senza ferirlo. Si è già fatto male abbastanza.

36

Molle come una medusa spiaggiata, il volto di Yusuf Ghassan affiora grigiastro dal groviglio di tubicini, ma gli occhi sprofondati nelle orbite conservano lo sguardo prepotente di sempre e la voce, seppure ridotta a un soffio, continua a comandare:

«Vattene!» ansima. «Andatevene tutti...»

A trattenere Zahira più che la tragedia è la paura.

«Cosa fai ancora qui? Fallo entrare e vattene! Voglio restare solo con lui.»

Dopo aver controllato il flusso dei liquidi e sistemato il cuscino, Zahira scompare nel vano della porta.

Il figlio la aspetta subito fuori, esita, ma lei lo spinge dentro a forza.

Tariq ritrova la camera da letto del padre, fredda e spoglia come la ricordava. Solo lui è cambiato, ridotto ormai a un grumo di carne ostile disperatamente aggrappato alla vita. Non lo è forse sempre stato?

«Avvicinati» gli ordina Yusuf accompagnando il comando con un gesto della mano sollevata a fatica.

Una smorfia amara gli deforma il volto:

«Sei riuscito ad arrivare in tempo per l'ultimo spettacolo... Merito di quella fannullona di tua madre. Sembra un inutile uccello colorato da tenere in gabbia, ma quando vuole è piena di stratagemmi.»

Pur trattenendo a fatica gli ultimi istanti, Yusuf non rinuncia a togliersi degli sfizi.

«Inutile sprecare fiato. È quello che vedi: sto morendo. Ma prima voglio regolare i conti. È la mia specialità, sì o no?»

A capo chino, Tariq annuisce.

«Sono un uomo ricco, inutilmente ricco perché il mio denaro non riuscirà a tenermi in vita. Ti ho voluto incontrare perché, prima di chiudere gli occhi, voglio conoscere le tue intenzioni.»

Tariq tenta di formulare una risposta ma l'odore di farmaci e carne marcia che aleggia nella stanza gli blocca il respiro.

«Cosa se ne farà degli agrumeti dei Ghassan il mio unico figliolo?»

Tariq rimane muto.

«Avanti, rispondi!»

«Potrei, forse...»

Il padre emette un rantolo, rovescia gli occhi e per un istante sembra sul punto di morire. Poi, d'improvviso, ritrova le forze e con la voce sferzante di un tempo:

«Potrei, forse... Potresti cosa? Coraggio, sputa fuori i tuoi progetti! O come immagino non ne hai nemmeno uno? Sono tuo padre e ti conosco meglio di chiunque altro, a te non piace sporcarti le mani con la terra e di vendere e comprare non sei mai stato capace, ma qualcosa avrai pur pensato...» annaspa, ma poi riprende fiato: «Dimmi cosa hai in mente. Massaggiare le mie arance una per una? Lasciare andare in malora i miei alberi e dedicarti agli stupidi profumi di tua madre? Ricordati che anche per quelli servono i miei aranceti...». Cerca l'aria a fatica, ma più azzanna il figlio, più sembra ritrovare le forze. «No, io non lascerò la mia fortuna a chi ha trascinato nella vergogna il nome della mia famiglia. A chi disprezza la legge musulmana. A chi è fuggito da Jenin e si è venduto agli israeliani!»

«Non mi sono venduto a nessuno. Se proprio vuoi saperlo, mi hanno chiesto di fare l'informatore da tutte e due le parti, ma ho rifiutato!»

«C'è una sola parte: la nostra!»

Poi l'ultima perfidia:

«Mi hanno detto che te la fai con un soldato israeliano. O meglio te la facevi, perché ho saputo che è morto in un attentato.»

Tariq serra i pugni fino a farsi entrare le unghie nella carne.

«Pensavi che non sapessi che quando te ne sei andato dall'altra parte era tua madre a mandarti il denaro? Ti telefonava di nascosto, ma mi è bastato origliare ed è saltato fuori il nome di quell'israeliano e io non me lo sono dimenticato. Non dimentico mai i nomi dei nemici del nostro popolo. A proposito, il martire che lo ha fatto esplodere è di Jenin. E tu lo conoscevi.»

Tariq sbianca.

«Ti ricordi i figli di quel grossista che veniva sempre a trovarmi? Tu avrai avuto dieci o undici anni, lei era una bambina della tua età accompagnata dal fratellino... Non puoi averla dimenticata, ci giocavi mentre il padre faceva caricare le arance sui camion. Sembravano piacerti le ragazzine, un tempo... Era così bella che avevo persino sperato che diventasse tua moglie. Non avrebbe fatto di certo un buon affare: tu sei marcio e invece lei adesso è la sorella di un martire.»

Il volto di quella bambina attraversa come un lampo la mente di Tariq. Gli piaceva spingere l'altalena mentre lei volava in alto con i lunghi capelli neri sospesi nell'aria e rideva, rideva... Eppure non riesce a ricordarsi del fratellino. Poi, d'improvviso, lo mette a fuoco: un bimbetto minuto con dei grandi occhi neri e l'aria pensosa che non partecipava ai loro giochi. Era stato lui a farsi esplodere? Era stato lui a uccidere tutta quella gente? Era stato lui a rubare la vita ad Arièl? Tariq ha il cuore duro come un sasso.

«Ho fatto testamento» ruggisce il padre. «Tu non avrai

nulla di quello che ti spetta e tantomeno tua madre. È deciso, non lascerò la fortuna dei Ghassan a un frocetto che va a caccia di maschi negli orinatoi e a una vanesia che gli tiene bordone. Un traditore che se la fa con chi occupa la nostra terra non merita nulla! Il mio patrimonio andrà tutto ad Hassan, il figlio di mio cugino. Però, visto che il nome della famiglia è stato già abbastanza infangato da te e da tua madre e lasciarvi morire di fame farebbe ombra alla mia memoria, riceverete comunque una piccola rendita: quanto basta perché possiate sopravvivere.»

Solleva la mano in un gesto che taglia l'aria e con la voce ridotta a un soffio:

«Questo è tutto. Volevo godermi l'espressione del tuo volto mentre te lo dicevo. E ora vattene. Non voglio darti la soddisfazione di vedermi morire.»

Con l'orecchio incollato alla porta, Zahira ha intercettato le parole velenose del marito. Non riesce a perdonarsi di essere caduta nella sua trappola convincendo Tariq a incontrarlo. Quel despota vuole solo insultarlo, ferirlo, e raccontargli un mucchio di bugie. Come ha potuto lasciarsi scappare il nome dell'israeliano? Eppure è sempre stata così attenta... Evidentemente Yusuf spiava le sue telefonate, o forse ha degli informatori. Al di la dell'uscio sente i passi esitanti del figlio e giura a sé stessa che quella sarà l'ultima umiliazione che dovrà patire a causa di quel mostro.

Uscendo, Tariq trova sua madre accanto allo stipite.

Al di là della soglia, pallidi e vicini, attendono muti che il destino si compia.

Quando non sentono più il suo respiro affannoso, in punta di piedi entrano nella stanza.

Yusuf ha chiuso gli occhi, ma è ancora vivo.

Divorato dal cancro e dal rancore, trascina fino all'alba la sua ferocia. Poi anche quella lo abbandona.

37

Domenica, quattordicesima giornata

Subito dopo aver congedato il medico che ha certificato il decesso, Zahira prende da parte il figlio.

«Fatti forza, quello che doveva accadere è accaduto, che Dio abbia comunque misericordia di lui. Preparati, sei l'unico figlio maschio e devi essere tu a chiudere gli occhi e la bocca di tuo padre.»

«Devo proprio farlo?» chiede Tariq smarrito.

«Sì.»

«Mamma...»

«Non sarai solo, ma ricordati che i domestici avranno gli occhi puntati su di te.»

Quando entra con passo esitante, Tariq si accorge che il grande letto intarsiato è stato spostato al centro della stanza e girato in modo che i piedi di Yusuf si trovino in direzione della Mecca.

È davanti al corpo inerme dell'uomo che gli ha tagliato il cuore con un coltello.

Conosce il rituale ma per compierlo deve raccogliere tutte le sue forze. Respira profondamente e, con un lento movimento della mano dall'alto verso il basso, abbassa le palpebre sugli occhi senza sguardo che poche ore prima lo hanno fissato con odio. Chiude la bocca che lo ha maledetto, con una benda congiunge le mandibole da cui è partito l'anatema. E si rende conto di provare solo una grande pena.

Sollevando lentamente il lenzuolo scopre il cadavere: supino, con un panno a coprire le pudenda, il corpo di Yusuf spicca livido e rattrappito. Un domestico gli porge la bacinella di acqua mista a foglie di loto e Tariq lava le membra secondo le regole: prima la testa e il collo lungo il lato destro e poi lo stesso lungo il sinistro. Quando gli avvicina il recipiente per il secondo lavaggio il profumo di canfora gli invade le narici. Poi Tariq compie l'ultimo, con acqua pura. Infine lo asciuga con un telo di lino.

Temeva quei gesti ma si accorge che gli fanno bene. Toccare con gentilezza quel padre incapace di abbracci e carezze è l'ultimo doloroso addio.

Zahira lo attende in salotto.

«Hai fatto il tuo dovere: *malgré tout c'est ton père.*»

Poi gli bisbiglia all'orecchio:

«La notizia della sua morte sta già facendo il giro della città. I parenti stretti verranno presto a farci le condoglianze e dovremo accoglierli nel modo migliore. Saranno ore difficili figlio mio, molto difficili. Hai visto la scritta con la vernice rossa sul muro di cinta? L'avevo fatta cancellare, ma stanotte è ricomparsa.»

«Impossibile non vederla: un gigantesco Tariq Ghassan e accanto *jasus*, spia al soldo di Israele. Quel *jasus* sarà il mio marchio per sempre.»

«È il prezzo che hai pagato per essere te stesso.»

«Non faccio che pensare a quello che mi ha detto prima di morire.»

«Cosa?»

«Che da bambino ho conosciuto il kamikaze di Shabazi Street. Era il figlio di quel grossista...»

«Sì. Quando i notiziari hanno diffuso il nome e la foto del martire ho temuto che ti ricordassi di lui, ma per fortuna avevi dimenticato.»

«Ha spiato le nostre telefonate e conosceva il nome di Arièl.»

«Taci. Cosa importa ormai.»

Tariq trema, la madre lo stringe tra le braccia come quando era bambino.

«Non è colpa mia se mi sono innamorato di un israeliano.»

«Non ti sei mai occupato di politica, ma come puoi ignorare la rabbia che cova in Palestina?»

«Non avremo mai una nostra terra.»

«Abbiamo sbagliato a non fare patti con il nemico. L'uso delle armi e gli attentati danneggiano la nostra causa, e Hamas li utilizza per prendere il comando.»

«Se papà ti sentisse!»

«Tuo padre è morto. Quelli come lui hanno sempre preferito la morte alla trattativa. Abbiamo perso molte occasioni, Tariq. Prima tra tutte non aver accettato il piano di partizione dell'ONU nel '48. Se lo avessimo fatto, oggi avremmo uno Stato invece di vivere sotto l'occupazione israeliana.»

«Ma io che c'entro?»

«Tu non puoi rifiutarti di comprendere che per la gente di Jenin la tua fuga in Israele è imperdonabile.»

«Mi hanno spinto a farlo.»

«E io ti ho aiutato. Ma non ti è bastato e ti sei pure innamorato del nemico! Perdonami, non dovevo dirlo...»

«L'amore non si sceglie. Accade e basta.»

«Purtroppo a me non è successo, ma una passione, seppure travolgente, non può farti dimenticare la frustrazione del nostro popolo. Nei campi profughi monta il risentimento e si trasforma in odio: il resto lo fanno gli uomini di Hamas.»

«Domani al funerale ci saranno anche loro?»

«Naturalmente, ma durante la cerimonia nessuno ti toccherà. È dopo che dovrai stare attento.»

I parenti stretti giungono alla villa dei Ghassan ben prima del previsto.

«È arrivata Fatima, la sorella del vostro povero marito con i figli» annuncia la domestica.

«Falli accomodare nello studio, li raggiungiamo subito.»

Zahira non perde un secondo, sale la scala che porta alle camere da letto e bussa precipitosamente alla porta della stanza di Tariq.

«Sono già arrivati! Sei pronto?»

Tariq socchiude l'uscio e quello che la madre intravede le basta per capire che non lo è. A torso nudo, il volto terreo e lo sguardo smarrito, il figlio è uno spettro.

«Lavati la faccia e pettinati. Le camice sono nell'armadio e così pure l'abito scuro. Fai in fretta, senza di te non scendo.»

«Non ce la faccio.»

Zahira spalanca a forza la porta:

«Coraggio, non puoi nasconderti, devi incontrarli.»

«Sono stati proprio i figli di Fatima a trascinarmi in quella discarica e sono stati loro a picchiarmi...»

«Lo avevo immaginato. L'onore si lava col sangue e quei rozzi dei tuoi cugini conoscono solo quello. Non importa, vestiti e scendi!»

«Non ce la faccio...»

«Cosa? Loro hanno avuto il coraggio di venire e tu avrai il coraggio di affrontarli. Avanti, preparati, ti aspetto.»

Ordinare alla domestica di far attendere gli ospiti nello sfarzoso studio del marito, invece che in veranda o nel salone dei ricevimenti, è una mossa che Zahira ha studiato di proposito con un unico intento: intimidirli. In quella stanza destinata ai clienti prestigiosi è concentrata l'idea di opulenza dei Ghassan: soffici tappeti ricoprono per intero il pavimento, pesanti tendaggi color porpora schermano le finestre, dal soffitto pendono lampade marocchine tempestate di vetri colorati e le pareti sono tappezzate di seta. Due divani damascati e due maestose sedie di cuoio campeggiano di fronte alla gigantesca scrivania in legno di Yusuf.

Zahira non poteva trovare uno scenario migliore per mettere in soggezione quei parenti infidi.

Quando entrano nello studio, la zia Fatima, vestita a lutto, è già seduta impettita su uno dei divani, e i quattro figli in abito scuro sull'altro. Si profondono nelle condoglianze di rito e, fatto salvo qualche torbido sguardo d'intesa mentre Tariq gli gira le spalle per versare dell'acqua, anche i cugini mantengono un contegno irreprensibile.

Dopo mezz'ora si congedano, dandosi appuntamento per il funerale il giorno dopo.

«Hai visto? È stato più facile del previsto.»

«Non per me.»

«Sono solamente schiavi dei pregiudizi e del rancore. Piuttosto, non trovi che sia molto strano che Hassan, il figlio del cugino di tuo padre, non sia venuto?»

«Quello che erediterà gli agrumeti?»

«Quello che pensa di ereditarli.»

«Cosa vuoi dire?»

«Che tu mi sottovaluti, figlio mio. Non credere a una parola di quello che ti ha detto tuo padre, la sua era solo una farsa, Hassan non può ereditare tutto. La Sharia parla chiaro: due terzi delle proprietà di Yusuf Ghassan andranno a noi e l'altro terzo è disponibile. Hassan è convinto che toccherà a lui, deve aver lavorato ai fianchi Yusuf per ottenerlo, ma solo all'apertura del testamento scopriremo se veramente gli è stato destinato.»

«Perché allora mi ha detto tutte quelle bugie?»

«Come sempre, ha voluto umiliarti. Tu sei stato la vergogna e il tormento di un uomo che sapeva solo guardare alle tradizioni e all'onore dei Ghassan, sacrificando la mia felicità e la tua. Ma è finita, Tariq. Tuo padre non può più farci del male.»

Gli ravvia i capelli, lo bacia sulla fronte e aggiunge:

«Salvo la cerimonia funebre, non devi uscire dalla tenuta per nessuna ragione: a Jenin devi essere un fantasma.»

«Lo sono *mamàn*, purtroppo già lo sono.»

«Coraggio, hai solo bisogno di riposare. Domani verrà il difficile: il funerale, il ricevimento funebre e tutto il resto. Ma io sarò sempre al tuo fianco.»

In due settimane Tariq ha perso l'uomo che amava e quello che detestava. Gli rimangono le sue donne, Zahira, Micòl e Stella, e gli rimane il passato. Il futuro non è certo di volerlo ancora.

38

Lunedì, quindicesima giornata

Zahira ha indossato l'infelicità del suo matrimonio con dignità ed eleganza e il giorno del funerale di suo marito non vuole essere da meno.

Eppure, per quanto frughi nell'armadio, non riesce a trovare un abito nero. Quel colore lugubre non le è mai piaciuto, e tanto meno il bianco, che le ricorda i camici dei dottori e i sudari. Dopo molte indecisioni, infila un vestito blu scuro che le sta a pennello. Scarta decisa gli hijab sgargianti e ne sceglie uno dello stesso colore dell'abito, che drappeggia con cura fissandolo con un minuscolo spillo d'argento.

Scruta il risultato allo specchio come se si vedesse per la prima volta e non può non compiacersi della sua immagine riflessa. Anche se le curve non sono più quelle di una cerbiatta, le sopracciglia folte e arcuate, la carnagione compatta, le labbra piene e ben disegnate e lo scintillio degli occhi lasciano presagire che non rimarrà vedova a lungo. Può ancora avere figli, e questo nei secondi matrimoni ha importanza, ed è certa che, trascorsi i quattro mesi e dieci giorni di lutto stretto prescritti dal Corano, necessari anche per accertare un'eventuale gravidanza, arriveranno le prime proposte. Tra gli uomini in fila per le condoglianze ci saranno dei ricchi vedovi che al momento giusto si faranno avanti. Fino ad allora, però, deve dissimulare l'evanescente euforia che si è impossessata di lei non appena il medico le ha confermato il decesso del marito. Un'ebrezza che nemmeno la possibilità che un terzo dell'eredità tocchi ad Hassan riesce a scalfire.

Tutto ormai è nelle sue mani. Finalmente è una donna libera. Presto sarà ricca, e con un nuovo matrimonio ancora di più. Grazie al denaro, potrà proteggere Tariq e quella sua diversità che le è sempre apparsa come un dono, perché lo rende così simile a lei e così differente dall'uomo che li disprezzava. Non è riuscita a proteggerlo dal padre ma lo difenderà da chiunque altro.

All'improvviso si accorge che, nell'eccitazione del ragionamento, le guance le si sono arrossate. Spolvera il volto di cipria chiara per simulare il pallore della vedovanza, picchietta collo e polsi con qualche goccia della sua essenza di fiori d'arancio e si guarda per un'ultima volta allo specchio: è ancora bella ma deve essere prudente e non deve commettere errori.

Per l'ultimo saluto a Yusuf Ghassan, nel cortile della moschea si è raccolta una gran folla. La zia Fatima con i figli, il cugino Hassan, i maggiorenti della città e i dipendenti delle piantagioni, dai responsabili della raccolta fino all'ultimo fellah. Sono venuti per il padre, ma gli occhi di tutti sono puntati sul figlio, l'omosessuale che ha tradito il suo popolo fuggendo in Israele, e sulla madre, quella giordana troppo sofisticata che ha sempre guardato la gente di Jenin dall'alto in basso. Si incrociano occhiate di disprezzo, borbottii, e qualcuno azzarda a mezza voce quel *jasus* che a Jenin è un marchio a fuoco, poi tutti si dispongono ad ascoltare la preghiera dei defunti e i passi del Corano recitati dall'imam.

Al termine della cerimonia, si forma il corteo diretto al cimitero. Adagiata su una lettiga e ricoperta da un drappo ricamato, la salma è portata in spalla, subito dietro spicca Tariq da solo, dopo, gli uomini adulti seguiti dai più giovani e per ultime le donne.

Mentre smarrito si volta per intercettare lo sguardo della madre, Tariq intravede una giovane. Ha la fronte alta, gli occhi allungati e il capo coperto da un hijab verde scuro. D'improvviso la riconosce: è la bambina dell'altalena, la sorella del kamikaze che ha ucciso Arièl. Distoglie lo sguardo per paura di incrociare quello di lei e subito gli torna in mente un pomeriggio nel bustan, molti anni prima, quando lei gli aveva lanciato la sfida: "Chi dei due ha il coraggio di salire sul ramo più alto per prendere il melograno più grande?". Tariq si era tirato indietro, invece lei, veloce come uno scoiattolo, si era arrampicata fino in cima, aveva raccolto il frutto e glielo aveva portato come un trofeo. Era un melograno enorme e dalla fessura si intravedevano i grani rossi e succosi, lei lo aveva aperto a forza con le piccole mani affusolate, aveva tenuto per sé una metà e gli aveva offerto l'altra. Ciascuno aveva divorato la propria in una gara di sguardi. Alla fine avevano dita e labbra colore del sangue.

Tariq si fa coraggio e di sottecchi la guarda di nuovo: il profilo è elegante e aguzzo ma la bocca sottile è serrata in una smorfia amara. Non è più la bambina dell'altalena e neppure quella del melograno, è la sorella del martire. Eppure si accorge di non provare odio e neppure desiderio di vendetta, con gli occhi dell'anima vede solamente due bambini con le labbra macchiate di rosso che hanno perduto entrambi la persona che amavano. E non possono più tornare indietro.

In quell'istante lei lo guarda, gli occhi conficcati in quelli di lui come coltelli affilati. Quando estrae le lame e con ostentazione gli gira le spalle tutti notano il gesto e molti lo approvano. Poi i brusii si quietano e il corteo continua il suo cammino.

Superato l'ingresso del cimitero e raggiunto il luogo della sepoltura, la salma viene posta nella fossa scavata in direzione della Mecca. L'imam recita la professione di fede e, uno dopo l'altro, i convenuti si avvicinano alla fossa per versarvi tre manciate di terra. L'anima del defunto è pesata per quello che ha compiuto in vita, per le buone azioni e per le cattive, ma la bilancia scende sotto il peso delle seconde.

Arriva il momento dei saluti, delle parole di conforto e degli omaggi. Da principio tutti si avvicinano a Zahira mentre Tariq è circondato da un vuoto che dice più di molte parole; eppure, poiché Yusuf Ghassan è stato un uomo potente, piano piano anche davanti al figlio si forma una processione di persone. Tra i primi della fila c'è Ziad che, dopo le condoglianze, gli sussurra:

«Devo parlarti. Vieni domani a Zababdeh. È importante...»

Tariq risponde con un cenno affermativo. Poi in fondo alla fila intravede la ragazza con il hijab verde, e si sente mancare. Cosa accadrà quando si troveranno l'uno di fronte all'altra? Febbrilmente cerca sua madre, gli sguardi si incrociano, Zahira capisce che il figlio sta per cedere e d'istinto improvvisa uno stratagemma: respira affannosamente, rovescia gli occhi e simula un mancamento. Tariq intuisce il trucco e accorre per sostenerla. Si dileguano con l'auto che li attende all'ingresso.

Fuori dal cimitero il corteo si scioglie. Sono in molti a notare che la cerimonia si è conclusa troppo in fretta ma il malore della vedova smorza le critiche. Qualcuno si chiede cosa ne sarà della tenuta dei Ghassan con quel figlio sfaticato e degenere e quella madre svaporata. Molti guardano a Hassan che, approfittando del vuoto, si affanna a salutare a uno a uno i convenuti come se fosse anch'egli figlio del defunto. D'altronde, deve pur guadagnarselo quel terzo degli aranceti e, visto che ha in mente una carriera politica, per ogni mano stretta e per ogni impiego promesso spera di conquistare un voto. Senza contare che è certo che, prima o poi, si ricomprerà anche il resto della tenuta a prezzo stracciato da quei due che di aranci e limoni non capiscono un bel niente.

Sin dal mattino, Zahira ha fatto allestire un sobrio rifresco nel salone al piano terra e in ordine sparso stanno arrivando tutti: amici e nemici.

Per ricevere gli ospiti, madre e figlio si sono dati appuntamento in cima alla scala, ma all'ora stabilita Tariq è ancora rinchiuso nella sua stanza. Mentre lo aspetta sull'ultimo gradino Zahira giura a sé stessa che suo figlio non dovrà più avere paura. Lo aiuterà lei a difendersi dalle volpi, dai lupi e dalle iene che li aspettano in salone. Anche se in cuor suo è certa che, almeno quel giorno, nessuno avrà il coraggio di affrontarlo a viso aperto. L'ipocrisia, che del lutto è la sorella gemella, gli farà scudo.

Pallido e smarrito, finalmente Tariq la raggiunge.

«Ti senti pronto?» gli chiede sistemandogli il nodo della cravatta.

«No.»

«Coraggio, ci aspettano.»

È lei a muovere il primo passo. Insieme, scendono lentamente i gradini per dare il tempo ai convenuti di raggiungerli e disporsi in due ali ai piedi della scala.

«C'è il magistrato che mi ha denunciato» bisbiglia Tariq.

«Guardalo dritto negli occhi.»

«L'uomo con i baffi accanto a lui dirigeva il pestaggio.»

«Sorridigli quando ti stringerà la mano, testa alta e schiena dritta.»

«Tutti a Jenin sanno dell'arresto e della fuga... Mi considerano un traditore e una spia degli israeliani!»

«Ma proprio per questo in molti ti temono.»

Le cose vanno come Zahira ha previsto. Nessuno accenna al ritorno precipitoso di Tariq e tantomeno alla sua fuga. A Jenin non si parla d'altro da mesi e gli sguardi sono tutti concentrati su di lui, ma la voce che sia una spia israeliana blocca la lingua anche ai più audaci.

Stringere la mano a chi lo ha insidiato e denunciato, a chi lo ha picchiato e diffamato per Tariq è una prova durissima ma, seppure a fatica, la supera.

Quando l'ultimo ospite se ne è andato e la servitù si è ritirata nei propri appartamenti, e quando sono certi che nessuna ipocrisia, falsità e doppiezza potrà insidiare il loro lutto inventato, madre e figlio abbassano la guardia.

Tariq allenta il nodo della cravatta e slaccia il primo bottone della camicia, Zahira si accoccola sul divano e toglie la spilla all'hijab, che le scivola sulle spalle scoprendo il collo lungo e sottile e la capigliatura su cui spicca qualche filo argentato.

«Vieni qui, accanto a me» gli dice accompagnando le parole con un cenno.

Lui le abbandona il capo in grembo.

«È finita» mormora Zahira.

«Per me era già tutto finito prima, insieme ad Arièl.»

«Lo amavi molto, vero?»

«Era la mia vita.»

«Parlami di lui.»

Tariq racconta senza pudore. Della felicità che si sono dati e di quella che avrebbero potuto ancora darsi. Delle notti insonni e dei respiri confusi. Dei risvegli teneri e impudichi. Della passione che non aveva mai provato prima e che era certo non avrebbe provato mai più.

La madre lo ascolta in silenzio accarezzandogli i capelli. In cuor suo rimpiange di non aver mai sperimentato un sentimento così bruciante, ma solo incursioni notturne e il corpo di un vecchio che si agitava sopra di lei, pesante e sbrigativo. Spia i lineamenti del figlio e, non ritrovandovi tracce di quelli del padre, si rallegra che quegli incontri frettolosi non abbiano lasciato il segno. Con tutta evidenza la bellezza e il temperamento di Tariq sono solo opera sua. E, a conti fatti, non le interessa più di tanto che quella sua passione sia stata per un uomo e non per una donna, per un ebreo e non per un musulmano. L'importante è che sia stata ardente. E l'idea che quella tempesta, superando pregiudizi e confini, abbia travolto due giovani che avrebbero potuto essere nemici aggiunge pepe a una pietanza già molto speziata.

Zahira è uno strano miscuglio di romanticismo e senso pratico. Il primo ingrediente le è servito a sopravvivere. E così pure il secondo.

Eppure, quando Tariq le racconta per filo e per segno il giorno dell'attentato e l'atroce dolore per la morte di Arièl, si accorge di non ascoltarlo più. Un'accanita lettrice di romanzi rosa come lei non può accettare che una passione così travolgente non abbia un lieto fine.

«Troverai un altro innamorato. Sei così bello!»

«Non accadrà più.»

«Dimentichi la trentesima sura del Corano: "Appartiene ad Allah il destino del passato e del futuro".»

«E allora a noi che rimane?»

«La sottomissione, questo vuol dire Islam.»

«Alla sottomissione ho preferito la fuga, e aiutandomi l'hai rifiutata anche tu.»

«Forse... Il sole corre verso la sua dimora. Non sta al sole raggiungere la luna e neppure alla notte sopravanzare il giorno, ciascuno vaga nella sua orbita. Meritavi un'altra orbita figlio mio.»

«Ascolta, ho conosciuto la mamma di Arièl. Si chiama Micòl e mi ha accolto come un figlio. Sapeva del mio viaggio a Jenin e stamani le ho inviato un sms dicendole del funerale. Sarà qui domattina. Vuole conoscerti, dimmi che la incontrerai...»

Zahira ha sempre accettato tutto di Tariq, soprattutto la sua eccentricità. Era quello che lei avrebbe voluto diventare e che era riuscita a essere solo in superficie. I profumi, i romanzi rosa, e tutto quel parlare in francese aggiungevano pennellate di colore alla sua vita da uccello in gabbia, ma toccava a lui volare libero.

Però l'idea di un *rendez-vous* con Micòl la spiazza e diluisce la voglia di trasgressione che ha sempre sognato per sé. E pensa: "Cosa può esserci di meno eccitante dell'incontro di due consuocere mancate?". Ma subito si pente. Si immedesima nel dolore di quella madre che ha perso il figlio e che sta aiutando il suo. Ne immagina la solitudine e il coraggio. Come sempre Zahira lavora di fantasia, che è la cosa che le riesce meglio.

«Magnifico. Le mostrerò gli agrumeti in pianura, quelli più rigogliosi, che rimarranno nostri per sempre nonostante tutte le frottole che ti ha raccontato quel mostro di tuo padre.»

«Ti adoro, *mamàn*.»

39

Martedì, sedicesima giornata

Per raggiungere Jenin, Micòl noleggia un autista suggerito da Stella. È un omino smilzo con grandi occhi bizantini e un sorriso furbo sotto i baffetti a spazzola. Si chiama Ayoub, è arabo-israeliano ed è molto intraprendente. Spara subito un compenso spropositato ma dopo una lunga trattativa accetta la metà e, con la mano sul cuore, propone una tariffa di favore per il ritorno.

«Non so ancora quando rientrerò a Tel Aviv...»

Ayoub non è un tipo che si perde d'animo e porgendole un cartoncino azzurro scritto in arabo, ebraico e inglese:

«Questo è il mio biglietto da visita. Mi chiami e verrò a prenderla dove vuole e a qualsiasi ora del giorno e della notte. La figlia di Stella Attias può contare su un trattamento speciale.»

La sera prima la madre la riempie di raccomandazioni.

«Tu non conosci Israele e tantomeno la Cisgiordania. Un autista esperto te l'ho procurato, con il tuo passaporto italiano puoi passare per turista, ma hai capito dove stai andando? Jenin è la capitale dei martiri, decine di kamikaze diretti in Israele sono partiti proprio da lì, compreso quello che ha ucciso tuo figlio! Perché vuoi andare nella tana del lupo?»

«Tariq fa parte della nostra famiglia e voglio conoscere Zahira.»

«E ti sembra una buona idea presentarti a casa sua il giorno dopo il funerale del marito?»

«Partirò domattina. Ormai è stabilito.»

«Una decisione romantica, molto in linea con il tuo temperamento, ma decisamente inopportuna e persino pericolosa. La disapprovo totalmente. Comunque ho segnalato il tuo viaggio a chi di dovere, ma una volta arrivata a Jenin ricordati di tenere gli occhi aperti, sei un'italiana ma sei pur sempre un'ebrea, e sei così imprudente che potresti trasformarti in un obiettivo facile.»

«Farò attenzione.»

«Ayoub ti porterà all'indirizzo giusto senza intoppi, ma evita di chiamare Tariq al cellulare durante il percorso.»

«D'accordo.»

Non paga, Stella sferra l'ultimo colpo:

«Chi si occuperà del gatto?»

«Tu, mamma! E mi raccomando: non esagerare con i croccantini.»

«Figurarsi, delle due quella che esagera sei sempre stata tu.»

«Non direi...» aveva concluso la figlia con un sorriso malizioso.

Micòl prova a ricucire la sua vita, che a ogni istante torna a lacerarsi. Sono passate solo due settimane dalla morte del figlio ma per lei Arièl esiste ancora. È in ogni suo sguardo e in ogni suo respiro. E in ogni sguardo e in ogni respiro del giovane di Jenin che non vede l'ora di rivedere.

L'autista suggerito da Stella è puntuale e Micòl, che per l'emozione di quel viaggio ha trascorso una notte insonne, non appena sale a bordo si addormenta. Ayoub la sveglia al checkpoint per il controllo documenti, ma dopo lei cade di nuovo in un sonno profondo. Si ridesta solo quando l'automobile si ferma davanti a un grande edificio bianco gesso, circondato da eucalipti e coronato da archi e cupolette.

«Siamo arrivati a destinazione, signora.»

La villa dei Ghassan è protetta da un muro di cinta su cui campeggiano grandi caratteri arabi tracciati con la vernice rossa, che proprio in quel momento un omone panciuto sta iniziando a cancellare con ampie pennellate di calce. Micòl scende dall'auto e incuriosita chiede il significato della scritta ormai coperta a metà:

Ayoub esita, farfuglia, poi, mentendo:

«Morte a Israele.»

A cosa sarebbe servito dirle di quel *jasus*, ormai cancellato quasi del tutto? Ma, prima di dare gas, abbassa il finestrino e con un sorriso enigmatico:

«Benvenuta in Palestina.»

Accanto al portone ci sono una targa di ottone tirata a lucido con una scritta svolazzante in arabo e un pulsante. Micòl lo suona e dal porticato sbuca subito una domestica che le apre e la guida fino all'ingresso di un grande giardino recintato.

"È il bustan di cui mi ha parlato Tariq" pensa Micòl emozionata.

Varcato il cancello, in fondo a un vialetto costeggiato da alberi d'arancio, lo intravede insieme a una donna che non può essere che sua madre. Sono distesi su delle chaise-longue sotto una pergola punteggiata dal giallo dei limoni.

A mano a mano che si avvicina, gli appaiono tutto tranne che in lutto. Con un abito verde smeraldo e un hijab turchese Zahira si crogiola come una lucertola al sole, e con la camicia immacolata e i capelli ravviati Tariq ha perso l'aria da fuggitivo ed è tornato il ragazzo borghese di Jenin che è sempre stato.

Non appena la vedono arrivare le vanno incontro: Tariq la abbraccia e le presenta la madre, che la accoglie con una stretta di mano. I saluti sono interrotti dall'arrivo di una domestica con un vassoio d'argento su cui troneggiano una caraffa di succo di melograno, bicchieri di cristallo e un piatto colmo di dolci in pasta kataifi che deposita su un tavolino basso per poi dileguarsi. Lui riempie i bicchieri e lei propone un brindisi. Micòl è interdetta, è venuta a Jenin pronta a leggere sui loro volti la tragedia e invece entrambi sembrano essersi liberati da un fardello. Eppure gli occhi di Tariq sono irrequieti e qualcosa le dice che ha paura.

Prima di partire Stella, che non perde occasione per dimostrare di saperla lunga, l'aveva avvertita:

"A Jenin Tariq non è al sicuro, qualcuno potrebbe pensare di vendicarsi."

E Micòl ha il sospetto che come sempre abbia visto giusto.

L'incontro delle due madri inizia in sordina. Zahira le fa le condoglianze per la morte del figlio e Micòl ricambia con quelle per la morte del marito, ma già si comportano come amiche. Dopo averla guidata attraverso il lussureggiante bustan fino a una grande vasca di pietra dove nuotano pesciolini rossi, le propone una visita all'aranceto più rigoglioso della tenuta. Micòl accetta.

«Andremo con la jeep, ma la avverto, io guido malissimo...» confida Zahira.

Tariq si offre subito di accompagnarle.

«Meglio di no, per te uscire dal muro di cinta non è prudente» mormora la madre.

«Ho bisogno di fare un giro, questa casa è una prigione.»

«D'accordo, ma rientra subito, noi ci faremo riaccompagnare dal fattore.»

Costeggiando distese di ulivi circondate da muretti a secco, Tariq le accompagna fino all'appezzamento, e una volta giunti le lascia da sole.

Zahira e Micòl si addentrarono tra i filari in silenzio. L'amore che ha legato i loro figli, così diverso eppure così uguale a tutti gli amori, le unisce ben oltre le parole.

A un tratto Zahira allunga una mano, con una delicata rotazione del picciolo stacca un frutto dall'albero e glielo mostra.

«Queste arance sono ciò che avrebbe potuto unire palestinesi e israeliani, ma che ha invece finito per dividerli. I primi le coltivano da secoli. I secondi li hanno superati in produzione e ora le esportano in tutto il mondo. I Ghassan hanno sempre posseduto aranceti, prima a Giaffa e poi a Jenin, e come può immaginare essere battuti dagli ultimi arrivati li mandava in bestia.»

Micòl è a disagio ma Zahira non sembra accorgersene e piroettando il frutto nella mano prosegue con voce amara:

«Inutile uccidersi per una primogenitura inesistente: gli aranci vengono dalla Cina, dunque non appartengono né ai palestinesi né agli israeliani. E per di più sono il frutto di un incrocio tra il mandarino e il pomelo. Mio marito detestava gli incroci e soprattutto detestava gli ebrei che gli avevano rubato le arance, la sua Giaffa e tutta la Palestina. Da queste parti i confini sono una malattia: barriere, muri, checkpoint...»

«Tariq mi ha detto che lei è giordana.»

«Sono nata ad Amman, e queste terre sono state giordane per una ventina d'anni. Mio marito è arrivato a Jenin quando era ancora un bambino ed era suddito di re Abdallah proprio come me, anche se io a quei tempi non ero ancora nata. Quando nel '67 i giordani hanno perso la guerra e siamo stati occupati da Israele per mio marito è stato l'ultimo sfregio. Era fuggito da Giaffa e loro lo avevano inseguito fino a Jenin... Il suo odio per gli ebrei e per le loro arance non poteva che crescere a dismisura.»

Poi, con aria complice aggiunge:

«Invece a me delle arance e dei limoni non importa un bel niente e nemmeno degli israeliani. E tantomeno di mio marito.»

Zahira sbuccia il frutto e gliene offre uno spicchio.

«Dolce e succoso» commenta Micòl.

«Almeno questo sapeva farlo...»

E prendendola sottobraccio:

«Siamo entrambe madri di due ragazzi *très spéciales* e tra

di noi è inutile fingere. Il mio è stato un matrimonio combinato: la giovane rampolla di una famiglia caduta in miseria data in sposa al maturo proprietario di una distesa di agrumeti. Ma trent'anni di differenza sono troppi, e le arance non sono state sufficienti a colmare la distanza. Io non lo amavo e dopo un anno già me ne volevo tornare in Giordania. Meglio il disonore del divorzio che l'infelicità. Poi sono rimasta incinta e quando l'ostetrica mi ha messo tra le braccia Tariq ho capito che valeva la pena di restare.»

«Io forse mio marito non l'ho mai davvero amato. Ho amato solo Arièl.»

«Li abbiamo amati troppo?»

«Chissà... Eppure non mi ero mai accorta che lui...» balbetta Micòl.

«Io quando l'ho capito mi sono dannata al pensiero che per tutta la vita il mio unico figlio avrebbe dovuto nascondersi e mentire... Da noi non è come in Europa o in Israele. Anche qui uomini con moglie e figli hanno dei maschi come amanti ma in segreto, perché l'omosessualità per le nostre famiglie è un disonore. Per questo ho sempre cercato di cancellare le tracce della sua diversità, ma non è servito a niente.»

«Io invece sono stata cieca. O forse non ho mai voluto vedere. E l'ho perso due volte. Vorrei tornare indietro per dirgli quanto lo amavo.»

«Lo sapeva. I figli sanno sempre quando sono amati.»

«Se non avessi incontrato Tariq, confesso che avrei avuto la tentazione di...»

Zahira la interrompe bruscamente:

«Non pronunci nemmeno quella parola!»

Micòl la guarda smarrita e Zahira le sorride complice:

«Proprio stamattina mi ha mostrato una foto che tiene nel portafoglio: lui e Arièl, e sullo sfondo il mare di Tel Aviv. Erano una bella coppia. Gli occhi di suo figlio sono identici ai suoi, un punto di verde così raro!»

«Non li ho mai visti insieme.»

«Nemmeno io.»

«Vorrei che Arièl fosse qui.»

«Lui è con noi.»

Un fruscio improvviso e dalla chioma di un albero sbuca un uccellino iridescente, dalla livrea tra il blu e il verde, che sfiora Micòl e comincia a svolazzarle intorno. Zahira subito lo riconosce:

«È un nettarinide! Dal colore direi che è un maschio, lungo il Giordano ce ne sono tanti...»

Dopo aver volteggiato più volte intorno a Micòl, con una brusca virata il piccolo pennuto vola via. Zahira lo insegue con lo sguardo, poi:

«Forse è una persona che le vuole bene e ha voluto salutarla...»

«È possibile?»

«Sì.»

«Se qualcuno ci sentisse, cosa penserebbe?»

«Tranquilla, intorno a noi ci sono solamente arance, e loro sanno mantenere i segreti.»

Il frutteto è un incanto e dal verde intenso del fogliame ciascun frutto spicca come un piccolo sole. Da un ramo Zahira spicca un'altra arancia e la fa saltellare tra le mani:

«Le piace l'arancione?» le chiede Micòl.

«Lo detesto» risponde Zahira lasciando cadere il frutto.

Dopo un paio di rimbalzi, l'arancia rotola lungo un sentiero in pendenza proprio verso gli appezzamenti che Hassan spera di ereditare.

40

Senza fretta, Tariq percorre in jeep i quindici chilometri di uliveti e terra coltivata a grano che separano Jenin da Zababdeh. Potrebbe guidare a occhi chiusi perché di quelle strade conosce ogni curva. Ai piedi delle colline c'è uno degli agrumeti dei Ghassan, dove Zahira ha ottenuto di esiliare Ziad per allontanarlo da lui. Non lontano sorge l'Arab American University dove, contro il volere del padre, ha studiato fisioterapia. Prima della prigione, delle botte, e della fuga in Israele. Prima della morte di Arièl e di quella di suo padre. Quel percorso è il compendio della sua vita.

Dopo aver varcato il cancello della tenuta, frena nello slargo di terra battuta sollevando una nuvola di polvere, e dal portico vede subito sbucare il padre di Ziad.

«*Salam aleikum*, Mahmud!»

«*Aleikum salam*. Cosa ci fai qui? Il tuo povero padre, Allah lo abbia in gloria, è appena morto e tu già te ne vai in giro?»

«Cerco Ziad.»

«È in casa.»

Mahmud indica il piano di sopra, ma siccome è un tipo sospettoso e gli ronza in testa una domanda:

«Di' la verità, con la scusa di Ziad, sei venuto a controllare le terre che hai ereditato? O forse le erediterà qualcun altro? Gira voce che questa tenuta andrà a Hassan. Ne sai qualcosa?»

«Il testamento ancora non è stato aperto.»

«Eppure lui non parla d'altro. Stamattina è venuto e con l'aria da padrone ha chiesto quante tonnellate di arance e quante di limoni produciamo ogni anno, e poi i costi della manodopera e del concime... Dopo tutto quello che ho fatto per i Ghassan, non capisco come tuo padre possa aver deciso di abbandonarmi nelle sue mani. Tu e Zahira di arance e limoni non ci avete mai capito un gran che, ma almeno portate rispetto a chi lavora, mentre quel farabutto...»

«Riferirò a mia madre che Hassan si prende delle libertà eccessive.»

«Niente giri di parole, Tariq, ti ho visto crescere. Dille chiaro e tondo da parte mia che quello è un mascalzone e che io voglio lavorare negli appezzamenti che resteranno a voi.»

«Sarà fatto.»

«E stai attento, in giro c'è gente che non ti vede di buon occhio.»

Proprio in quel momento da una finestra del primo piano spunta Ziad; è in canottiera, i capelli, ravviati con cura, sono lucidi di gel e alle sue spalle, nella penombra, si intravede una donna con in braccio un neonato.

«Tariq!»

«Che fai, scendi?»

«Aspettami, vengo.»

Infilandosi la camicia nei pantaloni, Ziad lo raggiunge di corsa e salta nella jeep. Tariq mette in moto, ma prima di varcare il cancello:

«Dove andiamo?»

«Ti porto in un posto nuovo.»

«Impossibile, conosco questa zona palmo a palmo.»

«Che ne sai tu dei segreti di Zababdeh, ormai sei diventato israeliano!»

Ziad lo guida lungo un dedalo di sentieri sterrati che portano a una fenditura che si insinua tra due colline sassose. Lasciano la jeep accanto a una cresta rocciosa da cui parte un viottolo che porta a una gola a precipizio fra le rupi, dove si insinua un piccolo corso d'acqua cristallina. Il passaggio è così stretto e ripido che sono costretti a procedere con cautela aggrappandosi agli spunzoni di pietra. Dopo l'ultimo tornante il torrentello precipita in una forra minuscola formando una pozza profonda di un azzurro perfetto.

Si spogliano senza guardarsi, e si calano fino alla vita nell'acqua fredda e trasparente. Imbarazzati e pudichi, prima ridacchiano, poi si schizzano, infine si immergono fino al mento e, occhi negli occhi, ammutoliscono. Nel silenzio si sentono solo i loro respiri sospesi, il ronzio dei calabroni e il lontano verso di un'upupa. D'improvviso il tempo si restringe. Il bagno nella cisterna segreta li ha legati e poi divisi, quando erano così uguali ma già così diversi. Ormai uomini, sono di nuovo nudi nell'acqua. Il ricordo di quel giorno è pronto a unirli di nuovo?

«Chi altro conosce questo luogo?»

«Solo io» risponde Ziad, orgoglioso di aver stupito l'amico.

«Non mentire, a me la verità puoi dirla.»

«È il mio posto segreto, sono venuto qui qualche volta con un... amico.»

«Come va con tua moglie?»

«Abbiamo imparato a volerci bene. Con le femmine mica è come con i maschi, è una cosa diversa. All'inizio io non ci riuscivo, ma lei è stata paziente e ho scoperto che, chiudendo gli occhi e lasciandomi andare, funziona lo stesso. Abbiamo appena avuto una bambina.»

«Ma ti sei trovato comunque un rifugio dove...»

«Tariq, senza quel brivido io non ce la faccio a vivere. Ne ho bisogno. Ma solo ogni tanto, senza dare scandalo.»

«Già, senza dare scandalo...»

«E tu invece? Gira voce che te la facevi con un israeliano. Bada, io non ce l'ho con te perché ti piacciono gli ebrei, ma tra tutti i gay di Tel Aviv proprio con un soldato ti dovevi mettere?»

«Chi te l'ha detto?»

«Tuo padre lo ha confidato al cugino e il cugino lo ha raccontato al cognato. Qui le chiacchiere girano... Dimmi, è vero?»

«Sì. Si chiamava Arièl Anav ed è morto nell'attentato di Shabazi Street.»

Tariq si immerge. Rimane a lungo sott'acqua, poi rispunta in superficie:

«Ricordi la figlia del grossista di mio padre con cui giocavo sempre all'altalena? L'ho vista al funerale.»

«Il kamikaze è suo fratello. Non lo sapevi?»

«Lo chiamavano tutti Zuzu. Quando dopo l'attentato ho letto il nome e ho visto la foto non potevo riconoscerlo... Tutto questo è mostruoso!»

Tariq si copre il volto con le mani, poi:

«Perché mi hai voluto incontrare?»

«Puoi vendicare la morte del tuo israeliano.»

«Cosa?!»

«Quello che sto per dirti è un segreto: il mandante e l'organizzatore della strage è uno dei capi militari di Hamas. E io so dove è nascosto.»

«Dove?»

«In un magazzino abbandonato a sud-est di Jenin.»

«Come lo sai?»

«Conosco quelle colline come le mie tasche e lì intorno ho notato uno strano viavai. Una notte è arrivata una jeep con quattro uomini, due sono rimasti a bordo ma gli altri sono scesi e mentre passavano davanti alla luce dei fari ho visto che erano armati. Il mattino dopo sono tornato, mi sono nascosto dietro un cespuglio e ho scoperto che, parcheggiato dietro al magazzino, c'era il pick-up di un tipo strano che mi aveva adocchiato...»

«Strano come?»

«Di quelli che prima gli piace picchiarti e poi essere picchiato. Io mi ero rifiutato e lui mi aveva minacciato. Continuava a dire che era uno importante e con gli amici giusti, gente senza scrupoli, e che, se non ci stavo a farlo come voleva lui, mi rovinava. A me sembrava uno qualunque, fa l'elettricista, è sposato e ha due figli, ma quando ho riconosciuto il suo pick-up ho capito che è uno di loro. Tariq, il mandante della strage è nascosto in quel magazzino, sono sicuro.»

«Perché lo dici a me?»

«Puoi vendere l'informazione agli israeliani a caro prezzo» risponde Ziad con un sorriso enigmatico.

«Ce l'hai con quelli di Hamas?»

«E tu no? Ci stanno rovinando. Già qui la vita è difficile per colpa degli israeliani, ma se vincono loro diventerà un inferno!»

«È già un inferno.»

«Proprio così. Ma Hamas manda i kamikaze, e la nostra gente sotto sotto approva. Attentato dopo attentato, Hamas è sempre più forte e ci divora. Le cellule si moltiplicano e agiscono ciascuna per conto proprio. Gli israeliani ne fanno fuori una e ne spunta un'altra. La situazione è marcia, i giovani in piazza parlano dei kamikaze come fossero degli eroi e i vecchi li aizzano... Almeno tu vendicati! Se non lo fai per noi, fallo per te. Puoi vendere agli israeliani il mandante dell'assassino del tuo amante!»

Tariq rimane muto.

«Allora?»

«Io non vendo niente a nessuno.»

«Perché? Ormai sei passato dall'altra parte e qui nessuno si fida più di te... Non devi mica ammazzarlo tu, saranno gli israeliani a toglierlo di mezzo. Noi ci libereremo di un pericolo e tu ti vendicherai.»

«Devo... devo rifletterci.»

«Su cosa devi riflettere? Questa terra è intrisa di vendette:

ogni colpo di mortaio, ogni pietra, ogni tunnel e ogni missile grida vendetta per un fratello, un padre, un amore. Non odi il kamikaze che lo ha ucciso?»

«Sì, lo odio!» sibila Tariq.

«Allora vendicati. Ma decidi in fretta. Potrebbe cambiare nascondiglio... Quello che potevo fare per te l'ho fatto.»

Si abbracciano, ma non come allora. Questa volta non provano nessuna emozione. La vertigine della carne è svanita, le strade diverse che hanno percorso hanno diviso i loro corpi e i loro pensieri.

Risalgono il sentiero al contrario, muti.

41

La vendetta, insidiosa compagna di strada del lutto, capace di lenire come un balsamo i colpi inferti dalla sorte, a Tariq non appartiene. È la più naturale delle tentazioni quando si è subito un oltraggio. Senza la vendetta niente rivoluzioni, niente film, niente romanzi. Nessuna Medea, nessun Achille e nessun Amleto. Niente torti raddrizzati e niente eroi. Niente di quello che gli esseri umani amano di più: tormentarsi per pareggiare i conti con il destino. Eppure Tariq non l'ha mai sperimentata. Il muscolo della sua anima non è allenato a quello strappo. Si è sempre tenuto alla larga dai conflitti e la violenza lo confonde, lo turba, lo paralizza.

Il desiderio di vendetta è un fuoco e lui il fuoco lo ha sempre temuto. Come ha sempre temuto suo padre che, al contrario, la padroneggiava con audacia, ferocia e persino con gusto.

È il coraggio a fargli difetto? Tariq possiede solo il coraggio dei sentimenti.

In bilico tra l'impulso della passione e il rifugio nella passività, ha sempre preferito lasciarsi trascinare dagli eventi. Zahira lo ha spinto a fuggire e lui è fuggito. Ora Ziad lo spinge a vendicarsi. E se anche questa volta si lasciasse portare dalla corrente?

Quella vendetta la deve forse a Micòl, la madre vulnerabile che non si dà pace per la morte del figlio? La deve a Stella, la nonna coriacea che lo ha accettato nonostante tutto? La deve a Ziad, che ha paura della sua ombra ma ha corso il rischio di offrirgli la possibilità di agire? Forse la deve a sé stesso e soprattutto la deve ad Arièl.

Tuttavia si chiede a cosa servirebbe. L'arresto del mandante non riporterebbe in vita il suo innamorato e non potrebbe arginare Hamas. Fatto fuori un capo ne spunterebbero altri, e altri ancora.

Nella stanza affacciata sulla limonaia, sua fin da quando era bambino, stanotte Tariq non vuole pensare. A fatica si alza dal letto che non ha nemmeno disfatto e spalanca la finestra. Alla luce della luna i limoni appaiono di un colore incerto come la sua irresolutezza.

L'offerta di Ziad lo dilania e le sue parole lo assediano come insetti velenosi. La neutralità che fino a quel momento gli ha offerto rifugio all'improvviso si è ristretta e lo soffoca come un cappio. Deve scegliere.

"Potrebbe cambiare nascondiglio" lo ha incalzato Ziad.

Deve decidere, subito, ora. Eppure esita.

"Puoi vendere l'informazione agli israeliani" gli ha detto con occhi appuntiti.

Una compravendita dunque, uno scambio da cui guadagnare qualcosa. Così è a Jenin. Così è nel Medio Oriente lacerato da intrecci di interessi. Così è nel grande suk di tutti i conflitti.

Ziad gli offre una vendetta fredda, senza violenza, senza sporcarsi le mani. Rivelare agli israeliani l'ubicazione del magazzino dove si nasconde il mandante del massacro e in cambio dell'informazione chiedere qualcosa, magari il permesso di soggiorno o il visto per il Canada. Forse accetterebbero la compravendita. Ma Tariq ha un difetto che il padre gli ha sempre rimproverato, non è capace di vendere e comprare. Il denaro non gli interessa e tantomeno la politica. È un sentimentale e, proprio come sua madre, ha sempre anteposto la bellezza al tornaconto. Il profumo delle arance al frutto.

Il lutto è un elastico capace di stringersi e allargarsi a dismisura.

All'improvviso lo assale il ricordo di Arièl mentre indossava la divisa prima di tornare alla base alla fine della licenza. Controllava minuziosamente ogni cosa: la benda per legare un arto in caso di ferita ripiegata nella tasca dei calzoni, la piastrina di identificazione intera al collo e quella divisa in due, una metà infilata nello scarpone destro e l'altra nel sinistro, poi infilava sotto la mostrina della camicia il basco turchese verificando che non mancasse la spilla del reggimento.

Ogni volta che assisteva a quel rituale, Tariq lo guardava smarrito. Era la divisa che suo padre odiava e che la gente di Jenin, in fila ai checkpoint, temeva. La divisa degli occupanti.

Intuendo quella tempesta di sentimenti, ogni volta Arièl gli ripeteva:

"La pace ci sarà e saremo noi due a farla."

Poi si baciavano. I respiri si mischiavano, le lingue si intrecciavano mute e i fantasmi si dileguavano. Avrebbero dovuto filmarli, quei baci, stamparli sui manifesti, trasmetterli in mondovisione.

La pace era nei loro baci.

Il ricordo lo travolge, lo sommerge, lo annichilisce.

Tariq non sa più a che popolo appartiene. Non è più suo quello da cui proviene e non diventerà mai suo quello che lo ha accolto. Eppure un popolo lui ce l'ha. Sono i ragazzi in fuga che ha conosciuto nelle case famiglia, timidi e protervi ostaggi dei propri desideri e della voglia di libertà. Questa volta è costretto a scegliere. La terra di nessuno in cui si è sempre nascosto è ormai ridotta a una sottile linea di confine che deve decidersi a scavalcare.

L'alba è vicina. Trascinate da un vento impetuoso, le nuvole nascondono la luna e il riflesso dei frutti gialli si spegne inghiottito dal buio.

42

Mercoledì, diciassettesima giornata

Di quella notte Tariq ha contato i minuti, secondo per secondo. In due settimane la sua vita si è capovolta, tutto è diverso, tutto è perduto. Può denunciare il mandante, eppure non si decide. Non a Jenin, il giorno dopo il funerale di suo padre.

Si alza a fatica dal letto, si guarda allo specchio e non si riconosce. La barba getta un'ombra sul volto affilato, lo sguardo è inquieto e le labbra sono serrate in una piega amara. L'odio e la vendetta intossicano più della paura? La paura si fa bastare la passività, mentre odio e vendetta hanno fame d'azione, ma Tariq non si risolve ad agire.

Dalla finestra affacciata sulla limonaia arrivavano le voci intrecciate della donna che ama da sempre e di quella che ha imparato ad amare. Le vede attraverso il fogliame, maculate dall'alternanza di luce e ombra: Zahira sta mostrando con orgoglio a Micòl le piante di limoni che ha sempre ignorato e che ora apprezza attraverso gli occhi dell'altra.

La madre alza il capo e lo vede:

«La colazione è pronta, sbrigati, non possiamo far aspettare la nostra ospite.»

Tariq si rade ma per la fretta si taglia. Alla vista del sangue il desiderio di vendetta lo assale, denso e vischioso. Il mandante della strage con la sua gente non c'entra e la sua non sarebbe delazione ma solo giustizia. Tuttavia indugia.

Riuscirà a guardare negli occhi Micòl se non lo denuncia? Tampona la ferita, infila una camicia e le raggiunge.

Incurante del lutto, Zahira ha ordinato di apparecchiare nel bustan una colazione sontuosa. La tavola è divisa in due zone separate da un vassoio d'argento con l'occorrente per il caffè turco. A sinistra è allestita la colazione salata alla palestinese: uova strapazzate con pomodoro e carne, frittate con le erbe, hummus, babaganoush di melanzane e crema di fave secche con salsa d'aglio. A destra è sistemata quella che la madre di Tariq chiama colazione "alla francese": tè, latte, brioche, pane tostato, torte e un assortimento di marmellate di agrumi.

«Colazione palestinese o colazione francese? Quale preferisce, Micòl?»

«Sono entrambe invitanti... Posso provarne una e poi cambiare?»

Nella mente di Tariq si infiltra il ricordo delle parole di Ziad: "Potrebbe cambiare nascondiglio...". Deve decidere e in fretta, prima che sia troppo tardi, eppure non si convince.

«Certo, scelga da quale iniziare!» la incita Zahira.

È proprio il coraggio della scelta che manca a Tariq. E continua a ripetersi che magari il mandante è scomparso nel nulla, inghiottito dalla rete delle complicità di Hamas, e che non ha senso continuare a tormentarsi. Tutto pur di non decidere.

Di slancio Micòl opta per la colazione palestinese. Solo Tariq esita.

Il sole filtra attraverso il pergolato, il caffè turco riempie le tazze, Micòl decanta la raffinata mescolanza di sapori di ciascuna portata e Zahira ne rivela le spezie segrete. Discutono su come è meglio emulsionare una salsa e concordano sull'importanza della freschezza degli ingredienti. Le differenze si attenuano, le distanze sfumano, le opinioni si mescolano. Come solo le donne sanno fare, Micòl e Zahira cucinano la vita e vincono la morte.

La domestica ha appena finito di sparecchiare quando Zahira lancia una delle sue idee strampalate.

«L'appuntamento con il notaio per l'apertura del testamento è domani alle dieci, come pensate di trascorrere la giornata? Non è prudente che Tariq si faccia vedere in giro a Jenin, ma rimane tutto il resto della Palestina. Micòl, lei è mai stata a Betlemme?»

«Mai.»

«Deve visitare la basilica della Natività. I cristiani con le chiese ci sanno proprio fare... E poi a Betlemme vedrà il muro, il monumento all'occupazione della nostra terra. Si snoda per molti chilometri, ma proprio lì è più incombente che altrove. Gli israeliani lo chiamano "barriera di sicurezza" o addirittura "salva-vita". La loro, forse. Per noi palestinesi è solo il muro della vergogna» conclude con un brivido di rivalsa.

Poi, ritrovando la leggerezza di sempre:

«La Mercedes blu di tuo padre è in garage a prendere polvere. Che ne dici Tariq?»

La gita non è senza incognite. La circolazione delle auto dipende dal colore delle targhe: gialle quelle israeliane e verdi quelle palestinesi. Tariq è incerto ma Zahira insiste: anche se è rientrato clandestinamente e la sua fuga è nota all'Autorità Palestinese, la targa verde dell'automobile del padre li proteggerà e il passaporto italiano di Micòl la farà passare per una turista.

Alla fine Tariq accetta ma aggiunge enigmatico:

«Le mostrerò due muri: quello che ci tiene rinchiusi e quello che mi ha costretto a fuggire.»

Quel viaggio a Betlemme per Tariq è un modo per prendere tempo. Deciderà cosa fare dopo l'apertura del testamento. Non parlerà con Micòl, e tantomeno con Stella, dell'offerta di Ziad. Porterà da solo il peso della scelta e non chiederà nulla in cambio.

43

La Mercedes blu è in garage, le chiavi infilate nel cruscotto. È la prima volta che Tariq occupa il posto del conducente, perché il padre non ha mai permesso a nessuno di guidarla, tantomeno a lui.

Regola l'inclinazione del sedile, toglie il freno a mano e sta per mettere in moto quando, aggiustando lo specchietto retrovisore, vi trova agganciato un *tasbih*. Non quello d'ambra che il padre rigirava sempre tra le dita, ma quello con i grani di legno e un cordone consunto di suo nonno Abdellah Ghassan.

Deciso nelle contrattazioni e onesto nelle trattative, Abdellah a Jenin era rispettato da tutti, ed era l'unico capace di tenere a bada l'arroganza del figlio Yusuf. Detestava i cambiamenti e il rispetto della tradizione era la sua regola assoluta, ma al nipote era molto affezionato e accarezzando il suo *tasbih* non mancava di ripetergli:

"Le cose è meglio lasciarle come stanno, ricordatelo. Ogni bene è nel seguire quelli che sono venuti prima, e ogni male è nell'innovazione di chi è venuto dopo."

La frase del nonno lo aveva tormentato per tutta l'infanzia. Il rancore per quegli aranceti a Giaffa venduti in fretta e furia alla nascita dello Stato d'Israele erano una ferita aperta che, insieme agli uliveti di Jenin, Abdellah aveva lasciato a Yusuf come indigesta eredità. E, ogni qual volta venivano nominati gli israeliani, recitava come una litania:

"Sono degli occupanti e sono i nostri nemici. Quei bastardi ci hanno rubato tutto quello che avevamo: la terra, l'orgoglio, la vita."

Con rabbia, Tariq accende il motore, ingrana la retromarcia e esce nel piazzale.

Zahira gli si avvicina e, mentre Micòl sale a bordo, a mezza voce lo avverte:

«Se qualcuno chiede di te dirò che sei disperato per la morte di tuo padre e non vuoi ricevere visite.»

«Nessuno mi cercherà.»

«È probabile. Comunque, per prudenza e per non alimentare pettegolezzi, esci dall'ingresso posteriore. È meglio che nessuno ti veda in giro con una sconosciuta nel giorno in cui dovresti piangere. E ricordati di scegliere strade poco trafficate, per evitare i controlli israeliani e soprattutto quelli palestinesi. Occhi aperti e *bon voyage*!»

Zahira è uno strano miscuglio di controllo e leggerezza, prudenza e audacia. Una ricetta che le ha permesso di sopravvivere a un matrimonio con troppe arance e poco amore.

Grazie a dei sentieri sterrati e a un paio di deviazioni a sud, Tariq imbocca la strada principale in direzione Betlemme ben oltre Jenin.

Il tragitto è appena iniziato, eppure Micòl già cerca di trattenere il ricordo del paesaggio color ocra punteggiato dagli olivi e disseminato di piccoli villaggi che scorre dolce e misterioso davanti ai suoi occhi.

La nostalgia preventiva è sempre stata una delle sue specialità. Da bambina, nei minuti che precedevano la partenza per la villeggiatura, mentre il padre sistemava le valige nel bagagliaio e la madre si accomodava al posto di guida regolando meticolosamente la distanza tra sedile e volante, Micòl già faceva posto ai ricordi a venire.

In viaggio i compiti dei suoi genitori erano immutabili e rigidamente spartiti. Stella concentrava nella guida l'attitudine al comando e controvoglia concedeva al marito, grande scienziato ma modesto conducente, il ruolo di pilota navigatore. La cartina dispiegata sul cruscotto, Benedetto proponeva deviazioni nella direzione opposta a quella di marcia per raggiungere luoghi di cui decantava le meraviglie con aneddoti strampalati che Micòl ascoltava incantata, mentre Stella, acceleratore a tavoletta, era preoccupata solo di tagliare con l'angolo esatto ogni curva.

Micòl si era sempre chiesta cosa tenesse insieme quella coppia divaricata e strabica che sembrava occuparsi più del percorso che dell'amore. E siccome il suo temperamento era diverso da quello di entrambi, come tutti i bambini aveva fantasticato di essere stata adottata. Ora sa di non essere figlia dello svagato professor Benedetto Lattes, ma del druso Amal Arslan, ucciso da un cecchino mentre combatteva al fianco degli israeliani. Mai due padri avrebbero potuto essere così diversi.

In Israele, Micòl ha sepolto suo figlio e ha scoperto un nuovo figlio e un nuovo padre, entrambi misteriosi. Di Tariq ancora non riesce a decifrare le improvvise melanconie e del genitore spuntato all'improvviso sa solo che Stella lo ha amato perdutamente.

A quel punto, con il tono più vago che riesce a pescare nel suo repertorio, chiede:

«Ti è mai capitato di conoscere un druso?»

«No, ma Arièl mi parlava spesso di Hamdan, un commilitone druso, e diceva che in missione si sentiva al sicuro solo se lo aveva al suo fianco. Sono stato persino geloso di lui.»

«Questi drusi sono musulmani o cosa?»

«A quanto ne so mettono insieme islam, cristianesimo ed ebraismo, e persino la reincarnazione. Ma Arièl mi ha raccontato che quando ha chiesto ad Hamdan in cosa pensava di potersi reincarnare, lui gli ha risposto che un druso può solo reincarnarsi in un druso.»

Le parole nascondono e insieme rivelano. E, agendo a nostra insaputa, finiscono per guidarci verso la verità. Il cognome Arslan le rimbomba nella mente. Non dovrà più chiamarsi Micòl Lattes ma Micòl Arslan? E se la storia della reincarnazione fosse vera, in che druso le toccherà reincarnarsi?

Il lutto la insegue, ma pur avendo vestito i drammi di Tosca, Carmen e Mimì, ora che la tragedia è toccata a lei non sa quale costume indossare. Quello della verità le è stato nascosto, quello della finzione è andato in pezzi insieme al corpo di suo figlio. Nei giorni asciutti e porosi che attraversa ha imparato ad affrontare il lutto nell'unico modo possibile: senza trucchi e senza difese.

Abbassa il parasole e nello specchietto cerca i propri occhi. Quel singolare colore, verde scuro ai margini e al centro acquamarina, è sempre stato il suo orgoglio. Occhi da gatta che pensava frutto del miscuglio tra quelli nocciola della madre e quelli azzurri del padre e che invece ha avuto in dono dal druso di cui è figlia. Cos'altro ha ereditato da quello sconosciuto? La pelle ambrata che non assomiglia a quella di Benedetto e neppure a quella di Stella? Gli zigomi alti che le regalano un'aria vagamente felina così simile a quella di Arièl? Cosa importa, suo figlio non ha avuto figli, e lei è ormai troppo vecchia per rimanere incinta. Gli occhi di Amal si sono spenti insieme a quelli del nipote che non ha conosciuto, come non ha conosciuto sua figlia. Il suo vero padre è morto due volte.

Ispeziona il profilo di Tariq. Il naso ha la linea dritta di quello della madre e così pure le labbra morbide e ben disegnate.

«Tu e Zahira siete due gocce d'acqua. Qualcosa avrai pur preso da tuo padre.»

«L'altezza e la forza. Sfidava i suoi fellah nel sollevamento delle casse di arance e vinceva sempre. E purtroppo anche le rabbie improvvise, che in lui diventavano furia e in me melanconia. Spero niente altro. L'ho sempre detestato.»

Tariq guida dolcemente e senza strappi e Micòl pensa che forse può chiudere gli occhi.

Se conoscesse il tormento del ragazzo che le è seduto accanto non riuscirebbe a dormire, ma poiché non lo immagina reclina il sedile e si addormenta.

A risvegliarla è l'assedio di un gregge di pecore belanti.

«Ha dormito bene?» le chiede Tariq approfittando della sosta obbligata per aiutarla a raddrizzare lo schienale.

«Dove siamo finiti?»

«Ho fatto una piccola deviazione intorno a Nablus per evitare i posti di blocco e ci hanno fermato pecore e pastori. In queste strade capita spesso, ma per fortuna loro non chiedono i documenti.»

«Che ne dici di smettere di darmi del lei?»

«Grazie per il regalo, Micòl.»

Quando l'ultima pecora ha finito di annusare la ruota della Mercedes e si decide a raggiungere pigramente le compagne sull'altro lato della strada, Tariq mette in moto e riparte.

È una giornata smagliante e nuvole rade galleggiano nell'azzurro di un cielo da cartolina. Se non fosse per i convogli militari israeliani e per i profili aguzzi dei minareti, a Micòl sembrerebbe di attraversare una qualunque campagna del Sud dell'Europa: in Sicilia, in Grecia o in Spagna. Ma non è così. In quella terra, dall'una e dall'altra parte delle recinzioni, tra sassi e fichi d'India, si può morire ogni giorno.

A Betlemme Micòl vede per la prima volta il muro: una sequenza di giganteschi lastroni di cemento alti otto metri, tappezzati di graffiti, sormontati da paletti metallici collegati dal filo spinato, e all'angolo un'occhiuta torre di guardia.

«È davvero incombente... Almeno gli attentati sono diminuiti?» chiede lei imbarazzata.

«Sì, il muro ha salvato molte vite israeliane, ma a prezzo

della nostra libertà: l'imbuto dei checkpoint, i cancelli girevoli, l'umiliazione...»

«Cionostante Arièl è morto in un attentato e tu sei fuggito a Tel Aviv. Muri e reticolati sono fatti per essere valicati. Quando finirà?»

«Mai. Hamas vuole distruggere Israele e la strategia degli israeliani è renderci la vita impossibile per costringerci ad andare via. Dimenticano che non abbiamo dove andare.»

Tariq svolta bruscamente a destra. Il serpente di cemento grigio scompare alla vista e Micòl pensa che nemmeno l'amore di Arièl e Tariq è riuscito ad abbatterlo. Solo a scavalcarlo.

Giunti alla basilica della Natività, tra le guide che stazionano in capannelli davanti all'ingresso, Tariq ingaggia un arabo cristiano con la faccia furba e gli occhi allegri: si chiama Butrus e vanta una laurea in belle arti.

All'interno, nella navata principale, sono sospesi grappoli di lampade e sulle colonne affiorano grandi santi dipinti.

«Sono qui per accompagnare i visitatori verso l'altare» sottolinea Butrus.

«Nessuno come i cristiani ha il senso dello spettacolo. Negandosi le immagini, ebrei e musulmani hanno perso molto» risponde Micòl.

«Nel Corano il divieto non è esplicito» la interrompe Butrus.

Micòl non si fa intimidire:

«Ma in nome dell'Islam i talebani hanno distrutto i Buddha di Bamiyam.»

«Dio si è rivelato in tempi, luoghi e modi differenti. La Parola divina si manifesta in forma di "Legge" per gli ebrei, di "Uomo", il Cristo, per i cristiani, e di "Libro", eterno e immutabile, per i musulmani. Voi siete ebrei, cristiani, musulmani o cosa?»

Tariq e Micòl si guardano perplessi.

«Noi siamo in gita» risponde sorridendo Tariq.

La guida non manca di proporre, con un piccolo aumento di prezzo, la visita completa della città, ma Tariq sembra avere fretta e declina l'offerta.

Usciti dalla basilica, Micòl si ricorda dell'enigmatica promessa di Tariq.

«Hai parlato di due muri: quello che vi tiene rinchiusi e quello che ti ha costretto a fuggire.»

«Il muro che mi ha costretto a fuggire è meno visibile di quello degli israeliani ma, nell'indifferenza e con la complicità di tutti, anch'esso miete vittime.»

«Dove si trova?»

«Ovunque. Stiamo andando a vederne una parte nel locale di Jibril, subito fuori Betlemme.»

Visto dall'esterno quello di Jibril è un bar come un altro, ma basta varcare la soglia per capire che è un posto speciale: luci soffuse, oggetti di modernariato, pareti tappezzate di foto di attori e solo donne e bambini come clienti.

Tariq sceglie un divanetto di velluto viola in un angolo appartato. In quell'istante Jibril li raggiunge. È un quarantenne profumato di bergamotto con un vistoso crocefisso d'oro che spunta dalla camicia aperta. Abbraccia Tariq e subito gli chiede:

«Sei tornato? Per sempre?»

«Sono venuto per il funerale di mio padre.»

«Mi dispiace...»

«Ti presento Micòl, è la madre di una delle vittime dell'attentato di Shabazi Street.»

«Le mie condoglianze, signora.»

Jibril fa un cenno alla cameriera e arrivano caffè, succo d'arancia e di melograno e un vassoio di dolci.

«Raccontale la tua storia» gli chiede Tariq.

Lui non si fa pregare. Si guarda intorno circospetto, poi la voce ridotta a un sussurro:

«Il mio locale, nato come negozio di liquori, con un rapido passaparola è diventato il punto d'incontro degli uomini che amano gli uomini. Vado avanti?»

«Sì, ti prego. E senza sfumare i contorni.»

«Tutto filava liscio, ma un giorno la security palestinese di Ramallah mi ha convocato. Mi hanno ordinato di chiudere altrimenti avrei passato dei guai. Ho avvertito i miei clienti di non venire più perché il locale era diventato pericoloso. Ho continuato a vendere liquori ma dopo due mesi, di notte, degli sconosciuti mi hanno sequestrato e consegnato alla polizia. L'accusa era di gestire un bordello al piano di sopra del locale. Come molte a Betlemme, la mia famiglia è cristiana e io porto al collo il crocefisso che mi ha regalato mia madre. Ma i poliziotti provavano a strapparmelo e urlavano: "Toglitelo, qui non puoi stare con quella croce! Tanto sei omosessuale e in Dio non ci credi".»

«Cosa volevano?» chiede Micòl.

«L'elenco degli avventori gay, soprattutto di quelli ricchi e influenti, per ricattarli. Ho passato una settimana in cella e ho preso un sacco di botte ma non ho fatto un solo nome. Mi hanno rilasciato poco prima che morisse mio padre.»

«Tua madre ti ha aiutato?»

«Sì, e così pure mia sorella Aisha. I fratelli invece mi hanno fatto la guerra. Erano invidiosi perché le vendite dei liquori andavano bene e con la scusa dell'omosessualità volevano estromettermi dall'eredità. Mi hanno dato un ultimatum: o mi sposavo o dovevo andarmene di casa. Mi sembrava un compromesso accettabile, ma volevo scegliere una moglie che mi permettesse di continuare a vivere a modo mio. I gay di Betlemme con me si confidano e mi hanno fatto il nome di Rasha, una ragazza cristiana di buona famiglia, che in segreto era lesbica.»

Micòl sgrana gli occhi.

«Era una soluzione perfetta, una copertura reciproca che ci avrebbe permesso in segreto di rimanere noi stessi. L'ho chiesta in moglie e lei ha accettato. Ci volevamo bene ed eravamo complici. Mia moglie Rasha e mia sorella Aisha presto sono diventate amiche, molto amiche, e hanno finito per vedersi spesso, troppo spesso. È successo quello che non doveva succedere: il marito di Aisha le ha scoperte a letto insieme. Hanno divorziato e abbiamo dovuto divorziare anche noi. Uno scandalo. I miei fratelli ne hanno approfittato per picchiarmi, prima solo con pugni e schiaffi, poi con le spranghe... Qui tutti ci detestano, anche i cristiani. Omosessuali misteriosamente annegati in una piscina, o caduti chissà come dall'ultimo piano di un palazzo... Passano per incidenti e la gente fa finta di crederlo.»

«I diversi fanno paura» sussurra Micòl.

«Cosa c'è in me di diverso? Mi piacciono i maschi, come a un altro piacciono le bionde o le donne più grandi. A fare schifo sono quelli a cui piacciono i bambini. Sono in tanti, glielo assicuro. E non è questione di gusti, fanno schifo e basta.»

«Perché nel tuo locale ci sono solo donne, anche insieme ai figli?»

«Paradossalmente, dopo quello che mi è successo, non è più un posto sicuro per i gay, ma lo è diventato per le donne. Per la sua fama i mariti pensano che non corrano rischi...» risponde Jibril, le labbra curvate in un sorriso amaro.

«Cosa farai adesso?»

«Me ne andrò all'estero con la mia regina.»

«Il tuo compagno?» chiede Micòl.

«La mia regina è mia madre.»

Micòl e Tariq tornano a Betlemme nella melanconia del crepuscolo, costeggiando di nuovo il muro illuminato a giorno dai riflettori che appare a Micòl come uno spettrale dinosauro. E le torna in mente l'altro muro, quello fatto di abusi, compromessi e ricatti che Jibril le ha appena mostrato. Due muri: il primo esclude molti, l'altro solo alcuni. Tariq ha scavalcato entrambi e forse ce la faranno anche Jibril e la sua regina. Ma quanti rimangono in trappola? E quanti come suo figlio perderanno la vita in quella terra dolce e morbida, contesa da uomini duri, dove tutti sembrano avere torto e insieme ragione?

Percorrono a ritroso la strada del mattino senza parlare.

Micòl accende una sigaretta, abbassa il finestrino e guarda fuori. Inghiottito dal buio e costellato dalle luci dei villaggi, il paesaggio assomiglia al fondale di un presepio. Ma nessuna stella cometa quella notte.

Scegliendo strade laterali che si inerpicano sulle colline, Tariq si immette sulla statale oltre i posti di blocco. Guida veloce e a scatti come chi cova una rabbia segreta. Per il padre? Per la sua gente che lo rifiuta? Micòl teme che, nonostante tutto, decida di tornare a vivere a Jenin e non vuole perderlo.

La radio, sintonizzata su una stazione araba, trasmette canzoni tra il pop e il melodico. Cullata dalla musica, ancora una volta Micòl si assopisce.

La sveglia l'avviso sonoro dell'arrivo di un sms. È un laconico messaggio di Daniel:

"Comunicami la data del tuo rientro in Italia e inviami le ricevute delle spese che stai sostenendo"

Decide di superarlo in stringatezza e digita solamente:

"Ok"

Smarriti e soli, Micòl e Tariq affrontano il vuoto aggrappati alle proprie paure. Chissà quando riusciranno a parlare di Arièl.

Fino all'arrivo alla villa dei Ghassan, Micòl tiene lo sguardo inchiodato all'orizzonte. Vuole solo guardare avanti.

44

Giovedì, diciottesima giornata

All'apertura del testamento, Zahira si prende la sua rivincita. Le pagine autografe in cui il marito destina l'intera eredità al cugino Hassan sono costellate di correzioni vergate a mano, senza la dovuta controfirma, e il testo è così vago e lacunoso nel definire la percentuale che dovrà devolvere in beneficenza che il notaio si impunta. Dopo averle lette alle parti in causa, e averne commentato minuziosamente le imprecisioni, conferma che per legge i due terzi delle proprietà del defunto spettano di diritto agli eredi legittimi. E decide che, anche alla luce delle suddette approssimazioni circa la quota da destinare alla beneficenza, il terzo libero da vincoli che può essere attribuito al cugino andrà per metà a lui e per metà alle vedove e agli orfani di Jenin.

Rosso in volto e visibilmente indignato, Hassan sembra sul punto di esplodere ma non una parola esce dalle sue labbra contratte perché, vista la malaparata, all'istante ha concepito un piano. Da tempo pensa di candidarsi alle elezioni e nessuno che voglia scendere in politica si metterebbe mai contro vedove e orfani della propria città. Così, fatto un rapido calcolo a spanne del numero delle vedove di Jenin e dei loro parenti, e pensando alla imminente campagna elettorale, decide di far passare la donazione come un suo gesto magnanimo. Solo allora si placa.

Per celebrare il suo trionfo, nonostante il lutto, Zahira chiede ai domestici di servire il pranzo sotto il pergolato. Sulla tovaglia ricamata, in eleganti piatti di ceramica bianca e blu, ci sono *fattoush*, *maqloubeh*, hummus, tahina, *mtabaq*, *labaneh* di capra, fagottini dolci ripieni di formaggio *akkawi* e i pistacchi canditi che suo figlio adora. Fa caldo e c'è aria di addii.

«Vuoi andartene via un'altra volta, non è vero, Tariq? Resta, ormai sei ricco e nessuno avrà più il coraggio di toccarti. Puoi decidere di sposarti, posso aiutarti a trovare una ragazza dolce e discreta... Che male c'è?»

«Nemmeno un matrimonio basterebbe a pareggiare i conti. A Jenin sarò per sempre un traditore.»

«Ma tu non lo sei.»

«Potrei diventarlo...»

«Cosa vuoi dire?»

«È deciso, mamma: torno a Tel Aviv. Qui per me non c'è più posto e non ho nessuna voglia di nascondermi dietro un matrimonio di copertura.»

«Non mi lasciare, ti scongiuro.»

«Hai sempre detto che avresti voluto vivere a Parigi. Tel Aviv è meglio di Parigi. Vendiamo la tenuta e vieni con me!»

«Vendere? Magari a quel farabutto di Hassan? Mai. Hai visto come ha preso male la decisione del notaio? Sembrava impazzito.»

«Ma si è subito calmato. Ho sentito dire che ha deciso di candidarsi. Se vuoi vendicarti possiamo vendere la nostra parte al suo rivale.»

«Ti ricordavo più ingenuo. Meglio così, il mondo non sa che farsene dell'ingenuità. Va bene, ci penserò.»

Poi, cambiando tono di voce:

«Come pensi di rientrare in Israele?»

Micòl la interrompe:

«Ho un'idea. Per il ritorno ho prenotato lo stesso taxista arabo-israeliano che mi ha portato da Tel Aviv a qui. Verrà a prendermi alle cinque. All'ingresso non hanno fatto controlli. Tariq può venire con me.»

«Vale la pena di rischiare, il taxi ha la targa israeliana e ci scambieranno per turisti» sottolinea Tariq.

«E se i palestinesi controllano i documenti? Sanno che sei fuggito in Israele...» aggiunge Zahira.

«Posso sempre scappare di nuovo utilizzando il vecchio sistema. Preparo i bagagli» conclude Tariq.

Zahira lo stringe tra le braccia.

«La aspettiamo a Tel Aviv» le sussurra Micòl.

«*Inshallah* amica mia...» le risponde Zahira trattenendo le lacrime.

Quando Tariq sale a bordo del taxi, Ayoub capisce al volo che quel compagno di viaggio sbucato all'improvviso non la racconta giusta ma, siccome conosce Stella da tanto tempo e quella donna scorbutica non lo ha mai messo nei guai, incassa la mancia di Micòl senza fare domande. Al checkpoint nessuno controlla i documenti e tutto fila liscio.

Raggiungono Tel Aviv a notte inoltrata. Ayoub porta Micòl da Stella e Tariq da Arièl.

Nessuno dei due è davvero a casa propria, ma entrambi si sentono a casa.

45

Venerdì, diciannovesima giornata

Nella segreta speranza che l'incontro di due debolezze si trasformi in una forza, Micòl e Tariq continuano a vedersi.

Anche se teme quella dolorosa ricognizione, è lei a insistere per riordinare le cose di Arièl subito dopo il ritorno a Tel Aviv e lui, pur di rimandare ancora di qualche ora la decisione che lo tormenta, accetta all'istante.

È una giornata torrida e, nonostante abbiano aperto la vetrata e tirato le tende per schermare il sole, di primo mattino il caldo è già insopportabile.

Con voce flebile Micòl propone di cominciare dalla libreria, Tariq suggerisce di iniziare dalla cucina. Tergiversano, entrambi vorrebbero che tutto resti come Arièl l'ha lasciato, ma quando vedono Malak intrufolarsi nell'armadio lo interpretano come un segno del destino.

Guardinga, Micòl dischiude l'anta. Intuendo l'esitazione, Tariq acciuffa il gatto che si è subito acciambellato su una pila di felpe e prova a destreggiarsi:

«Hai ragione, meglio cominciare dai libri, di sicuro ce n'è qualcuno che vuoi portare in Italia.»

Micòl non lo ascolta, è concentrata sulle camicie, le sfiora delicatamente, poi d'improvviso ne pesca una e gliela appoggia sul petto, e con il capo inclinato da un lato:

«Provala, è di un magnifico rosso rubino, un colore perfetto per te.»

Imbarazzato Tariq esita, poi la indossa sopra la T-shirt.

«Ti sta a pennello!»

«Per forza, è una delle mie.»

Micòl trasecola:

«Perdonami, sono una stupida! Vivevate insieme e avevate gli abiti nello stesso armadio.»

«Abbiamo mischiato le vite, figuriamoci le camicie.»

«Non voglio nulla, è tutto tuo.»

Micòl sta per chiudere lo sportello quando il lembo di una sciarpa di seta che spunta da un cassetto attrae la sua attenzione.

«Terrò solo questa. Gliel'ho regalata per un compleanno.»

Non ha dimenticato il giorno in cui l'ha comprata e il motivo per cui l'ha scelta: è dello stesso colore dei suoi occhi, di quelli di Arièl e di quelli di Amal, lo sconosciuto che ha fatto irruzione nel suo albero genealogico. Avvolgendo la sciarpa intorno al collo avverte l'odore del figlio ormai lieve e quasi del tutto svanito. Il ricordo la invade, vivido e penetrante, e scoppia in un pianto disperato. Il passato che non riesce a passare si annoda al presente strangolandolo.

Scossa dai singhiozzi, Micòl ansima e balbetta:

«Non respiro, mi manca l'aria...»

Tariq la guida dolcemente verso il letto e d'istinto Micòl si abbandona sul lato vicino alla finestra. Lei non lo sa ma è quello del figlio quando dormiva con Tariq.

E a lui torna in mente la prima notte passata insieme.

"Dormo io vicino alla finestra" gli aveva detto Arièl.

"Perché?"

"Perché così posso proteggerti meglio."

"Da cosa?"

"Dai ladri, dai fantasmi e dai brutti pensieri."

Sin dal primo giorno Arièl lo aveva protetto, mentre Tariq ancora non si decide a denunciare il mandante del massacro. E ora, nel letto in cui si erano amati, la madre singhiozza artigliando le lenzuola.

Al ritorno da Jenin, Micòl non ha pensato ad altro: Tariq e il kamikaze provengono dalla "città dei martiri", possibile che non si siano mai incontrati?

Per chi resta non c'è pace. Micòl ha bisogno di sapere: subito.

Si gira e guardandolo dritto negli occhi:

«Il kamikaze era di Jenin. Tu lo conoscevi?»

«No» mente Tariq.

Lei non gli crede. È di nuovo precipitata nel gorgo: è un coltello senza taglio, una radice senza terra, un seme marcito in un ventre sterile. E nella ferita ancora aperta si è infiltrato un sentimento feroce: la vendetta.

«Il mio Arièl è morto e il mandante del massacro se ne va in giro impunemente! Lui mangia, beve, dorme e fa l'amore mentre mio figlio non può più farlo... Maledetto! Sia maledetto! La deve pagare, subito, ora!»

Amplificato dal velo delle lacrime, il verde delle pupille di Micòl è fosforescente e all'istante nella mente di Tariq madre e figlio si confondono diventando un'unica persona.

«Voglio vendetta!» grida Micòl con i pugni serrati.

Per Tariq è una frustata: chi sta parlando, Micòl o Arièl?

Grigio e feroce, il demone della vendetta di cui non ha mai conosciuto il volto lo ghermisce, lo avvolge e diventa parte di lui.

D'improvviso Tariq si decide e con una voce che non riconosce:

«Rimani qui a riposare.»

Micòl gli afferra il braccio:

«Dove vai?»

«A consegnare un documento...»

«Non lasciarmi sola!»

«Torno subito, nel frattempo ti proteggerà Malak.»

Il gatto balza sul letto e si acciambella ai piedi di Micòl.

Tariq attraversa la città a passo veloce, il demone avvinghiato al collo che lo cavalca e lo aizza.

Ha deciso. Sta andando a denunciare il mandante al capitano Baruch. E se non l'avesse trovata? Se non gli avesse creduto? E se fosse troppo tardi?

È arrivato a Sarona, a pochi passi dal Comando Generale delle Forze di Sicurezza, quando sente una mano che gli afferra la spalla.

«Tariq! Sono giorni che ti cerco...»

Incorniciato dalle peyot color stoppa, gli appare il volto pallido di Youval, il ragazzo ortodosso incontrato a Beit Dror. Nell'ombra proiettata dall'ampia tesa del cappello i suoi occhi celesti luccicano febbrili, ma il corpo smagrito si perde nel pastrano di raso nero e trascina a fatica un trolley pesante come una condanna.

«Ho fretta, ci vediamo domani.»

«Non c'è domani per me. I miei mi hanno scoperto.»

«Non posso aiutarti.»

«Dalla mia famiglia a Gerusalemme non posso tornare e a Beit Dror non c'è posto. Ospitami, solo per qualche giorno.»

«Come sai che ho una casa?»

«L'ho immaginato, a Beit Dror non ti ho più visto.»

Aggrappato al suo braccio Youval lo trattiene. Ma il demone lo spinge a liberarsi.

«Ho altro da fare! Lasciami!»

«Ti prego...» piagnucola Youval.

Il demone pianta le unghie nei fianchi di Tariq e sibilando gli suggerisce la frase.

«D'accordo, ti aiuterò. Ora siediti e aspettami qui. Sarò di ritorno tra un'ora.»

Youval obbedisce.

Solo quando Tariq varca l'ingresso del Comando, finalmente il demone allenta la presa.

Al sottufficiale che controlla gli accessi, un giovanotto timido con le guance rosee e una precoce calvizie, Tariq chiede di chiamare al telefono il capitano Noa Baruch.

«Purtroppo è appena uscita. Sta per iniziare Shabbat, ripassi domenica mattina. Se è per qualcosa di urgente può dire a me o lasciare un messaggio.»

«La cercherò domenica, grazie» risponde Tariq tornando rapidamente sui suoi passi.

Il fiato fetido del demone gli alita di nuovo sul collo. Deve trovare il capitano prima che sia troppo tardi, forse quell'uomo si sbaglia, forse si è trattenuta in qualche stanza, forse è in un corridoio, forse...

La aspetta per più di mezz'ora fuori dal Comando. Nulla, del capitano Baruch nemmeno l'ombra. Con passo veloce, torna dal mansueto Youval che disciplinatamente lo attende su una panchina. Non appena lo vede sgrana gli occhi cerulei e con il palmo delle mani rivolto al cielo:

«Grazie a D-o sei tornato.»

«Ringrazia il tuo Shabbat» risponde rabbioso Tariq.

Poi prende il cellulare e chiama Micòl:

«Sto tornando, tutto bene?»

«Non riuscivo a restare a casa da sola e sono andata da mia madre.»

All'altoparlante risuona la voce perentoria di Stella che si è impadronita del telefono:

«È Shabbat, vieni a cena?»

Youval ha sentito e aggrappato al braccio dell'altro piagnucola:

«Dovunque tu stia andando, ti prego, portami con te, non so come cavarmela...»

«Posso venire con un amico che è nei guai?» chiede Tariq.

«Ma certo. È musulmano, ebreo, o cosa?»

«È ebreo ortodosso.»

E Stella di rimando:

«È il benvenuto, almeno uno di noi conoscerà le preghiere.»

La casa fortezza di Stella al passaggio di Youval mostra gli aculei. Il braccio irto di un cactus gli fa cadere a terra il cappello e, prima che riesca a rimetterlo in capo, una spina si impiglia nella kippà; poi è la volta del trolley che non ne vuole sapere di scivolare in casa. Tariq invece passa senza un graffio.

Il demone, non appena ha capito dove i due erano diretti, ha abbandonato la presa, ma ha continuato a seguirli da presso e quando li ha visti avvicinarsi alla casa di Stella ha rallentato.

A intimorirlo non è stata la barriera di aculei ma l'energia positiva emanata da quel piccolo edificio. Abile nell'insinuarsi nei varchi aperti dal dolore, rifugge la forza trascinante dell'amore. E, temendo di essere annientato dal patto stretto tra Micòl e Stella per vincere la morte, si è subito raggomitolato ai piedi della scala, in attesa.

E ci ha visto giusto. In ritardo, le due donne si sono riscoperte madre e figlia: un legame capace di tenere alla larga i demoni.

A casa di Stella la vecchia *menorah* che troneggia sul davanzale della finestra deve esser stata lucidata perché ha ritrovato il suo bagliore. Sul tavolo ci sono il calice d'argento per il *Kiddush*, il vino, la *challah* coperta da un tovagliolo ricamato e piatti appetitosi: pollo al forno con le dolci batate israeliane preparato da Stella, un riso con pomodoro e piselli cucinato da Micòl, un vassoio colmo di frutta fresca e una crostata di albicocche comprata in una pasticceria ungherese in fondo alla strada. Un trionfo di peonie in un vaso blu ripescato nel ripostiglio completa l'effetto. Per quella strana cena di Shabbat, Micòl e Stella hanno fatto miracoli.

«Vi presento Youval Rappaport, l'ho conosciuto nella casa rifugio di Beit Dror» esordisce Tariq indicando l'amico. «Youval, ecco le padrone di casa: Stella Attias e Micòl Anav.»

«*Shabbat Shalom*» mormora rispettoso Youval accennando un inchino.

«Dall'abito e dalle peyot direi che sei un ebreo ortodosso. Mi corre dunque l'obbligo di descriverti la stramba famiglia con cui passerai lo Shabbat: io sono una vecchia ebrea, laica e sionista, mia figlia un'ebrea solo quando le pare e Tariq, come sai, è un musulmano. Per uno Shabbat in piena regola, faremo dunque affidamento soprattutto su di te.»

Sul volto pallido di Youval spunta un sorriso compiaciuto. Protagonista indiscusso, entra subito nella parte e, dopo aver sbirciato il quadrante dell'orologio da polso, con aria cerimoniosa:

«Mancano pochi minuti al tramonto, avete acceso le candele?»

Stella alza gli occhi al cielo:

«Micòl, presto, cerca i fiammiferi che siamo in ritardo con il Padreterno!»

Stella accende le candele e lo Shabbat ha inizio. Youval recita il *Kiddush* con il calice d'argento colmo di vino, lo benedice, ne beve un sorso e ne versa agli altri. Dopo l'abluzione delle mani, toglie il tovagliolo ricamato che copre la *challah*, la benedice e la divide in piccoli pezzi che spolvera con il sale. Dopo aver mangiato il suo porge gli altri ai commensali.

Il cappello che il mite Youval tiene sempre in capo proietta sul suo volto emaciato un'ombra lunga e minacciosa che i vacui occhi celesti mitigano solo in parte.

«Il sabato conclude la creazione del mondo» cantilena con voce nasale ma ispirata. «Tutti riposerete e santificherete il sabato perché è il Signore che ce lo comanda. Lui che ci ha tratto dalla schiavitù d'Egitto con mano potente e braccio steso.»

E conclude con un gesto largo e armonioso che gli fa dondolare i cernecchi color stoppa:

«*Shabbat Shalom!*»

Il discorso è breve ma colpisce tutti. La compagnia fa onore al cibo e quando della crostata di albicocche rimangono solo briciole, Stella esordisce:

«Era da tempo che non facevamo uno Shabbat decente e

grazie a te lo abbiamo avuto. Ma non pensare di cavartela solo con le preghiere. Mi sembri molto giovane.»

«A novembre compirò diciott'anni.»

«I ragazzi che passano per Beit Dror hanno sempre storie dolorose. Coraggio, racconta la tua.»

Intimidito da una richiesta così diretta, Youval balbetta:

«La mia storia? Quale?»

Spalanca gli occhi cerulei, aggiusta la falda del cappello e arroccandosi nella trincea delle regole:

«Di Shabbat è proibito discutere di argomenti materiali. È un giorno dedicato interamente a *Hashèm* e si deve parlare solo della Sua Sacra Torah.»

«L'Altissimo con il dolore c'entra sempre. Coraggio, racconta» ribatte Stella.

«Se proprio volete» sussurra imbarazzato, poi comincia: «La mia è una famiglia di pii ebrei ortodossi di Gerusalemme. Mio padre è rabbino e io ho studiato in una celebre *yeshivah*. Mi stavo preparando a emularlo quando ho avuto i primi dubbi sulle mie... inclinazioni.»

Si interrompe e lancia uno sguardo interrogativo a Tariq che gli fa cenno di continuare.

«Quando ho preso coscienza di essere omosessuale mi sono sentito perso. Noi studenti delle *yeshivah* siamo giocolieri di parole e all'inizio mi sono aggrappato a quelle.»

«Spiegati meglio» chiede Stella incuriosita.

Youval prende fiato, intreccia le dita candide come cera, e continua:

«Nella Bibbia, i rapporti omosessuali sono descritti come *toevà*. Il Talmud interpreta la parola come un composto di *toé* e *atà*, ovvero "ti sei smarrito". Ho pensato dunque di essermi solamente smarrito. Non la trovate una lettura interessante?» conclude compiaciuto tormentandosi i cernecchi.

Gli occhi trafitti da un'oscura malinconia, Tariq mormora:

«Ogni dritto ha il suo rovescio. E solo perdendo la strada se ne scopre un'altra.»

«Forse. D'altronde quando sin da bambino cresci ringraziando nelle preghiere mattutine D-o per non averti fatto nascere donna e poi scopri di essere gay non puoi che pensare di trovarti a un passo dall'abisso.»

«E dunque?» chiede intenerita Micòl.

«Ho alzato lo sguardo al cielo e ho chiesto: "Perché mi hai fatto diventare qualcosa che non vuoi che io sia?".»

D'istinto, lascia una pausa a effetto e poi continua:

«Attendevo un segno, ma nessun boato, nessuna voce interiore, nulla, solamente il silenzio. L'Altissimo con me sembrava essersi distratto. Capita anche a lui, qualche volta.»

«Più spesso di quanto si pensi» risponde amara Stella.

«Le regole ferree della mia comunità fino a quel momento mi avevano fatto sentire al sicuro. Ero sempre stato certo che dopo il matrimonio le donne dovessero rasare il capo e indossare la parrucca, che l'autentico ebraismo fosse solo quello della Polonia del Settecento e che gli ebrei hanno a disposizione solamente due ruoli: o quello delle vittime o quello del super ego spirituale dell'umanità. Ed ero assolutamente certo che desiderare un uomo fosse proibito. Eppure lo desideravo.»

«Un tormento» conclude Micòl.

«Un paradiso claustrofobico che si è trasformato in un incubo quando ho provato delle pulsioni inconfessabili per un compagno della *yeshivah*. Avevo bisogno di incrociare il suo sguardo e provavo la spinta irresistibile a sfiorarlo con ogni stratagemma. La certezza del disastro incombeva su di me. Volevo andarmene ma come potevo abbandonare quell'universo di certezze? Ho preferito vivere due vite parallele. A Gerusalemme ero un santo e fingevo di interessarmi alle ragazze, contando che tutto sarebbe andato a posto dopo il matrimonio. A Tel Aviv desideravo con tutte le mie forze diventare un diavolo, ma non avevo il coraggio di andare fino in fondo perché avevo il terrore di essere scoperto e messo al bando dalla mia comunità, in cui volevo a tutti i costi rimanere.»

«Anche se non eri già più con loro» sottolinea Stella, che la sa sempre più lunga di tutti.

«Un giorno però mi sono fatto coraggio e sono entrato in una sauna gay. Avevo nascosto i cernecchi e mi aggiravo timido e impacciato quando, non visto, nei vapori ho riconosciuto un commerciante di pietre che lavora con mio zio, sposato e con dieci figli, che accarezzava un ragazzo. Anche per lui Gerusalemme era la Città santa e Tel Aviv quella del peccato.»

«Chi ti ha scoperto?» chiede Tariq fino a quel momento rimasto in silenzio.

«Mio padre. Lui è un rabbino, lo scopo della sua vita è distinguere il puro dall'impuro, e la sua principale attività sono le certificazioni di *kasherut*. Ogni giorno visita una macelleria rituale, un'azienda vinicola o un caseificio, per certificare che tutti i procedimenti seguano le regole della purezza. Quella mattina io ero andato in autobus a Tel Aviv e, a mia insaputa, anche lui era lì per ratificare la *kasherut* di un ristorante. Mi ha sorpreso in un'automobile con un uomo. Lo abbracciavo e basta, ma la scena era inequivocabile e questo è bastato.» Si copre il volto con le mani e continua: «Proprio lui che appone il sigillo di purezza scopre che non può metterlo a suo figlio. Per lui io non ero più *kasher*».

«Ridicolo» commenta Stella. «E cosa ha fatto?»

«Mi ha costretto a tornare con lui a Gerusalemme. La mia omosessualità non poteva che essere una malattia mentale, un difetto, un'anomalia che doveva essere curata. Prima mi ha portato a forza da un medico per gli esami ormonali, poi da un celebre rabbino di cui si fida ciecamente e infine dallo psicoanalista.»

«Ti è andata bene» mormora Tariq.

«Non mi ha picchiato, ma quattro sedute alla settimana con uno psicoanalista che voleva a forza farmi ritrovare il maschio che secondo lui tengo nascosto dentro di me sono una violenza inaudita!»

«E tu?» chiede Micòl accorata.

«Non riuscivo a rassegnarmi. I miei antenati sono emigrati in Israele per sfuggire ai pogrom ma uno come me dove può fuggire?»

«L'omosessualità come abominio è una delle poche cose sulle quali ebrei, cristiani e musulmani vanno d'accordo» borbotta Stella.

«Nella mia comunità è qualcosa da nascondere, curare, schiacciare, e se ti ostini nelle tue inclinazioni ti minacciano e possono diventare anche violenti. Sono legittimati a farlo, seguono il testo sacro: "Se un uomo giace con un uomo, come si fa con una donna, ambedue hanno commesso cosa abominevole: saranno sicuramente messi a morte; il loro sangue ricadrà su di loro" dice il Levitico. Ma da studente di *yeshivah* io mi interrogo: il voto di castità è estraneo alla religione ebraica, i rabbini dunque non possono condannarci all'astinenza.» Youval sgrana gli occhi cerulei, il volto pallido arrossato dall'enfasi. «La Legge vieta i rapporti sessuali tra uomini e lo spargimento di seme, ma non vieta di essere attratti da una persona del proprio sesso. Dunque è permesso desiderare ma non è permesso godere? Tutto ciò è assurdo, intollerante e crudele!» conclude con voce lamentosa.

«Ringrazia di vivere in Israele che protegge i diritti dei gay» sbotta Stella che detesta i piagnistei.

«Nella laica e spensierata Tel Aviv forse, ma nella nostra Gerusalemme devota e castigata le cose vanno diversamente. Un vecchio detto recita: "Gerusalemme prega e Tel Aviv si diverte", ma gli omosessuali nascono anche nella Città santa! Guardate me...» Il tono di Youval è sempre più dolente.

«Quando hai deciso di andartene?» gli chiede Stella.

«Quando mio padre mi ha urlato in faccia: "Vorrei che tu non fossi mai nato".»

«Atroce. E tua madre? Come ha reagito tua madre?» gli domanda Micòl.

«Piangeva e continuava a dire che non meritava tutto questo. Che l'Altissimo mi perdoni e che mi perdoni mia madre.»

Micòl immagina la madre di Youval e pensa a sé stessa e a Zahira: tre donne da capire e perdonare.

A casa di Stella Attias, come in ogni Shabbat che si rispetti, il tempo si è fermato. Ma l'orologio segna ormai la mezzanotte e Tariq e Youval decidono di congedarsi, il primo con un sorriso amaro, l'altro profondendosi in sperticati ringraziamenti. È già sulla soglia quando, con il cuore in tumulto, Tariq si avvicina a Stella e le sussurra:

«A Hanita il capitano Noa Baruch mi ha chiesto un incontro. Prima di venire qui l'ho cercata al Comando a Sarona ma lei era già andata via. Di sicuro sa come posso contattarla...»

«Chiamarla di Shabbat non mi sembra una buona idea. Devi sentirla per forza domani?» chiede Stella senza lasciar trapelare la curiosità.

«Intanto può darmi il suo numero di telefono?»

Micòl, a cui non è sfuggita la domanda, si intromette:

«Hai bisogno del numero di Noa? Te lo invio con un sms...», poi si raccomanda: «Attenzione alle spine quando uscite».

Madre e figlia vedono le sagome scure dei due giovani percorrere un breve tratto di strada e sparire nella via laterale. Nessuna delle due si è accorta dell'ombra demoniaca che li segue a balzi, pronta a riprendere il suo posto in groppa a Tariq.

Stella chiude il chiavistello a doppia mandata. Il tonfo sordo del bastone anticipa i suoi passi verso la camera da letto, ma sulla soglia si gira:

«Sono orgogliosa di te.»

«È la prima volta che me lo dici. E per cosa?»

«Per come stai risalendo a galla. *Shabbat Shalom*, Micòl.»

«*Shabbat Shalom*, mamma.»

In quel giorno separato da tutti gli altri giorni, Stella e Micòl sanno di aver fatto quello che dovevano: nutrire e amare due ragazzi speciali, proprio come il loro Arièl. Ed entrambe, in buona coscienza, sentono di poter finalmente riposare.

46

Tariq non conosce il peccato. Sedurre è la sua natura, nessuna tortuosità e nessuna colpa. Lui è una rosa senza spine: tutta bocciolo e profumo. Ma non è così per Youval.

Camminando verso casa e poi per tutta la notte, non smette di parlare. I peccati che davanti alle candele di Shabbat non si è permesso di rivelare, li confessa ora senza pudore.

I pensieri più sconci gli affiorano alle labbra sovrapponendosi l'un l'altro in un sabba di fantasie erotiche sconosciute al giovane di Jenin. Incontri clandestini, rapporti scabrosi e sogni lascivi si aggrovigliano fino al termine della notte.

Quando finalmente sembra aver vuotato il sacco, nel lungo silenzio senza più corpi avviluppati e desideri inconfessabili, si insinua la voce suadente di Tariq:

«Dimmi la verità, hai mai fatto l'amore con un uomo?»

«Io? No... Non l'ho mai fatto» balbetta Youval.

«Per questo gli uomini te li sei immaginati tutti e in tutti i modi possibili.»

«La mia è una febbre. Ma sono per lo più fantasie... Desiderare non è mica peccato.»

«Se lo avessi fatto davvero sapresti che è molto di meno e insieme molto di più delle tue contorte fantasticherie.»

Rimangono a lungo in silenzio, poi all'improvviso Youval: «Sei cambiato dai giorni di Beit Dror, sembri un vecchio.»

«Ormai lo sono.»

Tariq lo prende per mano e lo guida fino al letto, mentre l'altro lo guarda con un misto di terrore ed eccitazione.

«Non è quello che immagini. Sei stanco e devi dormire.»

Gli toglie il cappello, lo aiuta a sfilarsi il pastrano, gli sfila le scarpe, gli sbottona la camicia e lo fa distendere. Supino, con gli occhi sbarrati, i cernecchi biondi abbandonati sul cuscino e le mani conserte sul petto, sembra un moribondo.

«Chiudi gli occhi e cancella tutto. Lasciati andare» gli sussurra carezzandogli dolcemente la fronte.

L'energia che si sprigiona dalla mano di Tariq lo calma.

«Grazie» bisbiglia prima di scivolare in un sonno profondo.

Il respiro di Youval, sempre più lento e pesante, annuncia che il dio del giovane ortodosso è stato clemente e gli ha concesso l'oblio.

Subito prima dell'alba, d'improvviso Malak sbuca da sotto il letto. La schiena inarcata, il pelo ritto, e gli occhi ridotti a fessure, emette un miagolio straziante.

In quell'istante, Tariq si sente afferrare alle spalle: il demone, che fino a quel momento si era tenuto da parte, gli serra i fianchi in una morsa e ricomincia a incitarlo.

Una forza oscura spinge Tariq a sfiorare con le dita il cellulare. L'sms di Micòl con il contatto del capitano Baruch è lì, numeri di vetro che feriscono e con i quali può ferire.

Mentre conta i secondi che lo separano dalla prima decisione che abbia mai preso in tutta la sua vita, Tariq si interroga per l'ultima volta. Come è arrivato a quel punto? Proprio lui, che non ha mai scelto nulla per davvero? Proprio lui, a cui la ricchezza degli agrumeti di famiglia e quella madre stravagante e protettiva hanno permesso di rimanere in una bolla senza tempo? Proprio lui, che per contrastare le ambizioni del padre si è rifugiato nella magia sprigionata dalle sue mani? Proprio lui, che persino la fuga in Israele la deve a Zahira? Proprio lui, ora sceglie di vendicarsi e di vendicare Micòl.

Una misteriosa energia lo invade, i dubbi svaniti come miraggi, le paure dissolte come nebbia al sole.

Sì. Farà catturare il mandante della strage che ha ucciso Arièl. Sì, chiamerà il capitano e le rivelerà il rifugio segreto dell'uomo di Hamas. È giusto così. Ne è tanto convinto che gli sembra persino di averla sempre desiderata quella vendetta: quel giorno a Shabazi Street, nelle notti insonni a Beit Dror, e immerso nella pozza con Ziad.

Sì, come tutti, ora anche lui vuole vendicarsi.

All'improvviso si sente un altro. Nemmeno lui sa chi è diventato, ma quel nuovo Tariq gli piace.

Aggrappato al suo collo, il demone della vendetta continua ad aizzarlo, impaziente e feroce.

Tariq estrae dalla tasca il cellulare e compone il numero del capitano.

47

Ogni volta che deve scegliere il nome in codice di un'operazione, Dan Gabai applica le regole di Churchill: mai nomi trionfalistici o che ne svelino il contenuto, meglio eroi dell'antichità, costellazioni o cavalli da corsa. Ma, poiché non gioca ai cavalli e sugli eroi greci è arrugginito, decide di battezzare la cattura del mandante del massacro di Shabazi Street operazione *Hayal Boded*, in onore al soldato solo che ha perso la vita nell'attentato.

L'informazione è arrivata la sera precedente e la fonte è attendibile, giusto il tempo di fare le verifiche e il colonnello decide: agirà stanotte, la notte di Shabbat.

Con poche parole stringate, comunica le modalità dell'intervento allo staff ristretto e ai soldati coinvolti:

«*Hayal Boded* è un'operazione di massima segretezza. Quell'uomo non deve sfuggirci. Ho scelto voi della Kfir perché siete i più esperti in Giudea e Samaria. A entrare in azione sarete in otto, divisi in due gruppi da quattro. Arriverete con mezzi civili e avrete in dotazione fucili notturni con mirino speciale Mars e puntatore laser. Un gruppo rimarrà di copertura all'esterno del capannone, due uomini all'ingresso e due sul retro. Agli altri quattro, un ufficiale, un radiofonista e due tiratori scelti, il compito di fare irruzione. Al tenente e a un tiratore scelto quello di aprire le danze. In pochi secondi si decide il risultato: vita, morte, cattura. Una volta dentro, sarete soli. Tenete bene a mente che quell'uomo ci serve vivo. E ci servite vivi anche voi. Buona fortuna.»

Nimrod Oz ed Eliezer Lieberman hanno studiato insieme le mappe satellitari e conoscono a memoria la topografia del terreno: sasso per sasso, albero per albero, cespuglio per cespuglio. Ogni scenario e ogni reazione sono stati previsti. Hanno in testa le distanze, l'ingresso del capannone, le porte, le vie di fuga. Tutto è stato memorizzato e registrato. Insieme si sono spalmati il volto con una crema bruna, insieme hanno indossato il giubbotto antiproiettile e il passamontagna e insieme sono saltati sul furgone di sementi dove li aspettano Moshe Nahum, l'ufficiale in comando pluridecorato scelto da Dan Gabai per dirigere l'operazione, e Edna Polak, la radiofonista.

Il furgone li scarica a due chilometri dall'obiettivo che dovranno raggiungere a piedi.

La consegna è il silenzio assoluto. Curvi tra i cespugli, discendono la collina comunicando a gesti: un movimento rapido delle dita per indicare la direzione, destra o sinistra, e il palmo aperto per l'arresto. Si sente solo il rumore degli stivali che calpestano la terra, e quello dei respiri. Raggiungono senza intoppi il punto indicato dalle coordinate: il magazzino abbandonato dove è nascosto l'uomo di Hamas.

Nel buio i due gruppi, disposti secondo lo schema, aspettano di ricevere l'ordine di avvicinarsi all'obiettivo.

In quel tempo sospeso, ciascuno cancella figli, mogli, madri, conta solo l'istante e rimanere vivi.

Il cuore del tiratore scelto Nimrod batte veloce sotto il giubbotto antiproiettile: anche se nelle esercitazioni ha sempre raggiunto il punteggio massimo, cento centri su cento, quella è la sua prima cattura e controlla a stento l'emozione.

Il cuore di Eliezer invece batte lento: ha già partecipato a molte azioni. Ha visto sparare Nimrod al poligono, avere al fianco quel pivello con il talento naturale del cecchino lo fa sentire al sicuro. Eliezer è il cervello, Nimrod l'occhio, e sono pronti ad agire in sincrono.

Mancano tre ore all'alba quando via radio Dan Gabai autorizza l'operazione.

Dei quattro uomini di copertura, due si dispongono dietro ai tronchi dei grandi eucalipti accanto all'ingresso principale e due scivolano nell'ombra a controllare il retro. Gli altri aspettano ordini da Moshe. Nel buio gli sguardi si incrociano, Moshe con l'indice si picchia sul petto, poi indica Nimrod. Eliezer e Gal capiscono che a entrare nel capannone per primi toccherà all'ufficiale pluridecorato e al tiratore scelto pivello.

Con i mirini notturni perlustrano l'area: nessuna luce, nessun movimento, nessun rumore. Con un cenno della mano destra Moshe ordina di procedere.

Rapidi e senza il minimo rumore, raggiungono l'ingresso del capannone, le luci dei led, come insetti luminosi, li precedono. Con un gesto secco Moshe fa scivolare lungo i binari la porta e si insinua nello spiraglio, Nimrod lo segue con il dito sul grilletto e l'occhio incollato al mirino del fucile, Eliezer e Gal gli vanno dietro di copertura e si acquattano dietro un cumulo di balle di fieno. Nel buio intravedono un trattore, un camion, e in fondo un grande container. Sono dentro da pochi secondi quando, da dietro la gigantesca ruota del trattore, parte il fuoco. Nel mirino Nimrod vede la punta di una scarpa, prende la mira e spara. L'uomo prima rotola a terra, poi spara di nuovo. Questa volta Nimrod punta alla gamba e lo colpisce. L'uomo si raggomitola con un lamento straziante, Gal lo raggiunge e lo immobilizza. Intanto, strisciando lungo le pareti, Moshe e Eliezer hanno raggiunto il container in fondo al capannone, Nimrod li segue spazzando l'aria con il fucile.

Non può che essere chiuso lì dentro, gli spari lo hanno messo in allarme. Si sente il rumore dei suoi passi cauti sul pavimento metallico e del suo respiro affannoso. D'improvviso Moshe con le dita ben visibili indica agli altri: uno, due... al tre fanno irruzione. L'uomo di Hamas impugna una pistola che Nimrod gli fa saltare al primo colpo. Gli bloccano i polsi con le manette e gli coprono gli occhi con la fascia di flanella che si usa per pulire i fucili. Lo trascinano fuori di peso. Moshe ordina l'evacuazione, Edna segnala all'elicottero il via libera all'atterraggio. È fatta. È vivo e nelle loro mani.

Il rumore assordante delle pale dell'elicottero squarcia il silenzio e il vento artificiale alza la polvere del piazzale e la trasforma in una nebbia. Salgono a bordo in dieci: gli otto soldati del commando, il ferito e il mandante della strage ammanettati e bendati.

L'elicottero si solleva e sparisce nella notte.

Nimrod ha sparato tre volte ma non ha ucciso. Sotto il giubbotto antiproiettile il cuore del tiratore scelto pivello ritrova il battito regolare. Pensa a Rivka, la ragazza che lo aspetta nel kibbutz del deserto e non sa nulla di quella notte e di quella paura, e mentre immagina di accarezzare i suoi fianchi di seta e i suoi seni pesanti lentamente il dito abbandona il grilletto. Vuole solamente sdraiarsi accanto a lei sulla sabbia e dimenticare.

48

Sabato, ventesima giornata

Quando all'alba ha ricevuto l'sms di Tariq, Noa non si è stupita. Quel ragazzo melanconico le è piaciuto da subito ed è stata proprio lei a chiedergli un incontro. Gli dà appuntamento in un bar di Sarona, a due passi dal Comando Generale delle Forze di Sicurezza, alle sette in punto. È un'ora insolita, ed è Shabbat, ma è impaziente di comunicargli quello che è successo proprio quella notte.

«*Shabbat Shalom* Tariq, felice di incontrarti. Caffè o succo di frutta?»

«Nulla, grazie, capitano.»

«Hai la faccia stanca.»

Tariq abbozza un sorriso amaro.

«Sono qui per dirle che...»

«... Che hai sentito la notizia alla radio! L'hanno trasmessa poco fa. Abbiamo avuto una soffiata e stanotte l'abbiamo catturato! Il blitz è stato un successo: nessuna vittima.»

Il demone abbandona la presa all'improvviso e Tariq barcolla.

«Ti senti bene?»

«Mi gira la testa...»

Noa versa dell'acqua nel bicchiere e glielo porge con un sorriso raggiante.

«Avanti, bevi.»

Poi gli sfiora il braccio e aggiunge:

«La cattura non ci restituirà Arièl e nessuna delle vittime, ma almeno quel terrorista è in galera.»

Tariq rimane in silenzio. Le parole non trovano la loro strada. Il demone è ancora al suo fianco, sente il suo alito fetido e la sua smania malsana.

«Coraggio, perché mi hai chiamato? Cosa vuoi dirmi?»

«Che sono tornato a Jenin.»

«Per la morte di tuo padre, lo sappiamo.»

«Ma, io...»

«Abbiamo degli informatori. Non essere ingenuo, credevi di riuscire a intrufolarti per la seconda volta impunemente attraverso la barriera di divisione senza che noi lo sapessimo? E al ritorno con Micòl, come pensi di aver passato i checkpoint senza controlli? Per caso? A proposito, devo chiederti di consegnarmi il cellulare. Dopo il tuo ultimo spostamento dobbiamo farlo controllare dalla security. È meglio per noi e per te. Se, come sono certa, non c'è nessuna telefonata inopportuna, ne uscirai pulito.»

Tariq lo tira fuori dalla tasca e glielo porge.

«Dovrai procurartene uno nuovo. Ricordi a memoria il numero di tua madre? Magari hai voglia di sentirla.»

«Me lo ricordo.»

«Dove vivi a Tel Aviv?»

«A casa di Arièl.»

«Ottimo. Micòl ha fatto la cosa giusta. Sei un ragazzo a posto, dunque vedremo di aiutarti anche noi, magari con il permesso di lavoro. Ti chiamo non appena saprò qualcosa.»

Il capitano pretende di pagare il conto e stanno per salutarsi quando gli sussurra:

«Se te la senti puoi lavorare per noi. Il mandante della strage è stato catturato ma ne spunteranno altri e magari in futuro potresti darci una mano.»

«A Jenin tutti sanno della mia fuga e qualcuno anche

dell'amore con un soldato israeliano. Per loro sono un uomo morto.»

«Staremo a vedere. In questa terra le cose cambieranno, devono cambiare. Abbi cura di te, e coraggio: il peggio è passato.»

Tariq ha appena scoperto di essersi tormentato invano. E di aver trascorso i drammatici giorni di Jenin sotto un tiro incrociato di sguardi: quello ostile dei concittadini che lo credono un traditore e quello vigile degli informatori israeliani che sperano lo diventi.

Rimuginando le parole del capitano, cammina senza meta. Il demone gli sta dietro, a pochi passi di distanza. Tutto è compiuto, perché continua a seguirlo? Ha sentito per giorni il peso, il morso e il fiato nauseabondo di quello spirito maligno ma ancora non lo ha mai visto in faccia. Prende coraggio e si volta ma, proprio in quell'istante, il demone con un balzo lo scavalca. Tariq lo insegue. Corre dietro a qualcosa che a chiunque sembrerebbe un gomitolo di fumo o lo sbuffo di una marmitta, ma sa che è lui. Attraversa di corsa i giardini del quartiere dei Templari e sta quasi per raggiungerlo, quando il demone sparisce in un tombino emanando un mefitico miasma.

Si guarda intorno smarrito. È al centro di un misterioso fazzoletto d'Europa incastonato nella modernità. Da una parte il palazzo del Comando Generale delle Forze di Sicurezza, dall'altra i grattacieli degli affari, in mezzo un complesso di casette teutoniche con balconi di legno e tetti spioventi costruiti per sopportare il peso di una neve che a Tel Aviv non sarebbe mai caduta. Per un giovane che ha negli occhi gli archi, le cupole, i dedali e i labirinti della sua terra, le linee aguzze e taglienti di quei villini germanici sono estranei e inquietanti. È forse per questo che il demone lo ha spinto proprio qui?

In Israele il passato è un eterno ritorno.

Se Tariq sapesse che quel quartiere è stato costruito alla fine dell'Ottocento da una setta di protestanti tedeschi neotemplari che si erano messi in testa di fondare una colonia agricola per attendere il ritorno del Messia, capirebbe che i sionisti non sono stati i primi a desiderare di fare propria quella terra.

Se fosse al corrente che nel '37 un terzo di quei tedeschi aveva la tessera del partito nazista, e che per questo il protettorato inglese in Palestina li aveva deportati in Australia, forse capirebbe che c'è un motivo se il demone è stato inghiottito proprio dalle fognature di quel quartiere intriso di *Deutschtum*.

Se Arièl gli avesse raccontato che nei sotterranei del villaggio erano state scavate gigantesche cantine per conservare i vini, usate poi dagli uomini dell'Haganah per costruire in segreto gli aerei per la guerra del '48, e che quelle casette teutoniche erano state il modello per la costruzione dei primi kibbutz, Tariq avrebbe scoperto che il quartiere dei Templari è un concentrato di quanto bene può venire dal male. E forse l'avrebbe letto come il prologo della sua storia complicata.

Arièl e Tariq di tempo ne hanno avuto poco e non lo hanno sprecato per i Templari, ma solo per amarsi nei pochi mesi che il destino gli stava regalando.

Se Tariq avesse capito che denunciare il mandante di un omicidio non è vendetta ma giustizia, forse il demone non avrebbe potuto dominarlo. Siamo prede delle forze oscure solo se non riusciamo più a tracciare la linea che separa il bene dal male. Costretto a fuggire per poter essere sé stesso, Tariq aveva confuso confini e identità, e non aveva denunciato. È ancora senza peccato o ne ha commesso uno più grave? È facile essere eroi quando si ha la consapevolezza di una patria. Ma lui è l'amalgama di quello che tutti vogliono tenere ben separato: la luce dal buio, il vero dal falso, il giusto dall'ingiusto. E ha fatto ciò che poteva.

Proprio in quell'istante, il demone sguscia fuori dal tombino e tenta di balzargli di nuovo in groppa ma manca la presa e scivola a terra. Ritenta, ma ancora una volta perde l'equilibrio.

Con uno stridio di denti, all'istante sparisce, dissolto nell'aria limpida e frizzante di Tel Aviv.

Repentinamente come è apparso, il demone della vendetta lo ha abbandonato e Tariq all'improvviso si sente leggero. È stato sul punto di denunciare ma lo hanno preceduto. La vita lo ha anticipato. Come spesso capita, tutto è successo senza merito e senza colpa. Non è un vigliacco e neppure un eroe.

Spaventato, confuso, smarrito, d'istinto infila la mano in tasca per cercare il telefono che ha appena consegnato al capitano Baruch. Vuole chiamare sua madre per convincerla a raggiungerlo in Israele, deve recidere il filo che lo lega al passato. Cerca un negozio di cellulari e ne compra uno. Compone il numero di Zahira.

«Tariq! Ho appena aperto il libro mastro di tuo padre e non ci capisco nulla. Ho cercato il contabile per chiedergli consiglio ma non riesco a trovarlo. Devi tornare subito a Jenin!»

«Ma io...»

«Dimmi di te, come stai? E la nostra Micòl?»

«Stiamo tutti bene.»

«Perché hai un nuovo numero di telefono?»

«Ho dovuto cambiarlo, ti ho chiamato per dirti che anche il tuo è sotto controllo.»

«Cosa? E perché?»

«Perché purtroppo hai un figlio *très spécial*... Hai sentito la notizia della cattura?»

«Poco fa alla radio. A Jenin tutti tacciono, ma è un brutto colpo per molti.»

«Rintraccia il contabile e fagli fare una stima del valore

reale della tenuta, poi cerca un mediatore, vendi tutto, anche la mia parte, e vieni a Tel Aviv.»

«Fuggire? Come vivremo? Il denaro della vendita degli agrumeti non durerà per sempre.»

«Lo investiremo, forse otterrò il permesso di lavoro e un domani, chissà, potremo andarcene in Europa.»

«A Parigi? Io e te?»

«Ti meriti una vita migliore.»

«Anche tu, figlio mio.»

Al ritorno a casa, Tariq scopre che Youval e il suo trolley si sono volatilizzati e si sente sollevato. Non vuole sapere dove quel pallido ragazzo sta trascinando i suoi dubbi. Quelli che tormentavano lui sono svaniti lasciandolo in una bolla in cui galleggia incolpevole. La notizia della cattura non ha concluso il dramma. Senza più baci, carezze, risate, sospiri, è solo nel vuoto di quella casa vuota e dei giorni vuoti che lo aspettano.

A un tratto sente un miagolio insistente e ovattato e si accorge che Youval ha chiuso la vetrata lasciando fuori Malak. Si precipita ad aprirla, riempie le ciotole di acqua e croccantini e si siede sul pavimento accanto a lui. Per la prima volta, invece di precipitarsi sul cibo Malak si insinua tra le sue gambe e gli si accoccola in grembo. Quel gatto è l'unica cosa viva che gli resta di Arièl.

«Sei tu, amore mio?» gli chiede accarezzandolo e sfiorandogli il muso con le labbra.

Malak asseconda le carezze inarcando la schiena, poi con una piroetta si gira e gli offre il ventre vellutato.

49

Come sempre tra le cinque e le sei del mattino, Stella è alle prese con un complicato cruciverba che stranamente oggi non riesce a concludere. Le manca da risolvere solo un quesito, quando riceve la telefonata che annuncia la cattura del mandante della strage. Così com'è, in camicia da notte, con i capelli arruffati e senza bastone sveglia la figlia per darle la notizia.

«È finita, lo hanno preso!»

Micòl salta fuori dal letto e le butta le braccia al collo.

Tra loro non ci sono mai state troppe effusioni, ma in quella stretta feroce si dicono tutto quello che non si sono mai dette e che forse non si diranno mai: quanto hanno imparato a capirsi e a perdonarsi, e quanto gli manca quello che hanno perduto e che nemmeno la cattura del mandante può restituirgli. Si sciolgono dall'abbraccio a fatica.

«Finalmente è finita, eppure...» sussurra Micòl.

«Eppure cosa?»

«Ero convinta...»

«Che saresti stata sollevata. E invece?»

«Invece mi accorgo di non provare nulla. Con me occhio per occhio non funziona, io sono un'ebrea per sbaglio.»

«Non dire idiozie, sei solo ignorante come una capra. L'Esodo recita: "Vita per vita, occhio per occhio, dente per dente", ma la sua presunta brutalità è frutto di una interpretazione sbagliata. In quel versetto non si parla di morte o di mutilazioni ma solo di una sanzione pecuniaria proporzionale al danno. Così è la *Halakhà*, con buona pace degli ignoranti, tra i quali purtroppo c'è anche la mia unica figliola.»

«Cosa gli succederà?»

«All'uomo di Hamas? La prigione, gli interrogatori, il processo e una condanna esemplare. Direi l'ergastolo. Dobbiamo avvertire subito Tariq.»

«Gli ho promesso che sarei andata a trovarlo nella tarda mattinata.»

«Anticipiamo la visita, verrò anche io. Preparo il caffè e accendo la radio. Di Shabbat i giornali non escono ma tra poco dovranno pur dare la notizia.»

Poi le strizza l'occhio e con aria furba:

«Io l'ho saputa in anticipo dalle mie fonti.»

«Mamma, devo farti una confessione, forse non voglio tornare in Italia. Almeno non subito.»

«Puoi rimanere quanto vuoi. Fai bene a restare, Tariq ha ancora bisogno di te.»

«E tu? Tu hai bisogno di me?»

«Avrei detto di no, ma per una volta mi sarei sbagliata.»

Micòl è sbalordita. Quella madre impenetrabile, da cui non si era mai sentita amata, dunque la ama?

Lei l'ha sempre adorata e al contempo temuta e invidiata, ma ha finito per detestarla perché si sentiva inadeguata. Stella le ispirava soggezione ed era così diversa dalle altre madri. I capelli spazzolati all'indietro precocemente striati di un bianco che nessun colore aveva mai corretto, le labbra senza rossetto e l'aria di avere sempre qualcosa di più importante da fare che occuparsi di sua figlia.

Per contrastare la sua passione per Israele Micòl si era rifiutata di imparare l'ebraico. Per resistere alla sua strenua difesa della memoria era diventata smemorata, superficiale, distratta. Un addestramento a cui aveva attinto in quei venti giorni disperati.

I ricordi acuminati feriscono, mentre l'oblio che smussa, opacizza e divora ugualmente i giorni luminosi e quelli bui ora le serve per cancellare l'idea che l'arresto del mandante possa asciugare le sue lacrime. Piangerà Arièl per sempre, perché la sua non è più vita e della vita conserva solo il rumore.

Esitante si affaccia alla porta della cucina, Stella ascolta il notiziario che con grande enfasi sta riportando la notizia della cattura. La madre si accorge della sua presenza, si gira, spegne la radio, e come se leggesse nei pensieri della figlia:

«Dobbiamo andare avanti perché indietro non si può. Ricordati quello dice il Talmud: "Vivere bene è la migliore vendetta". Dunque vestiti e andiamo da Tariq.»

Il dolore può romperti in mille pezzi e ricomporti come vuole rendendoti un'altra persona, ma ora Micòl è certa di poter incontrare sua madre a metà strada tra l'oblio e la memoria.

Per celebrare la cattura, Micòl e Stella hanno acquistato in una pasticceria araba di Jaffa delle *sufganiyot* ripiene di confettura alla frutta, a insindacabile giudizio di Stella le migliori di tutta Israele. Quando si schiude la porta rossa, dallo spiraglio subito sbuca Malak.

Come si era ripromesso, Tariq tace sull'informazione ricevuta da Ziad e sulla mancata delazione. Racconta però dell'incontro con il capitano Baruch e riferisce punto per punto quello che gli ha detto: che la soffiata di un informatore ha permesso la cattura dell'uomo di Hamas, che gli israeliani erano a conoscenza del suo viaggio a Jenin e che, grazie a loro, lui e Micòl avevano superato i checkpoint senza controlli. Aggiunge che gli ha chiesto di consegnargli il cellulare.

Stella non sembra stupita e lo rimbrotta:

«Davvero pensavi di andare e venire da Jenin senza che la security ne fosse a conoscenza? Ingenuo. Quanto al tuo telefonino, non ti preoccupare: è un controllo di routine. Piuttosto, che fine ha fatto Youval?» domanda accomodandosi sulla poltrona che ormai considera sua.

«Non lo so. Se ne è andato senza lasciare nemmeno un biglietto.»

«Questi ortodossi! Pieni di regole, eppure così imprevedibili» borbotta Stella.

«Informati su che fine abbia fatto, non possiamo abbandonarlo al suo destino» suggerisce Micòl scartando il pacchetto di dolci.

Proprio in quel momento Stella si accorge di una busta che, incastrata vicino ai cardini, spunta dalla fessura della porta.

«Le poste non consegnano di sabato. Deve essere lì da giorni e nessuno l'ha vista. Meglio aprirla, magari è una bolletta non pagata e rischiamo una multa.»

Tariq la sfila e la porge a Micòl.

«È una lettera indirizzata ad Arièl, aprila tu» suggerisce lei.

«Fallo tu» si schermisce Tariq.

Si offrono l'un l'altra quel privilegio come fosse un'investitura.

«Datela a me, che altrimenti non la finiamo più» conclude Stella picchiando in terra due volte con il bastone.

Scandendo le sillabe, legge a voce alta il nome del mittente scritto in stampatello sul retro della busta:

«Sharon Rimbauds, 23 rue de Rosiers, IV arrondissement, Parigi, Francia... Dal cognome questa Sharon deve avere origini polacche. Molti Rubinstein polacchi emigrati in Francia hanno francesizzato il cognome in Rimbauds.»

«Non divagare mamma, leggi.»

Stella strappa la busta, estrae un foglio azzurrino con una calligrafia saltellante, e inizia a leggere:

> Caro Arièl,
>
> negli ultimi giorni ti ho inviato molte mail ma non mi hai mai risposto. Ho provato a chiamarti più volte al cellulare ma era muto, così ho deciso di scriverti all'indirizzo di casa.

Che ti succede? Perché non rispondi, sei in missione o cosa?

L'ultima volta che ti ho visto eri a pezzi.

Spero che tu abbia fatto la pace con il tuo innamorato. La vostra strada non sarà facile, ma l'amore non lo è mai.

Ho quasi terminato il tour. Toronto è stato un successo e così pure Madrid. A Parigi ero molto emozionata, è la mia città e in platea c'era mia madre, ma alla fine sono riuscita a cantare meglio che altrove. La stanchezza mi ha fatto brutti scherzi, mal di testa, alti e bassi d'umore, la voce però non mi ha mai abbandonato.

Ti ho già detto quando tornerò a Tel Aviv. Te lo sei segnato? Comunque mi farò viva all'arrivo.

Ti abbraccio forte, amico mio.

Buona vita!

Tua Sharon

P.S. Quella serata ci ha colto di sorpresa. Al mio ritorno dobbiamo parlare...

Stella ha scandito parola per parola, la voce incrinata solo in un paio di passaggi.

«Non conosco questa Sharon, tu ne sai qualcosa?»

Tariq esita, balbetta:

«È un'amica di Arièl. Studia matematica applicata all'università di Tel Aviv ed è una cantante, musica tradizionale ebraica, o qualcosa di simile. L'ho incontrata solo una volta. Ha degli occhi di un azzurro molto chiaro, il colore dell'acqua delle piscine.»

«Strano che non mi abbia mai parlato di lei. No, adesso ricordo, una sera mi ha fatto ascoltare un cd della sua musica. Canzoni sefardite molto tristi e una voce straziante che arriva dritta al cuore. Loro due erano molto vicini?» chiede Stella.

«Andavano insieme ai concerti e al cinema... So che con lei si confidava» risponde Tariq senza guardarla negli occhi.

«Parla di un litigio tra te e Arièl.»

«Durante l'ultima licenza avevamo discusso. Non ne potevo più del nostro amore a singhiozzo, dell'esercito e di tutto il resto. Poi...»

«Da quello che capisco, questa Sharon non sa della morte di Arièl.»

«Sembra proprio di no» commenta Micòl smarrita.

«Hai mai letto le mail di Arièl?» domanda Stella.

La voce di Tariq si spezza:

«Non l'ho fatto quando era vivo, figuriamoci ora...»

«È arrivato il momento.»

«Perché, mamma?»

«Possiamo scriverle all'indirizzo di posta elettronica e incontrarla» conclude Stella.

«A cosa serve ormai?»

«Non eri tu quella che voleva recuperare il tempo perduto?»

Nessuno come Stella sa sfruttare le altrui contraddizioni mettendole a profitto della propria tesi. Si chiama politica, ed è la sua specialità.

Il portatile di Arièl, appena avviato, si rivela scarico. Dopo aver rovistato ovunque, Tariq trova il caricabatterie seminascosto da una pila di vecchi giornali e lo attacca alla presa.

Aspettano in silenzio che il computer ritorni in vita. E con lui i segreti di Arièl. Se mai ne ha avuti altri.

Il bagliore dell'accensione rivela un desktop disordinato e pieno zeppo di file. È Micòl a digitare "Sharon Rimbauds" tra le mail ricevute. Ne appaiono una decina. Nella prima elenca le tappe dei concerti. La successiva, inviata da Montréal, mette a confronto delle scalette di canzoni per la serata, chiede consiglio sul brano più adatto per aprire lo spettacolo e quello da riservare a un eventuale bis. Le più recenti, sempre più preoccupate per la mancanza di risposta, finiscono immancabilmente con: "Dove sei finito?", oppure con: "Ti sei cacciato in qualche guaio?", e l'ultima con: "Allora dillo che sei uno stronzo". Tutte concludono con: "Ti abbraccio forte amico mio, buona vita, tua Sharon", proprio come nella lettera.

«Mamma, non possiamo dirle quello che è successo con una mail... È atroce.»

«Hai ragione, aspettiamo che si faccia viva. Intanto diamo un'occhiata a quelle spedite da altri indirizzi, almeno alle più recenti» suggerisce Stella.

«Non mi sembra il caso...» balbetta Micòl.

«Coraggio, siamo in famiglia» taglia corto la madre.

Spuntano una mail della banca con allegato il piano di rientro per un piccolo prestito e tre di Amazon che registrano l'acquisto di una nuova stampante, di una macchina per il caffè e di un accappatoio. L'ultima, arrivata il giorno dopo l'attentato, conferma la prenotazione di una stanza matrimoniale con Jacuzzi in un albergo affacciato sul cratere del deserto del Neghev.

«Un weekend in quell'hotel era il nostro sogno!» confessa Tariq a capo chino. «Non abbiamo fatto in tempo...»

«Lui ti amava» gli sussurra Micòl abbracciandolo.

«Sul desktop c'è una cartella di fotografie. Guardiamole» suggerisce Stella.

Sullo schermo appare una carrellata di istantanee di Tariq: a letto, avvolto nelle lenzuola e con in mano la tazza del caffè, addormentato sul divano con Malak accanto, al tramonto sulla spiaggia di Tel Aviv e sempre al tramonto, ma questa volta a Jaffa, in terrazza che prende il sole in costume da bagno e poi senza costume da bagno.

Tariq arrossisce ma Stella fa finta di non accorgersene.

«Abbiamo visto abbastanza» conclude pudica Micòl spegnendo il portatile. «Conosceremo Sharon al suo ritorno. Dev'essere una brava ragazza.»

Se qualcuno potesse assistere alla conversazione di questo terzetto male assortito penserebbe di essere capitato in una famiglia alquanto singolare. Una vecchia sionista abituata a indagare, un omosessuale fuggito da Jenin innamorato di un soldato israeliano e una costumista che rimpiange di non aver indossato i panni di madre quando era ancora in tempo.

Ma farebbe un errore madornale: è solo una famiglia per caso alle prese con un passato da ricucire, nonostante tutto.

Malak si acciambella sul portatile ancora tiepido e socchiude gli occhi. Ondeggia a lungo la coda e alla fine si addormenta.

50

Domenica, ventunesima giornata

Se il destino avesse deciso altrimenti, Arièl e Tariq avrebbero continuato ad amarsi? L'usura dei giorni sbriciola la passione, mentre la morte la congela offrendo all'amore l'eternità. Non avevano avuto il tempo di scoprire il lato oscuro l'uno dell'altro, dunque si sarebbero amati per sempre. Questo è un dono che solo la morte può elargire.

Nessuno sfugge al desiderio di setacciare i ricordi per ferirsi con il dettaglio di un'immagine da ingigantire a dismisura fino a perdere il respiro. Così accade anche a Tariq quando preme il tasto di avviamento del portatile di Arièl.

La malinconia, sorella gemella della nostalgia, guida i suoi occhi inquieti. Esplora le foto più e più volte. Ciascuna restituisce un lampo della loro storia, ma è una a graffiargli il cuore. Gliela aveva scattata di nascosto, il mattino dopo la loro prima notte d'amore, quando era spuntato Malak.

Arièl aveva fatto la doccia ed era uscito nudo in terrazza; un vento impetuoso gonfiava le lenzuola stese ad asciugare. Tariq aveva scelto di fotografarlo di spalle mentre guardava l'orizzonte. "Il mio uomo tra le lenzuola e il cielo come letto" aveva pensato scattando.

Molto era già successo prima che quell'istante si bloccasse in un mosaico di pixel: il desiderio bruciante che supera ogni difesa, il piacere prima brusco e poi languido, il coraggio dei corpi confusi. Molto doveva ancora accadere: la nascita di un amore, i litigi, la pace, quella strana rivelazione, e poi di nuovo i litigi e infine Shabazi Street. Il boato dell'esplosione aveva cancellato tutto.

Tariq chiude il portatile e crolla in un sonno senza sogni e senza ricordi perché ha sognato e ricordato abbastanza.

A svegliarlo è la lingua ruvida di Malak. Dopo aver giocato a lungo con lui, riempie le ciotole di acqua e croccantini, si fa la doccia ed esce.

Attraversando Carmel Market raggiunge a passo veloce il negozio di frutta e verdura del volontario di Zaka. Chissà perché quell'uomo semplice e ingenuo lo fa sentire meno solo.

Ilan lo accoglie festante.

«Capiti al momento giusto! Mi hanno appena portato un'intera cassetta di avocado palestinesi! Se vuoi facciamo a metà, ce n'è abbastanza per tutti e due... Ho anche delle splendide arance. Eccone una, provala» gli dice pescando da una cesta la più bella.

«Buonissima» commenta Tariq dopo averne assaggiato uno spicchio. «Ma è stata colta una settimana prima della maturazione.»

«Oltre che di avocado ti intendi anche di arance?»

«A Jenin la mia famiglia possiede degli agrumeti.»

«E perché sei venuto qui?»

«Per amore.»

«Un ottimo motivo. E ora che sei in Israele chi si occupa dei tuoi agrumeti?»

«Mia madre.»

«Lasciami il suo indirizzo e il numero di telefono. Le ordino qualche cassetta. Sono un ottimo cliente, pago regolarmente e alla consegna.»

Tariq scarabocchia il numero di Zahira su un foglietto a quadretti accanto alla cassa.

«Dimmi, oggi cosa vuoi?»

«Solo un sacchetto di datteri, da mangiare camminando lungo la spiaggia.»

«Ottima idea! Venerdì ci sarà la sfilata del Gay Pride, e sul lungomare stanno già allestendo i palchi.»

Infila gli avocado in una busta, i datteri in un sacchetto e aggiunge un paio di arance in omaggio, poi con aria complice:

«Ho un cliente dell'unità dell'esercito che traffica con i computer, la 8200, si chiama David, è gay, e mi ha raccontato che molti suoi colleghi sono omosessuali. Israele è un paese di pazzi ma a Tel Aviv, a parte gli ortodossi, a queste cose nessuno ci fa caso. Dall'altra parte del muro invece...»

Poi si interrompe, e imbarazzato:

«Scusami, ho dimenticato che tu vieni da lì.»

«Sono fuggito proprio per questo.»

Ilan non si stupisce, perché lo ha intuito sin dal primo incontro.

«Ho un'idea. All'una io abbasso la saracinesca, che ne dici di pranzare insieme? Conosco un locale a metà strada tra Tel Aviv e Jaffa con una grande veranda di fronte al mare dove si mangia un pesce fantastico, tutta roba fresca, niente surgelati. Ti va? Naturalmente offro io!»

«Volentieri, ma sarai mio ospite.»

«Non ti dispiace se porto mio figlio? A quell'ora la signora Kuzmir gli ha già dato da mangiare e posso fargli prendere un po' d'aria.»

«D'accordo.»

Ilan scarabocchia sul retro di uno scontrino il nome del locale e glielo porge:

«Ci vediamo all'una a questo indirizzo. Non sai che regalo mi fai ad accettare, vado sempre a spasso con il bambino da solo.»

«La signora Kuzmir non viene con te?»

«Un'ebrea ortodossa non può mica uscire con un uomo se non è suo marito o un parente stretto. Con uno separato come me poi... Loro sono fatti così: cucina insapore e vita ancora peggio! A più tardi, Tariq.»

Col verduraio duro d'orecchio Tariq ha tessuto una strana intimità, ma il gilet giallo appeso accanto alla cassa ogni volta gli ricorda che è un volontario di Zaka, e che era a Shabazi Street il giorno del massacro. È stato lui a raccogliere i resti di Arièl e a ricomporli? Non gli ha mai chiesto nulla ma il pensiero che può essere stato l'ultimo a toccarlo lo spaventa e insieme lo commuove.

Sul lungomare lo intravede, è in ritardo e spinge la carrozzina trafelato.

«Scusami, ho perso tempo a cambiarlo, volevo mettergli una tutina nuova ma non riuscivo a trovarla!»

Il locale è affollato ma riescono a trovare un tavolo libero di fronte al mare.

Decidono di bere birra e Tariq ordina una Taybeh:

«Viene da un birrificio vicino Ramallah.»

«Ma per voi musulmani la birra non sarebbe vietata?»

«La Taybeh prende il nome dal villaggio cristiano dove viene fermentata. Quei furbacchioni la producono per esportarla in Israele, ma di nascosto la beviamo anche noi.»

«Che ipocrisia.»

«La tua religione proibisce gamberi e frutti di mare, ma io sono certo che tu almeno una volta li hai assaggiati, o no?»

«Il Padreterno li ha creati perché potessimo commettere peccato» risponde Ilan con un sorriso furbo.

«E noi lo accontentiamo.»

«Una Taybeh anche per me. Brindo ai cristiani che sanno godersela più e meglio di noi: *lechaim*, alla vita!»

«Alla vita!»

Ordinano un pesce arrosto circondato da un tripudio di

insalate accompagnate da salse appetitose. Tra un boccone e l'altro, Ilan spia il sonno del figlio.

«Gur è la cosa più bella che abbia mai fatto. Purtroppo la madre mi ha lasciato e lui qualche volta mi chiama mamma e qualche volta papà, ma non mi importa. Mamma o papà che differenza c'è?»

«Nessuna.»

Il blu del mare è graffiato dalle evoluzioni dei windsurf trascinati dal vento. La cameriera ha appena portato un *dondurma*, il gelato turco profumato di cedro e pino, e il bimbo dorme beato. Uscendo dal ristorante, di slancio Tariq si impadronisce del passeggino e Ilan gli cammina accanto con le mani sprofondate nelle tasche.

«Per il Gay Pride verranno da tutto il mondo. Uomini in calze a rete e piume colorate che avrebbero scandalizzato mio padre e che a me invece mettono allegria. Sarà che non ne posso più di avere a che fare con la morte, ma da quando è nato mio figlio ho cominciato a pensare di mollare Zaka. Non voglio che Gur assorba il nero che mi porto addosso. Lui deve essere un bambino felice. A proposito, restituiscimi il passeggino che mi piace spingerlo...»

Il lungomare è affollato e c'è un gran movimento di operai che montano palchi e di venditori ambulanti che allestiscono i banchi con bandiere arcobaleno. Gli altoparlanti trasmettono canzoni degli Abba e molti ragazzi ballano: uomini con donne, uomini con uomini e donne con donne. È la prima volta che Tariq vede qualcosa di simile. La vita in bilico, l'attesa del permesso di lavoro, il telefono sotto sequestro, sono il prezzo che vale la pena pagare pur di vedere una simile festa in Medio Oriente.

Di sorpresa un ragazzo con i capelli rosa shocking lo afferra per la vita e gli fa fare una piroetta. Girando su sé stesso con gli occhi chiusi, Tariq urta una persona. Apre gli occhi: è Ziad. E dietro a lui c'è la famiglia al completo, la moglie con la figlia nel passeggino, il padre e la madre. Non possono non averlo riconosciuto ma non fanno un gesto, è come se avessero visto un fantasma. Tariq si fa da parte e li lascia passare.

Il passeggino di Ilan e quello della moglie di Ziad si sfiorano.

«Chi sono quelli? Ti hanno lanciato degli sguardi...»

«Non li conosco.»

51

A notte fonda Zahira si sveglia tossendo. Avverte un profumo denso e fruttato e nella stanza aleggia un fumo biancastro. Solo quando a tentoni spalanca la finestra e vede le fiamme capisce cosa è successo.

Respirando a fatica si precipita lungo la scala, i domestici sono spariti e la casa è deserta.

Tutti fuggiti? Nemmeno uno ha pensato di avvertire quella padrona stravagante che la proprietà sta bruciando? Nessuno ha messo in salvo la giordana che ha cresciuto un traditore?

Spalanca il portone, esce all'aperto, raggiunge il poggiolo che affaccia sulla tenuta e vede una distesa rossastra di alberi ardenti.

"Perché le sirene dei pompieri di Jenin sono mute? Perché nessuna autopompa si è mossa dal deposito?" si chiede disperata.

Aleggia una coltre di fumo misto a cenere, l'aria è irrespirabile e Zahira deve aggrapparsi alla balaustra di pietra per non svenire. Nel silenzio ode il sinistro scricchiolio dei rami aggrediti dalle fiamme che cominciano a lambire gli eucalipti accanto al muro di cinta, e nel crepitio le sembra di udire la risata del marito e la sua voce stridente che minaccia: "Non avrete nulla di quello che è mio, solo il fuoco può purificare i vostri peccati e restituire ai Ghassan l'onore perduto".

«Ti odio!» gli urla nel buio.

La voce svanisce nel furore dell'incendio.

Eppure, vedendo ardere gli alberi di aranci che ha detestato, Zahira scopre di amarli perdutamente proprio ora che li sta perdendo.

Barcolla, rientra in casa, cerca affannosamente il numero dei pompieri, lo trova ma gli occhi le bruciano e non riesce a leggerlo. Telefona a Tariq e con voce rotta:

«Un disastro! Sta bruciando tutto! Le fiamme sono vicine alla villa... Ho paura!»

«Un incendio?»

«L'odore e il fumo mi hanno svegliata...»

«Vai via, quella terra è maledetta!»

«Non dire sciocchezze, Tariq, è qualcuno che vuole farci del male!»

Finalmente l'aria è squarciata dall'urlo delle sirene.

«Li senti? Stanno arrivando!»

Zahira si affaccia alla finestra e aguzza lo sguardo:

«Vedo delle ombre vicino al cancello, sono i braccianti che arrivano a dare manforte! Che Allah li benedica!»

«Vengo da te, non ti lascio sola.»

«Non ti muovere, Tariq! Rimani al sicuro in Israele. Questo incendio è doloso. È una vendetta!»

«Fuggi, mamma!»

«Prima voglio vederci chiaro.»

Gli agrumeti e gli uliveti si consumano per tutta la notte. Solo all'alba l'incendio sembra domato.

Quando i domestici tornano alla villa, Zahira li interroga a uno a uno. Tutti raccontano del fumo, dello spavento e di come hanno cercato di mettersi in salvo. Solo Waahid, un fedele bracciante che vive in una casa al confine della tenuta, le confida di aver trovato degli inneschi e che lui e sua moglie Fatima quella notte hanno sentito le macchine dei trattamenti medicinali che si mettevano in moto e alla luce della luna hanno intravisto degli uomini con il volto coperto che le guidavano lungo i filari.

«Spruzzavano benzina, ho riconosciuto l'odore... Poi ho visto sprigionarsi le fiamme.»

«Per il momento non raccontate a nessuno quello che avete visto. Deciderò io quando e a chi.»

Waahid e Fatima rispondono all'ordine con un inchino.

Per tutta la mattina Zahira percorre in lungo e in largo la piantagione da cui ancora si alzano flebili spirali di fumo. Lo spettacolo dei tronchi anneriti è desolante e un velo di fuliggine grigio argento ricopre il terreno come una coltre funerea. Quello che rimane della tenuta dei Ghassan assomiglia all'ingresso dell'Ade.

Nel pomeriggio spunta dal nulla il cugino Hassan. Si offre di darle una mano con le banche per i finanziamenti perché le piantagioni devono tornare quelle di una volta. Sottolinea che ci vorrà molto denaro e molto tempo ma, poiché sono un'unica famiglia, lui è disposto ad aiutarla. Poi cambia tono e Zahira intuisce che vuole parlare di Tariq.

«Qualcuno ha voluto punirvi.»

«Perché?»

«Per la cattura del mujaheddin di Hamas. A Jenin gira voce che il delatore sia tuo figlio.»

«Tariq? È solo un ragazzo... diverso.»

«Questo lo sappiamo.»

«Ma non si è mai occupato di politica. Per lui Hamas, jihad islamica e Al Fatah sono solo un rebus inestricabile di sigle.»

«Dimentichi che è fuggito in Israele e che, a quanto ci ha rivelato in segreto il tuo povero marito, che Allah lo abbia in gloria, è stato l'amante di un ebreo con la divisa di Tsahal.»

«È stato costretto a fuggire. Quanto al resto... è la sua natura.»

«Una natura contorta che lo ha portato a tradire il suo

popolo» conclude Hassan curvando le labbra in una smorfia di disprezzo.

«Conosci Tariq da sempre. Hai qualche anno in più ma giocavate insieme a pallone... Come pensi che uno come lui potesse conoscere il nascondiglio del mujaheddin?»

«Sottovaluti tuo figlio e i suoi amici israeliani.»

52

Lunedì, ventiduesima giornata

Senza preavviso, a mezzogiorno in punto, Dan Gabai fa il suo ingresso nell'ufficio di Jalal Ashraby nella Muqata di Ramallah. Gli incontri tra il colonnello dello Shin Bet e il generale a capo delle forze di sicurezza dell'Autorità Palestinese sono consueti minuetti di diplomazia costellati di informazioni utili a entrambi. Quella mattina però non era previsto nessun colloquio.

L'espressione di Dan non promette nulla di buono, ma Jalal sa come prendere tempo.

«Caffè arabo e acqua gelata come sempre?»

«Grazie, ma con poco cardamomo, purtroppo non riesco a digerirlo.»

«Parli un arabo perfetto ma resti un israeliano con lo stomaco delicato. A cosa devo questa visita inattesa?»

«Un incendio doloso a pochi giorni dalla nostra cattura del mandante della strage di Tel Aviv mi sembra un buon argomento di conversazione.»

«Ammetto che potrebbe esserlo. È abbastanza dolce?»

«No.»

«La vita è amara, Dan.»

«Abbastanza. E lo diventerà ancora di più se non riuscite a fermare gli uomini di Hamas. Sono un pericolo per noi ma anche per voi.»

«Liberarsene? Non ce la facciamo, sono ovunque, distribuiscono soldi a pioggia e hanno un sogno che a Jenin è condiviso da molti: distruggervi.»

«Guarda le cose da un altro punto di vista. In Gisgiordania avete vinto le elezioni ma a Gaza ha stravinto Hamas. Alla prossima occasione potrebbe accadere anche qui, e tu rischi di perdere il posto.»

«E tu di bere un caffè avvelenato.»

Dan Gabai e Jalal Ashraby si conoscono da anni e si portano rispetto, ma la seconda Intifada li ha costretti a una diffidenza intrisa di paura.

«Non sei soddisfatto?» chiede sornione Jalal. «La cattura del responsabile del massacro di Shabazi Street per voi è stato un bel colpo.»

«Ma non è sufficiente. E quell'incendio a Jenin, appiccato ad arte, lo dimostra.»

«Il Mediterraneo comincia e finisce con l'ulivo. Ma, se appiccare il fuoco agli ulivi è semplice, spegnere le fiamme è quasi impossibile. Al contrario, gli agrumeti non bruciano facilmente perché sono ricchi di linfa.»

«Infatti chi ha deciso di distruggerli ha scelto un sistema molto ingegnoso. Ha riempito di benzina i serbatoi delle macchine che servono a irrorare con i fitofarmaci, ha spruzzato le piante e poi gli ha dato fuoco. Abbiamo rintracciato la ditta a cui era appaltato questo lavoro, abbiamo ispezionato il garage e annusato uno per uno i serbatoi. Tutti odoravano di benzina.»

«Non è una prova.»

«Hanno sostenuto che lavano periodicamente i serbatoi con la benzina... Ma sappiamo entrambi che è una balla.»

«È probabile.»

Jalal Ashraby è un uomo intelligente e non è così ingenuo da sottovalutare la determinazione e i mezzi di Dan Gabai, ma decide di prendersi il gusto di scoprire le sue carte.

«I miei informatori mi dicono che quel Tariq Ghassan,

quello che è scappato da voi in Israele e che mi dicono avesse una relazione con uno dei vostri soldati, è un delatore. E che è stato lui a spifferarvi il rifugio dell'uomo di Hamas.»

«Stronzate, quel giovane non vede oltre il suo naso. È solo un capro espiatorio. Ti avevo avvertito che il nostro informatore è già al sicuro.»

«Lo ammetto, mi avevi informato, ma in ritardo, quando la voce si era già sparsa. Ormai tutti a Jenin sono convinti che l'informatore sia lui. Difficile fargli cambiare idea.»

«Se solo tu avessi voluto, quegli aranceti e le persone che ci lavorano sarebbero salvi. Ma non te la sei sentita di andare contro la tua gente. Meglio una menzogna costruita ad arte.»

«Te l'ho detto, ormai era troppo tardi.»

«Per noi è indispensabile neutralizzare i supporti logistici di Hamas in Cisgiordania. Nella seconda Intifada in cinque anni abbiamo perso più di mille vite, di cui almeno settecento civili massacrati mentre andavano al lavoro o accompagnavano a scuola i bambini. E più di trecento soldati. Israele non può pagare questo prezzo. Decidete da che parte stare.»

«Viviamo come prigionieri nella terra che era nostra.»

«Siete prigionieri dei vostri pregiudizi.»

«E voi non fate nulla per cancellarli. Per non parlare dei vostri coloni che impadronendosi della nostra terra non semplificano le cose.»

«Semmai le complicano. Ma tu sai che, comunque la pensiamo, noi militari obbediamo ai politici. A meno che non finiamo per diventare politici a nostra volta.»

«Hai in proposito di farlo? Ne avresti i numeri.»

«Non ci contare. A fine carriera ho intenzione di ritirarmi nel Neghev, ho comprato una casetta accanto a quella di un mio amico beduino: deserto, silenzio e pace, quella vera.»

«Saggio proposito. Nel frattempo cosa vuoi da me?»

«Il campo profughi di Jenin è una polveriera. Gli attentatori kamikaze vengono da lì. Consegnateci i terroristi.»

«Jenin non dimentica come avete raso al suolo con le ruspe quel campo. La nube di polvere che si è alzata era visibile da chilometri e in migliaia sono rimasti senza tetto. Jenin è stata ferita a morte. Ma non farti troppe illusioni, Dan, i kamikaze non vengono solo da lì. E non solo da Hamas.»

«Sei una persona perbene Jalal e il tuo caffè è il migliore della West Bank, ma accusare un innocente, colpevole solo di essere un omosessuale, e lasciar bruciare i suoi agrumeti non vi porterà lontano. Conosciamo i segreti scabrosi dei nostri avversari. Hamas a Gaza ha giustiziato con tre colpi di arma da fuoco al petto uno dei suoi più autorevoli comandanti militari, riconosciuto colpevole di "turpitudine morale". Se fosse stato cittadino israeliano sarebbe vivo, ma era nella Striscia di Gaza dove l'omosessualità è un peccato da punire con la galera o la morte. Se tu avessi un figlio gay, vorresti che facesse la stessa fine?»

«Non ho figli maschi.»

«Sei fortunato, dunque. Ma rifletti su quello che ti ho detto: Hamas vi divorerà. *Ma'a s-salameh* generale.»

Dalla finestra del suo ufficio, il generale Jalal Ashraby vede il colonnello salire sull'automobile blindata. Dovrebbe detestare quell'israeliano arrogante che parla un arabo fluente ed è capace di mettersi nei panni dei nemici per trarne il proprio vantaggio eppure, nonostante tutto, gli è sempre stato simpatico. Ma la simpatia, purtroppo, ormai non basta più.

Da tempo entrambi avvertono la medesima stanca impotenza. La testa del serpente che non riescono ad afferrare avvelena i due popoli, le uova che ha deposto sono disseminate ovunque e nessuno dei due sa dove e quando si schiuderanno.

«Torniamo alla base, colonnello?» chiede l'ufficiale a Dan Gabai accendendo il motore.

«No, andiamo a Jenin, alla villa dei Ghassan.»

Mentre l'auto segue le curve sinuose che portano alla tenuta, il colonnello contempla lo scempio: gli alberi anneriti, le colline spoglie, la terra coperta di cenere grigia e l'aria pervasa da un odore di arancia caramellata, dolciastro e insieme amarognolo, difficile da cancellare e impossibile da dimenticare.

Di storie complicate Dan ne ha viste tante, eppure l'accanimento contro quel ragazzo che ha l'unica colpa di essere gay gli sembra insensata. Quell'incendio devastante non è una vendetta artigianale ma l'opera di una cellula organizzata che sfrutta un capro espiatorio per un'azione dimostrativa. Il suo vero informatore ormai è al sicuro ma, dopo la punizione esemplare inflitta ai beni di quello che tutti pensano sia il confidente, chi si azzarderà più a fargli una soffiata?

L'auto blindata si ferma davanti alla villa dei Ghassan. Oltre il cancello, con indosso una lunga vestaglia grigio tortora e un hijab color polvere, pallida, gli occhi circondati da occhiaie bluastre, Zahira sembra un fantasma.

«Sono il colonnello Dan Gabai della security israeliana in Cisgiordania. Mi dispiace disturbarla a pochi giorni di distanza dalla morte di suo marito e nel pieno di questa nuova tragedia...»

«Distrutto, tutto distrutto» sillaba Zahira.

«Ha idea di come può essersi sviluppato l'incendio?»

«No, ma Fatima, la moglie di un bracciante, ha visto degli uomini con il volto coperto che guidavano delle macchine lungo i filari.»

«Lo so, lo abbiamo verificato. Ha dei nemici signora Ghassan?»

«Tutta Jenin.»

«Qualcuno in particolare?»

«A cosa servirebbe elencare i nomi?»

«Servirebbe a proteggerla.»

«Se persino voi avete dovuto tirare su muri e reticolati per proteggervi, come potreste aiutarmi?»

«In molti modi.» Dan tira fuori un biglietto, ci scarabocchia sopra un numero e conclude: «Sappiamo che suo figlio è a Tel Aviv e conosciamo l'indirizzo della casa dove vive. Rifletta su quello che le ho detto, parli con lui e mi faccia sapere. Gli dica da parte mia che è bene che non torni mai più a Jenin, dopo questa notte la sua vita è in pericolo. Quanto a lei, se ha qualunque sospetto, può chiamarmi a qualsiasi ora del giorno e della notte al numero che le ho dato: è una linea riservata.»

«Colonnello, lei è sposato?»

«Sì.»

Zahira pesca nella tasca della vestaglia una piccola bottiglia con l'etichetta dorata.

«È profumo di fiori d'arancio. La porti a sua moglie da parte mia. E dimentichi l'odore atroce che aleggia su quello che rimane dei nostri agrumeti. È odore di morte e di vendetta.»

Il giorno dopo, il cugino Hassan torna a far visita a Zahira. Si offre di aiutarla comprandole la terra a un terzo del valore. Ha già con sé la bozza del contratto.

«È troppo poco» ribatte aspra lei.

«Dimentichi che acquisto solo fusti anneriti...»

«Non è così, cugino. Dopo l'incendio ho girato in lungo e in largo gli agrumeti. La gran parte del raccolto è perduto ma alcune piante hanno solo le chiome bruciate e in due o tre anni rimetteranno le foglie. E tu lo sai bene» gli risponde sprezzante.

Hassan mastica amaro, ma subito rilancia offrendo la metà del valore della tenuta. Zahira aumenta la posta a due terzi ed è così decisa che alla fine la spunta. Lui sbarra la cifra precedente e scrive la nuova subito sopra. Entrambi firmano foglio dopo foglio aggiungendo i loro autografi accanto all'importo modificato. Si danno appuntamento dal notaio per formalizzare il contratto il pomeriggio stesso, ma lei vuole prendersi un'ultima soddisfazione:

«Nessuno mi toglierà mai il dubbio che sia stato tu a far appiccare l'incendio.»

«Il dubbio è un tarlo scomodo. Pensa piuttosto a tuo figlio.»

Non appena l'auto di Hassan varca il cancello, Zahira chiama il colonnello Dan Gabai al numero scarabocchiato sul biglietto.

«Può farmi arrivare in Israele?»

«Sì. Lei ha qualcosa per me in cambio?»

«La sorella di mio marito e i suoi figli. Sono stati loro a picchiare Tariq e sono simpatizzanti di Hamas. Li segua e di sicuro scoprirà qualcosa.»

«Li controlliamo da anni. Se cerca solamente vendetta, e avrebbe le sue ragioni, lo dica chiaramente. Jenin è un terreno minato e noi non abbiamo tempo da perdere.»

«Voglio giustizia. Ho perso tutto, ma mi è rimasto mio figlio. Si fidi di me, troverà quello che cerca.»

«Voglio crederle. La aiuterò e aiuterò suo figlio. Troppe vite sono state distrutte in questa terra.»

«Il suo arabo è perfetto colonnello. Dove ha imparato a parlarlo così bene?»

«Sono nato a Gerusalemme ma i miei erano fuggiti da Baghdad e abbiamo sempre parlato arabo.»

«La sua famiglia vive nella Città santa?»

«Sì.»

«Il profumo è piaciuto a sua moglie?»

«Gliel'ho fatto avere e la ringrazia.»

«Gerusalemme! L'ho vista da bambina...»

«La rivedrà.»

53

Giovedì, venticinquesima giornata

La decisione di raggiungere il figlio a Tel Aviv è stata repentina. Dan Gabai ha mantenuto l'impegno ma, per organizzare il trasferimento, Zahira ha impiegato due giorni.

Stella e Micòl si sono subito trovate d'accordo: vivrà nella casa di Arièl che ormai è di Tariq.

«Per lei il matrimoniale e per lui il divano» suggerisce Micòl, e subito aggiunge: «Per il momento... Da un rigattiere di Giaffa ho trovato un letto a barca in noce a una piazza e mezzo, stile Luigi Filippo, e un paravento déco a quattro ante che, foderato con la stoffa giusta, può creare una sorta di piccola stanza per Tariq».

«Basta con l'arredamento, Micòl» sbotta Stella tentando di arginare l'entusiasta superficialità della figlia di cui aveva sempre diffidato, ma che comincia ad apprezzare.

Tariq attende l'arrivo della madre affacciato al parapetto della terrazza insieme a Malak, impettito e con la coda ritta, ma Ayoub, a cui Stella ha affidato anche questo viaggio, giunge a destinazione solo nel primo pomeriggio, poco dopo l'arrivo di Micòl e Stella. Sa che la partenza precipitosa di Zahira è frutto dello stesso folle coraggio con cui lo ha spinto a fuggire, eppure vista dall'alto, il capo fasciato da un hijab violetto e circondata da pacchi e valige, quella madre leggera e insieme ingombrante all'improvviso gli sembra fragile e smarrita. Lei è tutto quello che gli è rimasto e Tariq si sente meno solo e persino felice. Almeno un po'.

L'ingresso di Zahira è trionfale. Mentre Malak le fa le giravolte tra le caviglie, Tariq la presenta cerimoniosamente a Stella, che le stringe energicamente la mano costringendola a ritrarla dolorante.

«Che casa stravagante e piena di luce! Assomiglia alle serre dove riparavamo le piantine di agrumi in inverno! Peccato queste pareti di cemento con i tubi a vista ma vedo che la terrazza è piena di fiori.»

Cogliendo il vortice di emozioni suscitato dalla sua passeggera, Ayoub rimane sul pianerottolo lisciandosi i baffetti a spazzola, ma subito Stella lo invita a entrare e si fa raccontare per filo e per segno le peripezie del viaggio. Intanto Micòl e Tariq disfano i bagagli. E non è impresa da poco perché, tra valige e scatoloni, Zahira è riuscita a stipare un numero spropositato di abiti, romanzi, libri di poesia, e perfino qualche soprammobile prezioso. Tutto è prima sciorinato e poi riposto in una girandola di commenti. Spuntano anche due sontuose sciarpe di seta, una color crema per Stella e una verde per Micòl, e una quantità di boccette di essenza di fiori d'arancio, sufficienti a profumarli per l'eternità. Degli agrumeti dei Ghassan è rimasta solo quella fragranza, e quanto basta per continuare a vivere.

Approfittando del trambusto, Stella si avvicina a Micòl e le bisbiglia:

«Ho capito perché la giordana ti piace, è svampita proprio come te, ma non è una stupida ed è buona di cuore.»

La testarda sionista è affascinata dall'irruzione dell'eccentrica giordana nel cuore della sua striminzita e lacerata famiglia. Abituata a una rocciosa solitudine, si scopre stranamente disposta a esplorare un'intimità che non avrebbe mai pensato di condividere. L'inaspettato ultimo regalo del nipote perduto.

Prima di congedarsi, Ayoub si mette a disposizione di Zahira per qualsiasi escursione, dalla Galilea al Neghev, e Stella, approfittando della confusione, gli allunga una mancia consistente accettata con ossequiosi salamelecchi.

Sembra un giorno di festa e quello strano quartetto non lo spreca, perché di giorni disperati ne ha avuti abbastanza.

Per festeggiare la nuova arrivata, l'austera Stella ha prenotato un elegante ristorante con grandi vetrate su Rothschild Boulevard. Non è il genere di locale che è abituata a frequentare, ma ha deciso di stupire la madre di Tariq e ci riesce. Le tovaglie di lino, le posate di design, il sashimi di pomodori verdi in crema di avocado con ghirigori di aceto balsamico, nemmeno fosse un quadro di Pollock, e i dolci spolverati di zucchero a velo simili a paesaggi austriaci innevati appagano il gusto raffinato della giordana, mentre il tavolo accanto alla vetrata affacciata sul boulevard le permette di osservare il viavai della gente: coppie con i bambini, anziani, e gruppi di giovani con le bandiere arcobaleno in festa per il Gay Pride.

Zahira osserva diffidente la città che le hanno insegnato a temere che, iridescente e convulsa, sfodera le sue scintillanti malizie e la sua sfacciata libertà. Ancora non sa se riuscirà mai a sentirla sua, ma intuisce che ha tutti i numeri per conquistarla senza troppa fatica. Eppure sente montarle dentro un'inaspettata nostalgia per la terra che ha appena abbandonato. Un sentimento che la turba profondamente. Si scuote e con aria volutamente svagata chiede al figlio:

«Dunque è questa la famosa sfilata, com'è che si chiama?»

«Gay Pride, mamma. Dura una settimana e si conclude domani.»

«Incredibile» commenta Zahira. «Solo ora capisco che ho fatto la cosa giusta a spingerti ad andare via.»

Tariq abbozza un sorriso triste: tutto è cominciato con quella fuga ma tutto per lui è ormai finito.

Intanto oltre i vetri le bandiere arcobaleno si moltiplicano e Stella, che coglie ogni occasione per mettere in evidenza la modernità del paese che ha scelto, sottolinea:

«La festa della comunità Lgbt è un nostro vanto. Siamo stati i primi, e siamo gli unici in tutto il Medio Oriente, a offrire loro protezione giuridica.»

Poi, con onestà, corregge il tiro:

«Non è sempre stato così. I pionieri erano gente ruvida e avevano altro a cui pensare... Nel '97 l'allora presidente Erez Weizman paragonava l'omosessualità all'alcolismo, ma solo sette anni dopo la Corte Suprema ha dato a una coppia lesbica il permesso di adottare. Chi se lo sarebbe mai immaginato ai miei tempi?»

«E gli ultraortodossi, quelli con i cappelli di pelliccia e le palandrane nere anche ad agosto, come la prendono?» chiede Zahira con un pizzico di malizia.

«Come sempre siamo sotto tiro. E spesso è fuoco amico» sbuffa Stella. «Ovviamente a loro tutto questo non va giù, soprattutto a Gerusalemme. Pochi anni fa durante un Gay Pride nella Città santa un fondamentalista ultraortodosso ha pugnalato tre manifestanti. Israele è un paese complicato ma in continuo mutamento. Presto avremo un ministro gay, ci scommetto quello che volete!»

«Basta con la propaganda, mamma...» sbuffa la figlia.

Intanto, al di là della vetrata la confusione aumenta e Micòl e Tariq, incuriositi, abbandonano il tavolo per andare in strada a vedere.

Rimasta sola con Stella, con un repentino cambio di passo Zahira abbandona il registro frivolo e con voce ferma:

«Ho fatto tutto quello che potevo per mio figlio, persino lasciare una terra che ormai era mia.»

«Lei è nata ad Amman...»

«Sì, ma ho vissuto a Jenin abbastanza per capire che continueremo a morderci come cani rabbiosi finché i palestinesi non avranno uno Stato.»

«Ve l'abbiamo offerto molte volte e l'avete sempre rifiutato.»

«Non sempre si ha la forza di accettare quello che si vive come un amaro compromesso. Deve esserci una strada per la pace.»

«C'è, ma non con chi vuole la fine di Israele.»

«Molti la vogliono, ma non tutti.»

I volti delle due donne sono così vicini da confondersi, ma mentre quello di Stella sembra aver perso le rughe quello di Zahira ne ha trovate di nuove.

«Se questo fosse il tavolo della pace noi stasera avremmo il coraggio di firmarla?»

«Due come noi potrebbero» risponde Stella con inaspettata dolcezza.

Ritrovando la leggerezza dietro la quale ha sempre nascosto la sua infelicità, Zahira esclama sorniona:

«Sarebbe ricordato come il patto di Rothschild Boulevard!»

«E senza alcun dubbio noi due passeremmo alla Storia» conclude l'altra divertita e le tende una mano che Zahira subito stringe.

Gli sguardi si incrociano con rispetto. Così diverse, si scoprono più simili di quanto avrebbero mai immaginato.

Il rientro di Micòl e Tariq le coglie di sorpresa.

«Cosa state complottando voi due?»

«Giochiamo a fare gli uomini. E ci viene benissimo...»

Proprio in quel momento un ragazzo avvolto in una bandiera arcobaleno con la stella di Davide fa una piroetta davanti alla vetrata.

«Non c'è bisogno di arrivare fino in Francia, figlio mio, Parigi è già qui» commenta Zahira con malcelato rammarico.

Stella intuisce la sua tristezza e le viene subito in soccorso:

«Non dica sciocchezze! Parigi è splendida, e così pure Venezia, Firenze, Madrid e persino la mia austera Basilea.»

«E Roma è bellissima! Quando avrete i documenti vi ospiterò nella mia casa romana. Le farò vedere il mio laboratorio di costumi, il Colosseo, piazza Navona e i negozi dei grandi stilisti.»

«La moda italiana!» mormora Zahira con aria sognante.

Tariq guarda incantato le sue donne. Stravaganti e affettuose, prepotenti e vitali, quelle tre madri, capaci di dare la vita e di superare la morte, sono diventate la sua forza.

Dalla tragedia che li ha fatti incontrare sono passati solo pochi giorni atroci che ciascuno nasconde nel buio dei propri pensieri. La vita non cancella il dolore ma pretende di scavalcarlo. Almeno per una sera.

54

Venerdì, ventiseiesima giornata

Nel dormiveglia Tariq avverte profumo di caffè e intravede Zahira china su di lui che gli sfiora la fronte con le labbra. I gesti delle madri e degli amanti si somigliano, Arièl lo svegliava sempre così. Ma lui non c'è più.

«Il mio figliolo *très spécial* piange?» sussurra Zahira girando vorticosamente il cucchiaino nella tazzina. «Abbiamo pianto abbastanza. Oggi comincia la nostra nuova vita! Bevi, prima che si raffreddi.»

Tariq assapora il caffè a piccoli sorsi: è ristretto e molto zuccherato proprio come piace a lui e sua madre in vestaglia, i capelli raccolti in uno chignon, è incantevole.

«Mi dispiace che per colpa mia tu sia costretto a dormire sul divano... Oggi ho un gran mal di testa ma quando mi sentirò meglio andremo a comprare un letto per te.»

«Vuoi che ti massaggi i piedi?»

«Come facevi da piccolo? Sei un tesoro.»

Tariq la fa distendere sul divano e le sfila le pantofole di raso. Piccoli e delicati come quelli di una bambina, i piedi della madre non mancano mai di stupirlo. Inizia a massaggiarli delicatamente, trattenendo con una mano il calcagno mentre con l'altra manipola l'arco, poi con una leggera trazione distende le dita a una a una e infine con i pollici disegna piccoli cerchi dal basso verso l'alto sulla pianta. A occhi chiusi Zahira lascia che le mani magiche del figlio compiano il prodigio.

«Avevano ragione a dire che le tue dita hanno un fluido» gli dice beata.

«Posso provare a farti passare anche il mal di testa.»

Tariq le libera i capelli dalle forcine, e con manipolazioni leggere dalle tempie alla nuca ripercorre gli esercizi appresi all'università: preme sulla dura madre, la più esterna delle tre meningi, che si trova sopra la pia madre detta anche "madre delicata". E con le mani affondate nei capelli di Zahira pensa alla madre insieme dura e delicata che gli è capitata in sorte.

«Sei un mago, il mal di testa è sparito» esclama Zahira sollevandosi e riannodando i capelli. «Mi vesto e andiamo ad acquistare il letto nuovo?»

«Magari domani.»

«Cosa farai oggi? Vai al Gay Pride?»

«Ancora non so, forse...»

«Vacci. Abbiamo perduto tutto, almeno tu difendi i tuoi sogni.»

Tel Aviv è invasa da un fiume in piena: giovani con parrucche colorate e abiti tempestati di paillettes a braccetto con uomini in giacca e cravatta, donne allacciate teneramente e ragazzi in divisa che si tengono per mano. Il corteo si dirige a sud verso Charles Clore Park, dove al tramonto si concluderà la sfilata.

Tariq si accoda alla folla sgargiante ma non riesce a sentirsene parte. L'allegria sfrenata di quel popolo in festa lo intimorisce, l'energia che emana dai corpi orgogliosamente esibiti stride con il buio della sua carne solitaria e ferita. Vorrebbe anche lui ballare, sorridere e toccare senza pudore, ma proprio non ce la fa ad abbandonarsi. Sono passati solamente ventisei giorni dalla morte di Arièl e non è ancora pronto a giocare con la vita.

Arrivato al lungomare, dal marciapiede vede sfilare i primi carri, in cima ai quali danzano uomini e donne con costumi variopinti, e incrocia un paio di ragazzi che ha conosciuto a Beit Dror: indossano magliette dai colori fluorescenti e sorridono. Solo lui non riesce a vivere a pieno la festa. Il dolore per la scomparsa di Arièl è un piombo che lo tira a fondo e gli impedisce di nuotare in quella corrente di frenesia. Il rimbombo della musica lo stordisce, la folla lo spintona. Accanto a lui due ragazzi si baciano senza pudore e più avanti un uomo a torso nudo rotea in aria la camicia come un trofeo. È quella la libertà che ha sognato?

La musica è assordante ed è sul punto di andarsene per cercare un po' di pace quando, d'improvviso, sul carro tappezzato di fiori che gli passa davanti gli sembra di riconoscerlo. Aguzza lo sguardo, ma sì, è proprio lui, Youval Rappaport. Abbandonato chissà dove il cappello a larghe tese e il pastrano di seta nera, in maniche di camicia, balla sotto un arco di rose rosse. Gli occhi cerulei luccicano e le peyot color stoppa seguono il ritmo di danza della variopinta drag queen a cui è aggrappato come a una boa.

Da lassù, Youval si gira, guarda in basso, lo riconosce e gli sorride.

«Coraggio, salta su! L'amore è senza barriere e qui c'è il paradiso!» gli grida lanciandogli con un gesto teatrale una delle rose artificiali della decorazione.

Tariq la afferra al volo, la infila nel taschino della camicia e svicola nella calca.

Fa molto caldo, è stanco, confuso e ha deciso di tornarsene a casa ma, mentre scivola via dal corteo, un gruppo di ragazzi con in mano un grappolo di palloncini colorati lo travolge.

«Un palloncino in cambio della tua rosa!» gli sussurra un giovane con gli occhi bistrati.

«Non posso, me l'ha regalata un amico.»

«Peccato, sei così bello e ti avrei fatto volare.»

Tariq è turbato. Non si riconosce in quella folla vociante. Non vuole tracciare una nuova via insieme a quel popolo in marcia. Amare gli uomini per lui non è stata una scelta ma istinto, e l'amore per Arièl lo ha cambiato: niente più brividi e incontri occasionali. Riuscirà di nuovo a desiderare?

Imbocca una strada laterale, in fondo alla quale intravede una piazzetta deserta con un giardino alberato, la raggiunge, sceglie una panchina all'ombra e si siede. Sfila la rosa dal taschino e, mentre senza pensarci fa l'inutile gesto di annusarla, si accorge che qualcuno gli si è seduto accanto.

Si gira di scatto, è Ziad, in camicia hawaiana, i capelli pettinati all'indietro fissati dal gel e l'aria trionfante.

«Adesso siamo tutti e due dall'altra parte» gli sussurra dandogli di gomito.

«Siamo sempre stati dalla stessa parte.»

Ziad lo guarda sornione:

«Dalla parte giusta e insieme da quella sbagliata.»

«Come sei riuscito a venire a Tel Aviv?»

«Te l'avevo detto che bisognava fare in fretta, ma tu esitavi... Ti conosco, sei un cocco di mamma e ti sei sempre occupato solo di te stesso. A te non frega niente se Hamas ci divora.»

«Invece tu ora hai scoperto la politica?»

«Io ho visto armi ed esplosivo nascosti nelle case e so riconoscere la voglia di rivincita... Ma cosa ne sai tu, sei un padroncino che pensa solo al profumo di fiori d'arancio di sua madre. Credevo che dopo che ti avevano ammazzato l'uomo che amavi saresti riuscito a vendicarti, e ti ho aspettato. I giorni passavano, il viavai intorno al magazzino continuava ma il mujaheddin poteva cambiare nascondiglio da un momento all'altro. Quando ho visto che gli israeliani non intervenivano ho capito che con te avevo fatto un buco nell'acqua. Tu rimandavi ma io non potevo sprecare l'occasione... Mi sono deciso e ho fatto la soffiata.»

Tariq sbarra gli occhi.

«Ho avuto più coraggio di te: ho denunciato e ci ho pure guadagnato. In cambio gli israeliani mi hanno garantito il permesso di soggiorno, per me e per la mia famiglia, e pure il trasferimento in Olanda, o forse in Canada. Ti avevo dato una possibilità ma non hai voluto coglierla...»

«Tu invece l'hai afferrata al volo.»

«Esattamente.»

«A Jenin però tutti credono che sia io il delatore e hanno incendiato gli agrumeti della mia famiglia.»

«Mi dispiace.»

«Mi hai sacrificato ai tuoi interessi...»

«Così va il mondo.»

Tariq si alza, abbandona la rosa senza profumo sulla panchina accanto a Ziad, poi gli gira le spalle e si allontana.

Senza voltarsi indietro.

55

Sotto la doccia Micòl sente bussare ripetutamente alla porta e la raggiunge la voce imperiosa di Stella:

«Esci, ti devo parlare.»

Grondante apre uno spiraglio, e dall'espressione della madre capisce che si tratta di qualcosa di importante.

«Mi ha chiamato il capo di Stato maggiore. L'inchiesta sul massacro di Shabazi Street è conclusa e Arièl ha ricevuto la medaglia al merito.»

«Per essere stato fatto in mille pezzi?»

«Per aver salvato delle vite.»

«E come?»

Avvolta nell'asciugamano Micòl esce dal bagno, la madre le va dietro.

«Hanno interrogato i testimoni. Le deposizioni concordano: il locale era pieno di gente e Arièl non poteva sparare, ma ha tolto la sicura all'M16 ed è corso verso il kamikaze per fermarlo urlando: "Allontanatevi!". Grazie al suo avvertimento quattro persone si sono salvate.»

«Chi sono?»

«Due israeliani, un'araba israeliana e la sua bambina.»

Micòl crolla sul divano. Rivede la stanza di suo figlio, le medaglie guadagnate nelle gare di nuoto, basket e canottaggio affastellate in una coppa vinta in un torneo di tennis e relegata da subito al ruolo di fermaporta.

«La cerimonia è oggi pomeriggio alle sette.»
«Vai tu al posto mio.»
«Perché?»
«Ad Arièl non piacevano le medaglie e non piacciono nemmeno a me.»
Micòl si passa le dita nei capelli bagnati e l'asciugamano le scivola attorno ai fianchi: è nuda davanti a sua madre. A Stella torna in mente il giorno in cui l'ha vista partorire, il ventre teso e i seni turgidi, e ora guarda commossa il corpo svuotato di sua figlia.
Facendo forza sul bastone si alza, si siede accanto a lei e l'asciuga come quando era bambina: le strofina la schiena, le braccia e le cosce, le tampona i capelli e le avvolge di nuovo l'asciugamano intorno al corpo. Poi china il capo sulla sua spalla e l'abbraccia.
«Allora tu mi capisci, mamma?»
«Sì. Le medaglie non contano. Ma contano l'audacia con cui Arièl ha amato Tariq e quella del suo ultimo grido per salvare altre vite. Tuo figlio era coraggioso e aveva un grande cuore.»
«Vai a ritirarla e tienila tu.»
«Ho un'idea migliore. Ti ricordi quando ti ho insegnato a far saltare i sassi piatti sulla superficie del mare? Faremo lo stesso con quella medaglia.»

Così Micòl scopre che la madre pungente che le è capitata in sorte ha imparato a ritrarre i suoi aculei.

56

Sabato, ventisettesima giornata

Malak oggi è insolitamente scontroso: non cerca carezze, non fa le fusa e non dà confidenza a nessuno. Come una sfinge se ne sta accucciato sul parapetto della terrazza, la coda oscillante, il muso proteso in avanti e gli occhi a spiare la strada.

Eppure in casa ci sono proprio tutti. Nella minuscola cucina, Zahira ha preparato la *msakhan*, il pollo con riso e pinoli alla giordana, Tariq ha apparecchiato con il mezzaro a fiori blu e oro e, come sempre, Stella e Micòl sono arrivate con due vassoi di dolci. A tavola Zahira ha ricordato l'infanzia in Giordania, il tracollo finanziario e il matrimonio combinato. Micòl ha raccontato dei costumi della sua ultima *Carmen*, delle difficoltà incontrate nel trovare ventagli adeguati e nel realizzare i complicati plissé di lana pesante che si era inventata. Stella ha ripescato aneddoti inediti sugli anni trascorsi nel kibbutz di Hanita.

Tariq sta sparecchiando quando, d'improvviso, Malak emette un miagolio acuto, inarca la schiena, balza giù dal parapetto, si infila in casa e raggiunge la porta davanti alla quale rimane immobile come una statua d'ebano.

Dopo pochi secondi il citofono suona. Tre trilli ravvicinati e insistenti seguiti da uno prolungato, il segnale in codice di chi sa di essere riconosciuto. Tariq risponde. Attraverso il microfono zampilla armoniosa una voce femminile.

«Arièl, sono io. Apri...»

La cornetta che Tariq ha lasciato cadere oscilla lenta all'estremità del filo.

«Arièl, vuoi aprire sì o no? Sono Sharon!»

La voce riempie lo spazio, accarezza i muri di cemento grezzo e le piante nella vasca di graniglia, e fa risuonare i tubi di metallo che corrono a vista. Tutti l'hanno sentita.

Micòl e Stella si guardano sbigottite. Insieme all'unica persona all'oscuro della sua fine torna anche lui: Arièl.

Tariq esita, poi preme il pulsante del portone.

«Chi è? Cosa succede?» chiede incuriosita Zahira.

«È un'amica di mio figlio, era all'estero e non sa nulla...»

«Dovremo dirglielo?»

«Sì.»

Al rumore dei passi sul pianerottolo, Micòl fa per alzarsi ma Stella la blocca e intima a Tariq:

«Vai ad accoglierla, almeno tu l'hai conosciuta.»

Tariq obbedisce.

Nel vano della porta appare una donna di poco meno di trent'anni con un grande trolley. Ha una massa di riccioli neri e occhi azzurri così chiari da bucarle il volto.

«Ciao Tariq! Come stai? Arièl è uscito?» Poi, muovendo un passo oltre la soglia: «Buongiorno a tutti, io sono Sharon, un'amica di Arièl. Sono appena rientrata da Parigi e volevo salutarlo».

Il silenzio, pesante come un macigno, è interrotto da Stella.

«Entra pure, Sharon, gli amici di mio nipote sono nostri amici.»

«Lei dev'essere la nonna! Arièl mi ha parlato di lei tante volte.»

Le tre donne la guardano mute, senza l'accenno di un sorriso:

«Che succede?» chiede allarmata.

«Siediti» ordina Stella.

Sharon non le obbedisce. Mentre le nude parole di Stella condensano la tragedia e la fanno accadere di nuovo, lei è immobile come una preda paralizzata dal terrore, la voce serrata in un groviglio e le membra irrigidite. Poi ondeggia, piega le ginocchia e crolla a terra come un sacco vuoto.

Tariq subito la solleva tra le braccia e la distende sul divano. Micòl le bagna il volto con un fazzoletto intriso d'acqua, Zahira le sfila le scarpe, Stella la scruta preoccupata mentre Malak, dritto sulla spalliera con la coda raccolta a semicerchio davanti alle zampe, sorveglia ogni movimento.

A occhi chiusi, Sharon lascia che l'orrore la attraversi, nero e bruciante. Quando lentamente dischiude le palpebre vede i volti contratti delle donne sopra di lei e subito dietro quello ansioso di Tariq. Con le iridi come strappi di cielo, scandaglia smarrita lineamenti tesi e sguardi compassionevoli, ma subito il cielo si richiude. Non vuole vederli. Non vuole credere a quello che ha appena ascoltato.

«Ti senti meglio?» chiede esitante Micòl carezzandole la fronte.

Facendo forza sugli avambracci, Sharon riesce a mettersi seduta.

Una dopo l'altra, le donne si presentano.

«Come hai già capito, io sono la nonna di Arièl.»

«Io la mamma.»

«Io sono la madre di Tariq.»

Sharon deglutisce e mormora:

«Io sono la sua migliore amica.»

Come sempre è Stella la più coraggiosa:

«Sapevamo che eri all'oscuro della morte di Arièl. Abbiamo aperto la lettera che gli avevi spedito e l'abbiamo letta e così pure le vostre mail. Capita di dimenticare il pudore quando chi ami non c'è più. Così è accaduto a noi. Sappiamo che ti voleva bene e dunque anche noi te ne vogliamo.»

Sharon si tira su a fatica e, barcollando, si dirige verso la porta, ma Malak subito le sbarra la strada.

«Dove vai, resta con noi» la supplica Micòl.
«Voglio tornare a casa mia, voglio stare da sola.»
La voce melodiosa è ridotta a un graffio stridente.

Dietro di lei, la porta rossa si chiude con un tonfo sordo. Sharon è apparsa come un fantasma e come un fantasma si è dileguata.

57

Mentre a fatica trascina il trolley lungo la rampa di scale sente dei passi alle sue spalle. Si gira, e vede Tariq.

«Aspetta...»

Sharon non gli risponde, s'infila nell'ascensore e, una volta in strada, ferma al volo un taxi e sale a bordo.

Nello specchietto retrovisore lo vede agitare le mani nell'aria. Ma non ha nessuna intenzione di tornare indietro, vuole solo andare a casa.

Le parole scabre allineate da Stella hanno cancellato in un istante passato e futuro. Il presente è scritto nei volti della madre, della nonna e dell'amante di Arièl che la scrutavano in attesa di una reazione, un gesto, una parola che gli restituisse un brandello di quello che hanno perduto. E che ha perduto anche lei. Sa che rivelare il suo segreto equivarrebbe a finire in trappola. Meglio il silenzio, meglio la fuga.

Appena arriva nel suo minuscolo appartamento nel quartiere di Ajami, dalla tasca esterna del trolley sfila il portatile e subito lo accende. La cronaca del giorno del massacro lampeggia sullo schermo: il kamikaze che si è fatto esplodere vicino alla cassa, le foto del locale distrutto, l'elenco dei feriti e quello dei morti. Appare anche un trafiletto con la cronaca del funerale di Arièl nel kibbutz di Hanita. Ma non è il kibbutz della nonna di cui lui le parlava sempre? Risente la voce ruvida di Stella addensare la tragedia.

Perché non ha letto i giornali quel giorno? Perché nessuno le ha telefonato per avvertirla? La sua vita solitaria rivela l'atroce risvolto: in quell'estenuante tournée non ha ascoltato i notiziari e ha pensato solo a sé stessa e alla carriera. Ora sa perché Arièl non ha risposto alle mail e perché il suo cellulare era muto.

Con mani tremanti pesca l'agenda dalla borsa e ripercorre le date. Dov'era all'ora dell'attentato? Quel lunedì ha scarabocchiato: "Montréal, esercizi per migliorare la resistenza vocale e pulire le note più alte". Febbrilmente confronta i fusi orari: coincidono. Lei cantava e lui moriva.

La pancia si ribella, lo stomaco si contorce, si precipita in bagno. La fronte appoggiata allo specchio del lavabo, le mani aggrappate ai rubinetti, vomita. Dopo l'ultimo conato, lascia scorrere l'acqua nel lavandino e si sciacqua la bocca per cancellare il sapore acre del liquido che le ha risalito le viscere.

Le torna in mente la sera in cui l'aveva conosciuto. Era venuto a trovarla in camerino al Suzanne Dellal, il teatro dove si esibiva, per farle una proposta stravagante: lavorare insieme a una lettura in chiave numerica delle partiture musicali. Aveva subito accettato. Le passioni condivise sono un mastice tenace, e tra loro aveva funzionato all'istante. In nome della coincidenza tra armonia musicale e aritmetica avevano subito stretto un'alleanza. All'improvviso realizza l'indicibile: il Suzanne Dellal è a Neve Tzedek, a pochi passi dal locale della strage. Tutto ha un senso e insieme non lo ha più.

Con il cuore in gola, si siede al pianoforte ma non riesce a suonare. La ferrea regola matematica che lega i tasti assomiglia a quello che la intrappola: avorio ed ebano, bianco e nero, vita e morte, senza null'altro nel mezzo. Eppure nel mezzo c'è qualcosa di caldo e vivo. L'imponderabile è dentro la sua carne. Arièl non c'è più, ma lei se lo porta dentro.

Per esprimere la vita e la morte non esistono formule certe, deve risolvere un'equazione impossibile e con un'incognita scabrosa: cosa fare del bambino, figlio del suo migliore amico di cui ha appena appreso la morte?

Nessuno sa di quella notte.

Sharon inciampa nei ricordi. L'unione di due caratteri introversi aveva trasformato da subito l'amicizia con Arièl in un vincolo esclusivo e tenace che nemmeno la passione travolgente per Tariq aveva scalfito. Di loro due aveva saputo subito quello che c'era da sapere, perché Arièl gliel'aveva confidato senza pudore:

«È il primo uomo che mi ha toccato e io non ho mai toccato nessun altro. Ho scoperto l'amore e mi sono tuffato senza pensare a quanto era profondo il vortice. Puoi capirmi, vero?»

Sharon lo aveva capito a stento perché dell'amore lei sa poco e niente. Nonostante gli occhi di cielo, i riccioli da Medusa, il seno di velluto e la voce da brividi non ne ha mai avuto uno e si è guardata bene dal cercarlo. Si è concessa sporadici incontri, sesso senza gusto, storie banali di abiti sfilati e rimessi senza impegno, senza futuro e senza intimità. Usando come scudo la logica, che dell'impulso è acerrima nemica, si è sempre difesa dalla passione concentrando la voluttà nel canto. Fuori dalla magia del palcoscenico per lei c'è solo la ruvida verità dei numeri, che della bramosia non sa che farsene. E quel giorno, ascoltando l'impudica rivelazione di Arièl, si era sentita insignificante, impacciata, inutile: un'estranea esclusa dall'incanto del loro amore.

Ma voleva essere comunque dalla sua parte. E lo era stata anche la notte in cui, in preda all'angoscia dopo un litigio con Tariq, Arièl le aveva chiesto aiuto.

«Mi ha lasciato! Ho bisogno di te, vieni, subito!»

L'indomani sarebbe partita per la tournée in Europa e doveva ancora fare le valige ma si era subito precipitata a casa di Arièl.

«Tornerà da me solo quando avrò deciso.»

«Deciso cosa?»

«Di lasciare l'esercito. Ma è impossibile! Sono distrutto, non posso vivere senza di lui!»

«Perché non fai domanda per cambiare unità?»

«Ti sembra facile...»

«Provaci. Puoi tentare di finire la leva al Cogat.»

«L'unità di stanza nei territori palestinesi? Il mio ebraico è buono ma dovrei conoscere anche l'arabo.»

«Oppure al Comando Generale delle Forze di Sicurezza.»

«È un lavoro da impiegato.»

«Ma la sede è a Tel Aviv e non dovrai rinunciare a Tariq.»

«Non capisci, vuole stare con me alla luce del sole e questo è complicato finché indosserò la divisa. Nessuna legge lo impedisce ma la nostra rimane una relazione... non appropriata.»

«Eri venuto in Israele con in testa il *lone soldier dream* e sei finito a letto con un palestinese scappato da Jenin...»

«Lo amo e non posso perderlo.»

Una luna gigante illuminava a giorno il letto su cui erano distesi l'uno accanto all'altra come accade tra amici. Nel disco bianco si stagliava la pennellata nera di Malak che, dritto sul davanzale della terrazza, li fissava.

«Cantami una canzone» l'aveva implorata Arièl.

«È tardi, domani mattina parto per la tournée e devo ancora finire di preparare i bagagli e riordinare gli spartiti...»

«Ti prego, Sharon.»

«Ok, quale vuoi che ti canti?»

«*Adiós querida.*»

«Ma è tristissima.»

«Proprio come mi sento ora. Cantala per me» le aveva sussurrato Arièl abbandonandole il capo in grembo.

Accarezzandogli i capelli, Sharon aveva iniziato a cantare. La sua voce era seta e velluto, zucchero fuso e latte tiepido, profumo di zagare e limoni. La melodia d'amore sefardita le scorreva dalla gola al petto fin giù nella pancia e Arièl ne ascoltava le vibrazioni attraverso il ventre. Erano diventati tutt'uno, come capita a chi si vuole bene.

Come quell'unione si fosse trasformata in pericoloso abbandono e danza leggera, e poi in spinte, e infine in corpi stanchi e innocenti, Sharon ancora non riesce a spiegarselo. Ma era accaduto.

All'amicizia erano allenati, ma quell'amore che non era amore li aveva trovati impreparati lasciandoli ansanti e smarriti nella luce di quella luna gigante.

Arièl era precipitato in un sonno profondo e Malak acciambellato accanto ai loro corpi nudi faceva le fusa, ma quando Sharon era scivolata fuori dal letto con un balzo l'aveva raggiunta ed era rimasto incollato ai suoi polpacci mentre si rivestiva seguendola fino alla porta senza un miagolio.

Prima di uscire, si era voltata e aveva cercato con gli occhi Arièl: nel sonno si era girato sul fianco liberandosi dal lenzuolo, i capelli arruffati erano una macchia rossastra sul cuscino e la schiena disegnava una curva potente e insieme gentile. Lo aveva guardato come una donna guarda un uomo e si era accorta di quanto era bello. Poi aveva chiuso la porta senza fare rumore. Era l'ultima volta che l'aveva visto.

Il giorno dopo era partita per la tournée, ricacciando indietro il ricordo di quella imprevista intimità. Ma ormai il seme era gettato e il ventre lo aveva accolto.

I figli nascono anche senza amore. Anche da acerrimi nemici e persino da grandi amici. Così era accaduto a loro due in quella notte inaspettata.

Sharon ricorda esattamente il momento in cui ha saputo di aspettare un bambino. Era stato a Parigi, la sera dell'ultimo spettacolo.

Le era già capitato altre volte di saltare il ciclo. Aveva dato la colpa alla fatica e alla tensione per quell'ultima esibizione nella città dove era nata, in più davanti a sua madre, ma negli ultimi giorni i malesseri erano stati continui. Se era incinta poteva essere successo solo quella notte.

Nuda e accosciata sul water, aspettava il responso del test di gravidanza contando i secondi, ma la linea sullo stick era ancora azzurro pallido come il cielo di Parigi quando è incerto. Poi era diventata dell'azzurro intenso del cielo di Tel Aviv e Sharon aveva saputo di essere incinta di quell'amico amatissimo che non aveva mai amato.

"Non posso dirgli che aspetto un figlio suo. È solo un incidente da dimenticare" aveva concluso gettando lo stick nel cestino sotto il lavabo.

Mancava un'ora all'inizio dello spettacolo e le nausee erano ricominciate. Con il cuore in subbuglio aveva indossato l'abito di scena di raso blu, aveva sottolineato gli occhi con la matita nera e le palpebre con quella azzurra, aveva dipinto le labbra di rosso, aveva spolverato il rosa sugli zigomi e si era guardata allo specchio. La giovane donna pallida e smarrita che vedeva riflessa era incinta del suo migliore amico, innamorato di un uomo. Il bambino era già lì, sotto il raso che le fasciava i fianchi, tra poco sarebbe salito insieme a lei sul palcoscenico e avrebbe sentito il suo canto. Era tutto assurdo, eppure d'istinto con la mano aveva premuto il ventre e si era chiesta se fosse un maschio o una femmina.

"Cosa importa?" aveva concluso.

Come succede agli artisti, una volta in scena come per incanto le nausee erano scomparse e nel teatro gremito la sua voce era sgorgata limpida e melodiosa. Dopo ripetuti applausi, alla richiesta del bis, invece del brano previsto Sharon aveva intonato *Adiós querida*, la canzone della notte in cui avevano concepito l'esserino che le nuotava dentro.

Un testo eseguito più e più volte perde significato e si trasforma in pura vibrazione, ma non era stato così quella sera.

«*Adiós, adiós querida, no quiero la vida, me l'amargastes tú.*»

Aveva cantato le parole della prima strofa con una mano

rivolta al pubblico e l'altra sul ventre, un gesto per lei consueto che d'improvviso le era sembrato assumere un nuovo significato. Il testo della seconda strofa le era arrivato dritto in pancia.

«*Tu madre cuando te parió y te quitó al mundo, corazón ella no te dio para amar segundo.*»

L'essenza della maternità, concentrata in quelle poche parole – "Tua madre quando ti partorì e ti mise al mondo non ti diede un cuore per amare altri" –, l'aveva folgorata.

Già temeva l'amore totale che l'avrebbe legata a quel bambino se avesse deciso di farlo nascere? Quello che aveva definito "solo un incidente" cominciava a insinuarsi nel suo cuore solitario.

Aveva ringraziato il pubblico, dopo un profondo inchino aveva guadagnato il retropalco e lì, aggrappata al sipario, aveva vomitato l'anima.

Quando aveva aperto la porta del camerino e se li era trovati davanti aveva temuto il peggio. Con un abito di voile color carota, la madre si stava ripassando con cura il rossetto davanti alla toilette. Accanto a lei c'era Philippe, il terzo marito, che indossava uno smoking impeccabile e soffiava spessi anelli di fumo da un sigaro gigante con aria compiaciuta.

«Ecco la mia cantante!» aveva esclamato la madre vedendola riflessa nello specchio. «Confesso che non mi aspettavo che te la saresti cavata così bene. Nonostante il repertorio di una noia mortale e la banalità del vestito che hai scelto, il mio voto è sette. Che ne dici *mon petit chou*?»

«Sei sempre troppo critica, Valérie, direi che tua figlia merita un otto.»

«Vada per l'otto, però non ti decidevi a scendere da quel palco e purtroppo ormai si è fatto tardi e dobbiamo andare. Abbiamo prenotato un tavolo alla Coupole, ma se ricordo bene tu odi le ostriche, dunque sarà per un'altra volta.»

Sharon ama le ostriche ma detesta sua madre, anche se per tutta la vita ha cercato la sua approvazione.

Al ritorno in albergo aveva ripescato il test. Ipnotizzata dalla linea azzurra che avrebbe potuto cambiarle la vita, si era ritrovata a chiedersi se quella gravidanza fosse un incidente o una benedizione.

A diventare madre non aveva mai pensato, ma adesso gli scenari futuri le venivano incontro al galoppo. Avrebbe potuto crescerlo da sola senza svelare il nome del padre, molte donne lo fanno, ma non le cantanti e non all'inizio della carriera. Avrebbe potuto decidere di rivelare ad Arièl il miracolo di quella notte, forse lo avrebbe accolto come un dono e se Tariq l'avesse pensata allo stesso modo sarebbero potuti diventare una di quelle famiglie allargate che vanno di moda. Ma Sharon detesta le mode e la famiglia che le è capitata in sorte le è sempre sembrata un'invenzione. Avrebbe potuto cercare un medico e cancellare per sempre il bambino misterioso che le stava crescendo dentro, ma temeva di correggere un errore con un altro errore. Sharon non aveva certezze. Il dubbio era una foresta di cui contava gli alberi a uno a uno.

Arièl aveva diritto di sapere cosa fosse davvero successo quella notte? L'enfasi e il dramma erano l'esatto contrario dell'amicizia tutta pentagrammi e formule matematiche che li univa, ma quella gravidanza inaspettata era un colpo di scena ineludibile.

"Deciderò quando lo guarderò negli occhi" si era detta, scoprendosi molto meno coraggiosa di quanto avrebbe pensato.

Ma in quell'alberghetto di Parigi, Sharon aveva capito che la scelta toccava a lei.

Nessuno conosceva il suo segreto. Come succede solo alle donne che hanno una vita in grembo, tutto era ancora nelle sue mani.

Al ritorno a Tel Aviv il suo primo pensiero era stato per Arièl.

Poi quel citofono muto e l'atroce silenzio dopo le secche parole di Stella.

Ora, chiusa nei quaranta metri quadri del suo appartamentino bohémien, dove il pianoforte verticale entra a stento e per la culla di un bambino non c'è spazio, Sharon sente il ventre pieno di un futuro con cui non riesce a fare i conti.

In un istante ha perso il suo migliore amico e il padre del bimbo di cui non ha ancora deciso la sorte. La morte le ha rubato la battuta più importante della sua vita. Non può più dire ad Arièl: "Aspetto un figlio da te". Non può più dirgli nulla.

Finalmente le nausee si sono placate, ma il sole è ancora alto e l'aria è soffocante, spalanca la finestra e si sporge dal balcone. In cortile i ragazzini stanno giocando a pallone, una porta segnata da due pile di mattoni, l'altra da due mucchietti di scarpe. Il pubblico è diviso in tifoserie, una a cavalcioni del muretto, l'altra pigiata su un divano verde con la tappezzeria sfondata, abbandonato da mesi perché nessuno si è preso la briga di portarlo alla discarica. Cose che capitano ad Ajami, il sobborgo a sud di Jaffa dove Sharon da un anno ha scelto di vivere.

Ha affittato quel minuscolo appartamento perché era l'unico che poteva permettersi e le era piaciuto da subito il balcone stretto e lungo, dove si è appena affacciata. Più che un balcone è un rettangolo di cemento armato giustapposto alla facciata fatiscente. Nel tentativo di armonizzare l'abuso, era stata aggiunta una grata di ferro in stile ottomano e un pavimento di vecchie piastrelle arabescate recuperate da qualche edificio dei dintorni, scompagnate e traballanti ma con un disegno così bello che, quando un paio erano saltate, Sharon le aveva appese al muro come dei quadri.

Dopo molte coabitazioni questa è la sua prima casa da sola. A convincerla non erano stati tanto il prezzo e il balcone orientale, ma piuttosto la sensazione che in quel quartiere degradato, costellato di villini in rovina collegati al mare da viuzze e scalette e popolato da famiglie modeste per lo più arabe ma anche ebree e cristiane, si sarebbe sentita libera.

Il giorno della firma del contratto era così emozionata che aveva chiesto ad Arièl di accompagnarla, e al ritorno avevano festeggiato con birra e kebab seduti proprio sul balcone dove si trova ora.

«Se non riesci a pagare l'affitto ti aiuto io. Gli amici servono a questo» le aveva detto stappando l'ultima birra e versandola lentamente per far crescere la schiuma al punto giusto.

Per mesi si erano incontrati, scritti e telefonati senza mai desiderarsi, con l'eccezione di quella notte inaspettata in cui avevano valicato un confine. Se Arièl fosse ancora vivo, avrebbero di nuovo fatto l'amore?

Sharon ha caldo e respira a fatica, le urla dei ragazzini la assordano e quel fazzoletto di balcone non le basta. Le manca l'aria e ha voglia di vedere il mare.

Decide di uscire ma, mentre procede rasente al muro del cortile, una pallonata la colpisce in pieno ventre e avverte una fitta.

"Adesso lo perdo!" pensa, e subito si stupisce di quella paura. "Forse è meglio così, almeno non sarò io a decidere."

Abedin, il figlio della vicina, uno scricciolo con gli occhi furbi e le gambe veloci, corre verso di lei.

«Perdonami, ti abbiamo fatto male?»

Mentre Sharon si protegge il ventre con le mani, i ragazzini le vengono intorno.

«Fawaz tira sempre troppo forte» dice uno.

«E sbaglia pure la mira» aggiunge un altro.

«Non è successo niente, sto bene, continuate a giocare.»

«Sharon è tornata!» grida Abedin alla madre che subito si affaccia e dalla finestra la saluta agitando la mano. Sharon ricambia con un sorriso. Bashira la riempie di gentilezze, le conserva la posta e ogni tanto le porta delle ghiottonerie arabe. Ad Ajami basta poco per fare amicizia. Da quando è venuta a vivere in quel caseggiato, tutte le volte che la sentono cantare al pianoforte i vicini portano le sedie in cortile per godersi il concerto: se non fosse per qualche applauso fuori tempo sarebbe il pubblico che le dà più soddisfazioni.

A passo lento Sharon si dirige verso il lungomare. Le palme sono sferzate dal maestrale e le onde si infrangono sulle scogliere che come artigli si allungano nell'acqua. Cosa le sta succedendo? Vuole liberarsi del bambino ma non vuole fargli male? La fitta è passata, non i conflitti pronti a spuntare quando meno se lo aspetta.

Costeggiando i villini ottomani supera il minareto della moschea e, all'altezza della chiesa greco-cattolica, curva a destra verso il mare. Percorrendo il viottolo tra dune chiazzate dal giallo dei fiori del finocchio selvatico, raggiunge un'insenatura di sabbia soffice nella sua baia preferita. Si accoccola al riparo di una roccia e annusa l'aria salmastra tendendo l'orecchio ai rumori.

Come un animale, il mare prende fiato e lo butta fuori. Il suo respiro è una musica incessante, una successione di onde sonore che Sharon d'istinto decodifica per intensità e frequenza.

"L'energia procede sempre per onde. Il mare, la luce, il suono, persino il calore del sole non sono altro che onde che si propagano."

Per annegare il dolore come sempre si riempie la testa di formule, ma questa volta non funziona, la disperazione le monta dentro e cerca sfogo. D'improvviso riempie d'aria i polmoni e lancia un grido potente che la lascia svuotata.

Vuota. Vorrebbe essere vuota. E invece è piena di una vita tenace di cui si vuole liberare. Forse.

La morte la ricatta. Di Arièl è rimasto solo il frutto imprevisto di una notte confusa, ma quella vita lei non è obbligata a restituirgliela. È libera di fare ciò che crede. Un bambino di cui solo lei conosce l'esistenza è un bambino che non c'è e di cui nessuno sentirà la mancanza. Cercherà un medico, tornerà vuota. Quel figlio non può e non deve nascere.

In quel momento, proprio davanti a lei, spuntano dalla sabbia le chele rosate e la testa piatta di un piccolo granchio. Una volta fuori, si solleva sulle zampette e correndo lungo la diagonale di un triangolo immaginario si dirige spedito verso il mare, ma incontra un avvallamento, perde l'equilibrio e sta per capovolgersi. Con un colpetto dell'indice, Sharon lo aiuta a raddrizzarsi e lui riprende la sua corsa, questa volta però lungo la diagonale opposta.

«Povero granchio, costretto a triangolare facendo i bordi come un velista perché il peso delle chele gli impedisce di camminare dritto.»

Subito è trafitta da un pensiero:

"Se non mi libero del peso del bambino finirò per sbandare proprio come questo animaletto."

Dopo un paio di capitomboli nel tentativo di superare un banco di alghe, il granchio decide di aggirarlo e, attraversando veloce il bagnasciuga, scivola finalmente in acqua.

«Ce l'ha fatta!» esclama Sharon.

Ma subito aggiunge amara:

«Io non ce la farei.»

58

Al ritorno a casa, aprendo a fatica il cancello arrugginito, Sharon intravede un omone con i baffi spioventi seduto sul divano verde in cortile. È strizzato in un giubbetto di pelle, ha uno zucchetto di panno rosso portato all'indietro sul cranio rasato e tra le braccia un grande mazzo di rose bianche avvolte nel cellophane. Vedendola arrivare si alza a fatica e le si avvicina.

«Sa dove posso trovare Sharon Rimbauds? Sono venuto stamattina e non c'era, sono tornato e ho suonato più volte, l'indirizzo e il numero civico corrispondono ma forse ha cambiato casa.»

«Sharon Rimbauds sono io.»

L'omone tira un sospiro di sollievo, le porge il mazzo di rose e con un sorriso mesto:

«Queste sono per lei. Gliele dovevo portare e l'ho fatto, se mi prendo un impegno lo rispetto. Mi chiamo Fuad e ho un banco di fiori a Carmel Market. Arièl Anav compra sempre le piante da me. Cioè comprava... Lo ha saputo, vero?»

«Sì.»

«Le ha ordinate tempo fa» balbetta imbarazzato. «Ha segnato su un biglietto: "50 rose bianche a gambo lungo per Sharon Rimbauds", poi ha scritto sotto l'indirizzo, la data di oggi e l'orario della consegna, alle 12.00, e ha aggiunto: "Eventuale seconda consegna nel pomeriggio". Arièl è sempre così preciso e gentile...»

A disagio, si gratta un orecchio:

«Poi è successo quello che è successo. Una tragedia... Sono andato al suo funerale in quel kibbutz al Nord, un posto bellissimo vicino al confine con il Libano. Una cerimonia commovente con tanta gente. Non ero mai stato a un funerale ebraico ma io e Arièl a forza di parlare di piante e fiori eravamo diventati amici e non potevo mancare.»

«Grazie.»

Le lacrime moltiplicano l'azzurro degli occhi di cielo di Sharon.

Turbato, Fuad continua:

«Be', insomma, ho rispettato la sua volontà ed eccomi qui. Mi dispiace... Le rose però sono freschissime, le più belle del mio banco.» Si aggiusta in testa lo zucchetto e poi: «Accidenti, stavo per dimenticarmene!».

Fruga nella tasca del giubbetto, estrae una busta e gliela porge.

«Sono venuto in motoretta e non volevo spillarla alla confezione per paura che volasse via. Purtroppo si è sgualcita...»

Sharon subito riconosce la calligrafia.

«Allora io vado» borbotta Fuad.

«Aspetti un istante, la prego.»

Sprofondata sul divano di velluto verde Sharon apre la busta con mani tremanti.

Mia querida,

non capita spesso che l'amicizia scivoli nell'amore, ma è successo e mi ha commosso. Ieri notte ho ascoltato la musica della tua carne e ti ho amata come un uomo ama una donna. Ti ho presa e mi hai preso. E mi è rimasto qualcosa dentro. Cerco di afferrare la parola, è un sentimento impalpabile, lieve, intenso. Non la trovo. So solo dirti che ora mi manchi. Che sei piantata dentro di me. Tutta. E forse è successo anche a te.

Grazie a Tariq so che i confini dell'amore sono mutevoli. E quella notte i nostri sono scivolati via.

A lui non abbiamo tolto nulla. È sempre il mio sole, ma tu sei la mia luna.

Ho scoperto che la guerra è un oscuro macello e che la notte arriva all'improvviso quando meno te l'aspetti.

In Israele ho imparato a non avere rimpianti e a vivere appieno i sentimenti che ho sempre temuto.

Ti conosco e so che temi l'irrazionalità della passione ma quello che c'è stato ieri notte è altro: qualcosa di meno della passione e insieme qualcosa di più. L'intimità ci ha fatto rotondi e abbiamo rotolato insieme.

Il mondo reale non segue logiche matematiche. La logica ha limiti terribili, ma la realtà se ne frega dei numeri e fa le somme a modo suo.

Tariq mi ha insegnato a prendere e dare senza riserve e a non sprecare il talento della passione. Vi ho amato diversamente entrambi.

Fidati dei sentimenti, Sharon, fidati della musica che è matematica ma è anche istinto. La musica ci ha portato dove l'amicizia si sarebbe fermata. Ci siamo fidati della musica, non dimenticarlo.

Quando torni chiamami, intanto goditi queste rose, bianche come la luna di quella notte.

Buona vita, Sharon.

Il tuo amico per sempre

Arièl

Sharon rimette il foglio nella busta, la piega in due e la infila nel reggiseno.

«Può portarmi in centro?»

«La accompagno dove vuole ma, la avverto, la mia motoretta è malandata.»

«Non importa.»

Fuad mette in moto, con le rose strette al petto Sharon salta in sella.

59

A malincuore Fuad accompagna Sharon a Shabazi Street come gli ha chiesto. Ma, prima di spegnere la motoretta:

«Dia retta a me, andiamocene. Qui non c'è più niente da vedere. Se vuole le offro un caffè da qualche parte e poi la riporto a casa.»

Lei non risponde. Con le rose tra le braccia, scende e sfila il casco. Di nuovo liberi, i riccioli neri da Medusa tornano a circondarle il volto su cui spiccano gli occhi colore del cielo. Si guarda intorno stupita. Ha impresse nella mente le foto del locale distrutto trovate in rete ma si accorge che in meno di un mese è stato ricostruito. Ancora protette dalla carta, le vetrate nuove sono già installate e una squadra di muratori sta dipingendo di blu sedie e tavolini.

Impugnando il manubrio, con un piede Fuad fa leva sul cavalletto, spegne il motore, si toglie il casco, tira fuori lo zucchetto rosso e se lo aggiusta sul capo.

«Era solo un cumulo di macerie ma a Tel Aviv tutto rinasce in un batter d'occhio. Il padrone vuole riaprire al più presto e deve aver ingaggiato una di quelle piccole imprese disposte a lavorare di sabato e anche di notte. Torniamo indietro?»

«No, grazie, io resto qui.»

«Come preferisce.»

Lui la guarda contrito, di slancio lei lo bacia sulla guancia.
«Non ho mai visto rose più belle.»

Il borbottio della motoretta di Fuad è già svanito dietro la curva, quando Sharon si decide a scavalcare il muretto di confine con la terrazza del locale. Pavimentata di fresco e foderata di maioliche azzurre identiche a quelle distrutte dall'esplosione, assomiglia di nuovo alla superficie di un mare deserto e immobile. Sta per muovere un passo per attraversarla quando, all'estremità opposta, un operaio in jeans e canottiera con in capo un berretto da baseball le fa segno di fermarsi.

«Non cammini sulle maioliche, le abbiamo appena messe in posa.»

Sharon fa un passo indietro e lui compiendo un giro largo la raggiunge. Ha poco più di trent'anni, il corpo asciutto e i muscoli allenati, ha in mano un pennello sporco di vernice blu e le sorride.

«Il proprietario osserva lo Shabbat, ma noi operai siamo tutti musulmani. Mi chiamo Rashid e sono il caposquadra, come posso aiutarla?»

«La disposizione del locale è stata cambiata?»

«No, il padrone ha voluto ricostruirlo identico.»

Sharon indica un parallelepipedo davanti alla vetrata:

«Se ricordo bene la cassa era lì.»

«Infatti, ed è rimasta dov'era. Sto passando la seconda mano di vernice a sedie e tavoli, domani sarà asciutta.»

«Ci vuole così tanto tempo?»

Rashid la guarda perplesso. È bella ma fa domande stravaganti e dal mazzo di rose che le nasconde il volto affiorano quegli occhi strani, come vuoti.

«È vernice a smalto e bisogna aspettare... Ora però bisogna che torni al mio lavoro, perché il pennello non deve mai seccarsi altrimenti si rovina» conclude tornando da dove è venuto.

Gli altri operai, chi alle prese con le sedie, chi arrampicato sul tetto, sghignazzano:

«Il capo ha fatto conquiste!»

«Quello non se ne fa scappare una.»

Rashid gli lancia un'occhiataccia, poi si gira e si accorge che Sharon gli va dietro.

«Che fa, mi segue? Vuole imparare il lavoro?» ridacchia compiaciuto.

Arrivato vicino alla cassa si accovaccia sui talloni, intinge il pennello nel barattolo premendo entrambi i lati sul bordo per togliere l'eccesso di vernice, e si gira a guardarla.

Sharon è al centro della terrazza a capo chino, il mazzo di rose abbandonato ai suoi piedi.

Rashid sta per urlarle che lì non deve rimanere perché rovina le maioliche ma si trattiene perché all'improvviso lei ha allargato le braccia, e guardando dritto davanti a sé ha incominciato a cantare.

La melodia galleggia sul pavimento azzurro come i suoi occhi:

> O dolci baci, o languide carezze,
> mentr'io fremente le belle forme discioglieа dai veli!
> Svanì per sempre il sogno mio d'amore.

Rashid sciacqua il pennello nell'acqua ragia e gli altri muratori interrompono il lavoro. Anche se non ne comprendono il significato, tutti ascoltano in silenzio la melodia straziante.

«In che lingua canta? Non è mica ebraico e nemmeno arabo, io non capisco una parola» bisbiglia uno.

«Che ti importa cosa dice, è bellissima, zitto e ascolta.»

«È una canzone d'amore. Quella donna ha il cuore spezzato.»

«Sta cantando in italiano. A Tel Aviv ho ridipinto la casa di uno di Milano che sentiva sempre questa musica sentimentale che lui chiamava "opera", o "lirica", o qualcosa di simile...» mormora Rashid.

Poi si toglie il berretto e gli altri lo imitano.

> L'ora è fuggita, e muoio disperato!
> E muoio disperato! E non ho amato mai tanto la vita!
> Tanto la vita!

Dopo l'ultima strofa Sharon si inginocchia davanti alle rose.

«Prega?» chiede uno a bassa voce.

«Certo che sì, non lo vedi? Ora stai zitto e raccomandati al tuo Dio» ordina Rashid accompagnando il gesto con il dito alzato al cielo.

I muratori chinano il capo e pregano. Quando lo rialzano si accorgono che Sharon è sparita.

Il fascio di rose spicca nel blu delle maioliche come spuma sulla cresta dell'onda.

I funerali di Arièl non finiscono mai.

60

Sharon è appena crollata in un sonno profondo quando sente bussare ripetutamente alla porta.

«Sono Bashira!»

Non fa in tempo ad aprire uno spiraglio che la donna è subito dentro. È in pantofole, il hijab sciolto sulle spalle e in mano una scodella fumante.

«Ero preoccupata, sei tornata dal viaggio e non sei nemmeno venuta a salutarmi. Stasera ho cucinato la zuppa con le lenticchie rosse e il succo di limone che ti piace tanto, me ne è avanzata un po' e te l'ho portata...»

Poi, vedendo il letto disfatto e il volto spaurito di Sharon, con voce preoccupata:

«Cosa succede? Il sole è appena tramontato e tu già dormi? Stai poco bene?»

«Sì.»

«Allora rimettiti a letto. È ancora calda, mangiala e ti sentirai meglio.»

Sharon obbedisce e si infila di nuovo sotto il lenzuolo mentre, seduta sul bordo del letto, Bashira la imbocca come si fa con un malato. Quando è riuscita a farle sorbire l'ultimo cucchiaio, con una sfumatura di rimprovero:

«Tu non me la racconti giusta. Cosa ti succede Sharon?»

«È solo la stanchezza del viaggio.»

Il cielo è ormai tinto di cobalto e l'appartamento è scivolato in una penombra azzurrina. Bashira abbandona la scodella sul comodino, accende la lampada e la scruta. Sharon è pallida, smarrita. Preoccupata le poggia la mano sulla fronte, la temperatura è normale, eppure qualcosa non le torna.

«Sei cambiata, sei ingrassata e hai occhi diversi...»

«Diversi come?»

«Liquidi, luminosi, sognanti. E poi questo seno gonfio... Dimmi la verità, non sarai mica incinta?»

«Come ti viene in mente?»

«Ho cinque figli e so di cosa parlo.»

Sharon in principio non riesce a sostenere lo sguardo indagatore di Bashira, poi si fa coraggio e, lisciando il lenzuolo sul ventre liscio, con voce spavalda:

«Guardami, ti sembro incinta?»

«Non fare la furba. Un bambino mica si vede subito.»

A Sharon manca il respiro: il suo segreto è già così evidente? Nel riquadro della finestra, le prime stelle bucano il blu profondo del cielo. D'improvviso si decide:

«Non ti sbagli, aspetto un bambino.»

«Com'è che dite voi ebrei? *Mazal tov!* Sono davvero felice per te!»

«Io meno» risponde l'altra tirando il lenzuolo fino a coprire il mento.

«Come? Cosa?! Non lo vuoi?»

«No.»

«E perché?»

«Perché no. I figli prima ti invadono e poi ti divorano.»

«Non c'è dubbio. Il mio Abedin mi consuma di baci e gli altri fanno altrettanto. Ma loro sono tutta la mia vita.»

«Appunto, io non voglio arrendermi a un amore senza condizioni.»

«Non dire scemenze, Sharon. L'amore è sempre senza condizioni. E il padre che dice? Anche lui non lo vuole?»

Sharon rimane muta.

«Ho capito, non sai di chi è.»

«Lo so, ma lui... Lui è scomparso.»

Bashira si alza di scatto dal letto e con le mani sui fianchi:

«Ha avuto il coraggio di abbandonarti? Come si può lasciare una ragazza con una voce bella come la tua?! Sai che ti dico? Vuol dire che non ti meritava! Ma tu sei una donna coraggiosa e libera, puoi crescerlo da sola il tuo bambino. Lo allatterai nei teatri, diventerà cantante, musicista, magari direttore d'orchestra...»

«Non ce la posso fare, Bashira!»

«Perché no? I bambini danno tanta forza quanta ne tolgono.»

«Non me la sento. Io... voglio liberarmene.»

Bashira le stringe le mani tra le sue e con aria complice, la voce ridotta a un sussurro:

«Conosco una che fa queste cose ma non so se me la sento di consigliartela, qualche volta combina guai...»

«Non ti preoccupare, andrò in ospedale.»

«Anche se ti ha abbandonato, al padre però devi dirglielo che vuoi perdere il bambino.»

«Non posso.»

«Non puoi? E perché?»

«Il padre è morto.»

Singhiozzando Sharon nasconde il volto nel cuscino. Bashira, le posa la mano sui riccioli neri e bisbiglia una preghiera in arabo che assomiglia a una benedizione. Poi fa per abbracciarla ma Sharon si ritrae come un animale ferito.

«Dai retta a me, aspetta ancora qualche giorno. Ascolta i tuoi sogni e poi decidi.»

«I miei sogni? Di' pure incubi. No, non cercare di convincermi, tu non puoi capire! Tutto è andato in pezzi e io non sarò più intera!»

Bashira sospira, prende la scodella abbandonata sul comodino e con un dito le indica un'incrinatura che la taglia da bordo a bordo.

«Questa l'ho ereditata da mia nonna e l'uccellino blu che

vedi al centro l'aveva dipinto lei. Una mattina avevo appena finito di lavarla e mi è scivolata dalle mani. È caduta in terra e si è rotta a metà. In principio ero disperata, poi con santa pazienza e po' di colla l'ho riparata e adesso mi piace ancora di più. Bisogna accettare i cambiamenti senza vergognarsi delle cicatrici che lasciano i dolori, e soprattutto le scelte.»

Nella penombra gli occhi di Sharon la fissano ostili, ma l'altra non si dà per vinta:

«Pensaci bene prima di abbandonare il tuo bambino, un giorno potresti rimpiangere di non averlo fatto nascere.»

Poi si alza, si aggiusta sul capo il hijab, le rimbocca il lenzuolo e prima di andarsene:

«Lui chi era?»

«Il mio migliore amico.»

«Che Allah ti protegga.»

61

Domenica, ventottesima giornata

L'idea dell'incontro era stata del capitano Baruch, ma di sicuro c'era anche lo zampino di Stella.

«Si chiama Shira, vive a Gerusalemme e nell'attentato ha perso l'unica figlia. Deve conoscerla» le aveva suggerito Noa.

Micòl si era subito sottratta. A cosa le sarebbe servito specchiarsi in un'altra madre se non a moltiplicare la propria pena?

Stella però non si era data per vinta:

«Non sei l'unica a cui hanno ucciso un figlio in quel massacro. Ognuno dei morti di Shabazi Street ha lasciato un vuoto incolmabile. Parlarle ti farà sentire meno sola.»

Il dolore ha ridisegnato i confini dell'esistenza di Micòl ed è diventato la sua armatura. Una corazza da cui non vuole liberarsi davanti a una sconosciuta con cui ha in comune solo la morte. Eppure, di fronte al tiro incrociato del capitano e di quel generale che è sua madre, è costretta a capitolare.

Il giorno è arrivato. Tra mezz'ora Ayoub verrà a prenderla con il taxi per portarla a Gerusalemme da Shira ma, nel frattempo, Micòl ha elaborato una strategia: resterà in silenzio e lascerà che sia l'altra a parlare.

"Prima sarà finita e meglio è" si dice mentre cerca un abito nell'armadio.

Le camicie che il giorno della partenza ha ficcato nella valigia in tutta fretta e il tailleur che indossava all'arrivo in Israele sono in una busta che non ha intenzione di aprire. Nei primi drammatici giorni a Tel Aviv ha comprato a casaccio un paio di jeans e delle magliette in un negozio vicino all'albergo e ha finito per usare sempre quelli, persino il giorno del funerale del figlio. Però, prima di raggiungere Tariq a Jenin, d'impulso ha acquistato degli abiti nuovi, e al ritorno ne ha comprati altri ancora stipandoli nel piccolo armadio della sua cameretta a casa di Stella. Riempire il vuoto di bellezza è l'unico pieno di cui Micòl conosce le regole. Quando ha incominciato ad abbellire la realtà di cui ha sempre intuito la ferocia?

Come le capita sempre quando è agitata, Micòl si perde nei dettagli. Prima infila un vistoso abito a fiori, di cui si è pentita un istante dopo averlo comprato, e subito se lo toglie. Poi un completo nero, così austero da farla assomigliare alla madre, che all'istante rimette sulla stampella. Finisce per indossare uno chemisier di seta color panna, un foulard annodato in vita come cintura, dei sandali di cuoio e gli occhiali con le lenti azzurrine di Arièl. Apre l'armadio e si guarda allo specchio fissato all'interno dell'anta: non troppo elegante e nemmeno troppo sportiva, è una perfetta turista italiana in visita alla Città santa.

Controlla l'orologio: Ayoub sarà qui a momenti. Prepara la borsa e mentre si spazzola i capelli all'improvviso si ricorda della farfalla nel barattolo in cima all'armadio, una storia assurda capitata il giorno precedente che non ha avuto il coraggio di raccontare a sua madre.

Al mattino, aprendo la finestra, aveva visto una farfalla insinuarsi tra i cactus, sbucare nella stanza e posarsi sul cuscino. Il verde delle ali la ipnotizzava, l'aveva subito riconosciuta, era una Tecla del rovo di quelle che a primavera capitavano nella sua terrazza romana, e si era ricordata che l'estate dopo l'esame di maturità Arièl era riuscito a catturarne una col retino e l'aveva tenuta per un giorno in un contenitore trasparente con il coperchio forato per osservarla da vicino.

«In greco *psyché* significa anima, ma anche respiro e farfalla. Ogni farfalla è un'anima.»

«Il liceo ti ha dato alla testa» aveva ridacchiato Micòl.

«Non scherzare, mamma, è per questo che nella statua di Canova Psiche ne offre una ad Amore» aveva sentenziato, e prima di liberarla aveva aggiunto: «Proprio come una farfalla, adesso l'anima volerà via».

Quel ricordo l'aveva profondamente turbata. E se avesse fatto come Arièl? Se avesse trattenuto quell'anima solo per un giorno accanto a sé?

Mentre la farfalla era ancora immobile sul cuscino a pochi passi da lei, Micòl era uscita dalla stanza in punta di piedi, nella dispensa aveva trovato un vasetto di vetro, aveva pescato una garza dalla scatola delle medicine e un elastico in un cassetto, poi era tornata in camera. Temeva che nel frattempo la farfalla fosse volata via e invece l'aveva ritrovata esattamente dove l'aveva lasciata. A quel punto con la mano destra aveva adagiato delicatamente il recipiente sul lenzuolo e, con la garza e l'elastico stretti tra le dita della sinistra, era rimasta in attesa del momento giusto per catturarla. Si sentiva ridicola ma in fondo che male c'era a impadronirsi di quel baluginio verde che gli ricordava il colore degli occhi di suo figlio?

In quell'istante la farfalla si era sollevata e svolazzando si era diretta verso la finestra, poi d'improvviso aveva invertito la rotta e si era posata proprio accanto al vasetto, esitante ne aveva ispezionato il bordo con le zampette e vi si era tuffata dentro decisa. Con un gesto repentino, Micòl l'aveva catturata.

In principio aveva pensato di tenere il recipiente sul davanzale ma, nel timore che vedendolo Stella l'avrebbe presa per pazza, aveva finito per nasconderlo sopra l'armadio.

Si ha bisogno di credere a una magia quando tutto il resto non ha più senso.

Ora, prima dell'incontro con quella madre sconosciuta, Micòl vuole rivedere il verde degli occhi di suo figlio. Allunga la mano e a tentoni cerca il vasetto, ma non lo trova. La domestica lo ha forse gettato? No, è ancora lì.

Osserva la farfalla in controluce: le ali iridescenti, deformate e ingigantite dalla curvatura del vetro, sono immobili, ma le zampette tremano irrequiete. Quanto rimane da vivere all'esserino che ha imprigionato? Di slancio Micòl spalanca la finestra, scioglie l'elastico, toglie la garza e allungando il braccio sporge il contenitore oltre l'intrico dei cactus. La farfalla saltella esitante fino all'imboccatura e vola via in uno sfavillio di smeraldo.

Tre colpi di clacson ravvicinati segnalano l'arrivo di Ayoub.

Micòl scivola fuori riuscendo magicamente a evitare le spine. Sta per salire in auto quando, dalla cima del fortino di cactus, la raggiunge la voce della madre:

«Preparati, Gerusalemme ti lascerà senza fiato.»

Micòl le risponde con una smorfia amara. Quel poco fiato che le è rimasto in corpo non vuole sprecarlo per la Città santa, lo tiene in serbo per l'incontro doloroso che le hanno imposto.

Una volta a bordo:

«Tra quanto arriveremo?»

«Dipende dal traffico, ma direi un'ora.»

Come tutti i taxisti, Ayoub intuisce l'umore dei clienti e quello della figlia di Stella non promette niente di buono. Ma siccome dopo il viaggio a Jenin l'ha presa in simpatia, si permette un affondo:

«Qualcosa mi dice che la gita non è di suo gradimento.»

«Infatti.»

«Gerusalemme è bellissima. Io sono nato lì e la conosco pietra per pietra, se vuole posso farle da guida.»

«Voglio rientrare il prima possibile, dunque mi risparmi il turismo.»

«D'accordo. Come diceva sempre mia madre: "Fai del bene e gettalo nel mare".»

«Lasci stare sua madre, piuttosto accenda la radio, il tempo passerà più in fretta.»

Con la musica araba a tutto volume e l'acceleratore a tavoletta, arrivano a Gerusalemme prima del previsto. A quel punto Ayoub si inumidisce i baffetti con la punta della lingua e lancia una proposta:

«Siamo in anticipo, che ne dice di un giro attorno alle mura?»

«Grazie, no.»

«Mi creda, se non la porto dove mi ha detto sua madre passo dei guai. Lasci fare a me, chiuda gli occhi e li riapra solo quando glielo dico io.»

Senza aspettare la risposta imbocca una strada in direzione nord.

Micòl si è arresa, e mentre a occhi chiusi si lascia portare, il nodo che le serra lo stomaco, curva dopo curva, magicamente si allenta. Non vuole più decidere, conoscere, capire, vuole solo smettere di combattere.

Di sorpresa la macchina frena.

«Non apra ancora gli occhi» le raccomanda Ayoub spalancando la portiera.

Poi, prendendole la mano, la aiuta a scendere e la conduce per qualche metro sostenendole il braccio come si fa con un cieco. Micòl cammina esitante, una mano a saggiare lo spazio. Quando le dita incontrano un parapetto tiepido di sole:

«Dove siamo?»

«Ora vedrà. Adesso può aprire gli occhi.»

Distesa sul contrafforte di roccia, Gerusalemme le appare in tutta la sua disperata dolcezza. L'aria è così tersa che gli alberi, i cespugli, la cupola dorata e i campanili appaiono netti e come ritagliati con le forbici. Micòl si riempie gli occhi della bellezza irreale di quella città di pietra rosata. Perché non ha mai voluto vederla? Perché l'ha sempre temuta? C'entra col Dio della madre in cui non ha mai creduto e che qui si sente il padrone?

Ayoub sembra leggerle nel pensiero.

«Da qui Dio ha parlato agli uomini. Quale Dio? Il mio, il suo, quello di tutti. Dio qui è in ogni sasso.»

Poi le indica la cupola dorata:

«Lì è custodita la pietra su cui Abramo era disposto a sacrificare il figlio Isacco se il Padreterno non l'avesse fermato. E da quella stessa pietra, in groppa al cavallo alato Al Buraq, Maometto è salito in cielo. Stiamo vedendo Gerusalemme dal Monte degli Ulivi, qui hanno arrestato Gesù e qui Giuda l'ha tradito.»

«Ecco perché ebrei, cristiani e musulmani fanno di tutto per detestarsi.»

«Ma in questa città meravigliosa sono costretti a sopportarsi. Mi creda, Micòl, se il mondo ha dieci misure di bellezza, nove appartengono a Gerusalemme.»

Soddisfatto dell'esposizione, tira fuori dalla tasca un pacchetto di tabacco, si arrotola una sigaretta e dopo qualche boccata compiaciuta riprende inarrestabile:

«Vede il grande cimitero di fronte a noi sotto le mura della città, e quello in basso, lungo le pendici del Monte degli Ulivi? In entrambi i prezzi dei loculi sono superiori a un attico a Manhattan perché chi ha la tomba qui risorgerà per primo. Entrambi i cimiteri infatti affacciano sulla valle di Giosafat, dove secondo la Bibbia avverranno la resurrezione dei morti e il Giudizio universale.»

Micòl accende una sigaretta, sbuffa il fumo verso il cielo e con voce graffiante:

«E con quale diritto Dio ci giudica?»

Musulmano, seppure a modo suo, Ayoub all'aldilà crede fermamente e l'enormità appena uscita dalle labbra della figlia di Stella gli fa andare il fumo di traverso. Tossisce, ma Micòl lo incalza.

«Dio consente a mio figlio di esplodere e si permette di giudicarlo?»

Dopo un'ultima boccata, spegne la sigaretta contro il parapetto di pietra e conclude:

«Mi dispiace deluderla, ma io non credo in nessun Dio. Mia madre invece è convinta di avere con Lui un filo diretto e innumerevoli contenziosi aperti. Dunque non ha bisogno di comprare un posto in nessuno di questi ambiti cimiteri. Lei sarà sepolta a Hanita, insieme a mio figlio e al mio vero...»

Micòl si interrompe prima di finire la frase. Allargando le braccia Ayoub conclude sconsolato:

«Il destino è nelle mani di Allah.»

L'incanto è ormai svanito. Con rabbia, Micòl volta le spalle a Gerusalemme e si dirige a passo veloce verso l'automobile. Pentito di aver tirato fuori il giorno del Giudizio nel momento sbagliato, Ayoub la segue a capo chino. Dopo un ultimo disperato tentativo di offrirsi come guida per un tour nella città vecchia, si arrende:

«La signora che deve incontrare la aspetta al piazzale del Muro, dopo il checkpoint della sicurezza. Ha il numero del mio cellulare, mi chiami quando vuole essere riaccompagnata a Tel Aviv.»

Micòl arriva all'appuntamento in largo anticipo. Al controllo di sicurezza le chiedono di rovesciare il contenuto della borsa dalla quale spuntano una spazzola, dei campioncini di tessuto acquistati il giorno prima in un negozio di Florentine, una boccetta di profumo ai fiori d'arancio regalo di Zahira e gli occhiali con le lenti azzurrine di Arièl. Mentre sta rimettendo tutto dentro, una mano le sfiora la spalla.

«Sono Shira, ha fatto buon viaggio?»

Micòl si trova davanti una donna minuta con un sorriso

raggiante e grandi occhi grigi ingigantiti dalla cornice delle sopracciglia folte e arcuate.

«Ottimo, grazie. Come mi ha riconosciuta?»

«Non ho avuto dubbi, Noa Baruch me l'ha descritta alla perfezione. Ci diamo del tu?»

«D'accordo.»

Se non fosse per i lunghi capelli neri striati d'argento, grazie al fisico asciutto e all'abbigliamento informale, T-shirt, bermuda e scarponcini di tela, Shira potrebbe essere scambiata per una ragazza. Ma la sua stretta di mano è il contrario del suo sorriso.

«Voglio mostrarti i lavori di scavo. Seguimi, ti faccio entrare dall'ingresso riservato agli archeologi.»

Con passo veloce, taglia il piazzale e si dirige verso il lato sinistro. Micòl le corre dietro ma, davanti alla grandiosità del Muro Occidentale e alla folla assiepata in preghiera, le afferra il braccio per trattenerla:

«Non ci fermiamo al Muro del Pianto?»

«Non abbiamo già pianto abbastanza?»

Quello scricciolo trasmette vitalità e Micòl si chiede dove trovi la forza di sorridere all'ingiuria della sorte.

Shira la conduce nella penombra di un'arcata e, insinuandosi tra due uomini di guardia, annuncia decisa:

«Lei è con me.»

Poi tira fuori dalla tasca delle chiavi, apre un cancelletto, e la invita a entrare.

Dopo la luce accecante del piazzale, gli occhi di Micòl faticano ad adattarsi al buio dell'angusta galleria dove l'altra la sta trascinando facendosi strada con una torcia elettrica. Il cuore accelera i battiti, le manca l'ossigeno e procede aggrappandosi alle pareti di roccia mentre Shira nello stretto cunicolo si muove sicura come una talpa nella tana. Nella penombra, di tanto in tanto, si gira verso Micòl, il suo sorriso lampeggia nel buio e subito scompare. Arrivata davanti a un piccolo arco chiuso da un'inferriata si ferma, estrae un'altra chiave e la apre.

«Ci troviamo a sinistra del tunnel principale. Ti porterò nella parte ancora chiusa al pubblico, dove stiamo scavando da mesi.»

Micòl ha fatto di tutto per non lasciarsi sedurre dalla struggente bellezza della Città santa. L'ha ignorata, evitata, le ha persino voltato le spalle, e per vendicarsi ora Gerusalemme le mostra le sue viscere.

Procedono in una galleria umida e buia. Micòl si accorge di aver perso l'orientamento. Inghiottiti dall'oscurità, sogno e realtà perdono i confini. Sparisce lo strazio di quel mese disperato e riemergono ricordi felici: Arièl attaccato al seno e i suoi primi passi esitanti, poi si rivede bambina, Benedetto le insegna a pedalare e Stella le disinfetta il ginocchio dopo una caduta. Perché non riesce ad andare più indietro nel tempo?

Arrivate a uno slargo cieco Shira con la torcia elettrica ispeziona a lungo la parete. Nell'oscurità, il fascio luminoso percorre la superficie della roccia proiettando un cerchio misterioso e ipnotizzata Micòl gli va dietro con lo sguardo. Le ricorda il riflettore che a teatro si muove sulla scena inseguendo l'attore. Ma qui l'attore non c'è, qui c'è solo il muro da inseguire fino al centro della Terra.

D'un tratto la mano di Shira entra nel cono di luce e indica un punto della parete dove dalla roccia emerge un reticolo regolare di pietre.

«È un *opus reticulatum*. Oltre c'è un passaggio.»

«Per dove?»

«Per arrivare al di là.»

«L'aldilà non esiste» mormora Micòl.

«Esiste, è qui e ora» risponde Shira con voce ferma.

«E i nostri figli? Dove sono adesso? Mi sembra di vedere Arièl nei colori, nei profumi, negli uccelli, perfino nelle farfalle.»

«Io riconosco il profilo di mia figlia nelle nuvole.»

«Siamo diventate pazze?»

Il sorriso di Shira brilla nella penombra.

«Siamo solamente madri e lo saremo sempre.»

«Lo amavo più di ogni altra cosa al mondo, ma lo davo per scontato. La vita mi ha travolto: prima il divorzio, poi il lavoro... Nessuno mi ha insegnato a essere madre, e ho fallito.»

«La maternità non è un dovere e neppure un mestiere. È un istinto. Non te la insegnano e si sbaglia comunque.»

«I figli crescono, ci sfuggono, e non sappiamo mai se abbiamo fatto la cosa giusta. Magari te lo dicono loro, dopo. Ma i nostri non possono più dirci nulla.»

«Gli abbiamo dato la vita e la morte gliel'ha tolta. Ma non li abbiamo persi. Dobbiamo scavare dentro di noi per incontrarli di nuovo.»

La luce della torcia si affievolisce e si spegne. Nel buio Micòl la sente frugare nelle tasche.

«Non ho pile di ricambio, ma non avere paura, conosco i sotterranei palmo a palmo, dammi la mano...»

Le dita si intrecciano. Micòl si lascia trascinare. Shira percorre i cunicoli senza esitazioni, come se vedesse attraverso l'oscurità, dove ombre inghiottono altre ombre.

Dopo una curva a gomito intravedono una luce giallastra e sentono la voce salmodiante di una guida. Shira apre un ultimo cancello.

«Da qui torniamo alla galleria Wilson, la parte aperta al pubblico e illuminata. Seguimi.»

Incrociano un gruppo di turisti e sgattaiolando se li lasciano alle spalle. Shira elenca i metri di profondità e l'anno a cui corrisponde lo strato che stanno calpestando. Maneggia con disinvoltura dislivelli misurati in secoli e millenni, indica cisterne, bagni rituali, cantine, canali di scolo e pareti di massi giganteschi che garantisce più grandi di quelli delle piramidi. Camminano su lastre di cristallo da cui si intravedono precipizi di decine di metri, e più avanti su una pavimentazione di pietra.

«Questa è la strada erodiana, percorsa dagli ebrei che abbandonavano il Tempio in fuga dalle legioni dell'imperatore Tito. Stiamo tornando da dove siamo dovuti scappare duemila anni fa.»

Risalendo destini incrociati, Shira e Micòl compiono un viaggio a ritroso nel tempo: a farle capitolare non sono state le legioni romane ma la morte dei loro figli.

Quando sbucano in superficie, nella via Dolorosa, le mani si separano.

«Hai avuto paura quando la torcia si è spenta?»

«Quello che abbiamo vissuto ci ha rese invulnerabili.»

«Fossi in te non ne sarei così certa, ogni giorno ha la sua pena. Ora hai capito perché ho voluto portarti nelle viscere di Gerusalemme?»

«Forse...»

«Questo è il viaggio eterno che siamo condannate a ripercorrere per rivivere la nostra maternità mutilata. Gerusalemme ci è madre. Nella sua eternità sono scolpite l'essenza e la bellezza della mia Oranit e del tuo Arièl. Siamo discese nel regno dei morti, ora dobbiamo scegliere tra luce e ombra. Dimentica Orfeo: non voltarti indietro.»

«Non lo farò. Ora portami al Muro del Pianto, voglio toccarlo.»

«Lo hai toccato per 498 metri e nella parte più profonda! Ma ho capito cosa intendi... Andiamo!»

Giunte al piazzale del Muro occidentale, mentre si dirigono allo spazio di preghiera delle donne, dal tramezzo che lo divide da quello più grande destinato agli uomini Micòl intravede il nero dei caftani, il baluginio dei grandi copricapi di pelliccia e il candore dei *tallèd*. Il mormorio di tutte quelle donne, che più che pregare sembrano parlare direttamente con Dio, la frastorna. Si avvicina guardinga al muro, alza lo sguardo verso la saldatura tra il bianco rosato delle gigantesche pietre calcaree e il blu del cielo, e sente suo figlio.

Poi vede che Shira tira fuori dalla tasca un bloc-notes, strappa un foglietto, ci scarabocchia sopra qualcosa, lo arrotola e lo infila in una fenditura tra pietra e pietra, si gira e le sussurra:

«Coraggio, fai come me. Qualunque preghiera dal Monte del Tempio arriva direttamente al cielo, perché qui la *Shekinah*, la presenza divina, è viva e bruciante!»

Micòl chiude gli occhi e respira profondamente. L'energia che avvolge quel gigantesco muro è quella dei fedeli assiepati in preghiera o c'è davvero qualcos'altro? Se solo riuscisse a credere in Dio tutto sarebbe più facile.

Si decide, le sfila dalle mani il bloc-notes, strappa un foglio e scrive solo una parola, "perdono", lo arrotola e lo infila nella stessa fenditura di Shira. I due rotolini sono vicini come vicini erano i figli il giorno dell'attentato.

Quello che dovevano fare è stato fatto. È tempo di andare.

Gli occhi fissi al Muro, Shira cammina all'indietro per tre passi. Micòl si accorge che anche le altre fanno come lei, procedono all'indietro per non voltare le spalle a Dio. E all'improvviso capisce che ha voltato le spalle a Gerusalemme ma non può fare lo stesso con il Muro del Pianto.

Ha chiesto perdono e vuole essere perdonata.

Come le altre arretra a occhi chiusi, il volto rivolto al cielo. Attraverso le palpebre il sole è un lampo rossastro costellato di puntini scintillanti. Ha un'allucinazione? No, il cielo è azzurro e oro e Shira è al suo fianco.

Camminano verso Dung Gate senza scambiare una parola. Arrivate alla porta Shira le prende le mani tra le sue:

«I cuori dei nostri figli si sono fermati nello stesso istante e ormai siamo sorelle.»

«Sorelle...» sussurra Micòl e la abbraccia.

Per stemperare l'emozione, dopo un lungo silenzio:

«Il capitano Baruch mi ha detto che Arièl era un fisico.»

«Sì.»

«Oranit era un'informatica. In apparenza i nostri sguardi erano opposti: io al passato e lei al futuro. Ma come hai appena visto passato e futuro in Israele si somigliano. Devo trovare la forza per continuare a vivere. Non ho più l'età per mettere al mondo un figlio ma io e mio marito abbiamo deciso di adottarne uno. Nessuno potrà sostituire la mia Oranit, ma proteggere un bambino abbandonato, amarlo e farlo crescere sarà una forma di restituzione. In fondo anche Mosè era un figlio adottivo. Noi non siamo ricchi come il faraone ma gli daremo una vera famiglia.»

Si scambiano i numeri di telefono, certe che non si chiameranno mai più ma che l'intreccio delle loro vite è bastato a unirle per sempre.

Oltrepassata Dung Gate, Micòl sta per chiamare al cellulare Ayoub ma scopre che è già lì che chiacchiera con una guardia.

«Incominciavo a preoccuparmi e le sono venuto incontro. Qui è diventato impossibile parcheggiare ma mio cugino Omer ci aspetta nell'auto con il motore acceso.»

Sulla via del ritorno, Micòl telefona a Tariq:

«Hai notizie di Sharon?»

«No, nessuna.»

«È la migliore amica di Arièl e dobbiamo sapere se ha bisogno di aiuto ma non abbiamo il suo numero di telefono.»

«Abbiamo solo la mail.»

«Cosa sai di lei?»

«Poco e niente, Arièl mi ha detto che studia matematica applicata ed è una musicista e una cantante.»

«Cosa canta?» chiede Micòl.

«Musica tradizionale ebraica. Il *klezmer*, che Arièl ascoltava sempre, è la sua specialità.»

Micòl lo saluta in fretta e, dopo essersi consultata con

Ayoub, incomincia a fare una raffica di telefonate, appunta dei numeri su un foglietto e telefona ancora.

Sono quasi arrivati a Tel Aviv, quando Micòl porge all'autista un foglietto.

«Devo portarla qui?»

«Sì.»

«Stella ci sta aspettando, se chiama cosa devo dirle?»

«Che Gerusalemme è bellissima.»

62

A svegliarla è un goal urlato dai ragazzini in cortile. Cercando a tentoni sul comodino il cellulare per controllare l'ora, le dita di Sharon incontrano la scodella di Bashira. Non può averla dimenticata, deve averla lasciata lì di proposito. Mentre lascia scorrere il polpastrello lungo la crepa che taglia in due l'uccellino blu, d'improvviso le torna in mente una strana conversazione avuta mesi prima con Mazal, la maestra di piano da cui prendeva lezioni quando da Parigi si era trasferita a Tel Aviv.

Aveva subito amato la sua casa disadorna e piena solo di musica, tutte le finestre affacciate nei vicoli ombrosi di Giaffa tranne una, non più grande di una feritoia, da cui si vedono solo cielo e mare, davanti alla quale troneggia lo Steinway a mezza coda.

Alla fine della lezione quella volta Mazal le aveva chiesto di cantare accompagnandosi al pianoforte ma, nel bel mezzo di un *Lied* di Mahler, l'aveva interrotta rimproverandola aspramente.

"Non ci siamo, Sharon. Hai il privilegio dell'orecchio assoluto ma oggi la tua interpretazione è ripetitiva, meccanica, incolore e la voce non arriva al cuore. La musica deve scavare nell'anima, deve riparare le ferite."

"Ferite? Quali?"

"Le tue e quelle di chi ti ascolta. A proposito, non mi hai mai detto perché hai scelto di venire a vivere a Tel Aviv. Parigi ti andava stretta?"

Stupita per quell'inaspettata intimità, Sharon aveva farfugliato qualcosa sulla Terra promessa e sull'identità, ma Mazal non si era lasciata abbindolare.

"C'entrano forse i tuoi genitori, di cui non parli mai? O magari l'amore? Non ti ho sentita mai nominare un uomo, a parte quel fisico..."

"Quello è solo un amico."

La finestra-feritoia quel giorno era spalancata e un gabbiano disceso in picchiata per un istante era sembrato sul punto di entrare come un missile nella stanza, poi con una svirgolata aveva invertito la rotta e si era diretto verso il mare.

"Qualcuno ti sta pensando... Visto che non vuoi scoprire le carte, lo farò io con le mie. Sai già che nel '70 sono dovuta fuggire dalla Libia per colpa di Gheddafi, ma non sai che a Tripoli ho lasciato un giovane che suonava l'oboe divinamente e che mi era molto caro. Abbandonare la terra che consideravo mia è stata la prima coltellata, sapere che non avrei più suonato insieme a lui la seconda. Ogni volta che faccio scorrere le dita sui tasti, curo quelle due ferite. La musica tocca zone inaccessibili e permette alle anime di entrare in contatto. La musica aiuta a riparare il mondo."

Mazal si era seduta accanto a lei al pianoforte e aveva accennato un brano di Chopin che Sharon conosceva a memoria. Mentre le dita volavano sulla tastiera:

"Senti la spinta cinetica del dramma? Chopin compone questa musica di getto quando ha la notizia del fallimento dell'insurrezione polacca e della caduta di Varsavia. La mano sinistra, icastica e incisiva, scorre impetuosa come la tragedia mentre la destra è puro pathos. E il finale è un precipizio: un crollo rovinoso a due mani."

"È stato l'ultimo brano trasmesso dalla radio polacca, prima che venisse occupata dai nazisti."

"Esatto! Voglio proporti un esercizio: prova a descrivermi le voci usando i colori."
"Cos'è? Un nuovo esperimento?"
"Lasciati andare, di che colore è la voce di tua madre?"
"Direi viola."
"Di tuo padre?"
"Non ricordo la voce di mio padre, non lo vedo da vent'anni..."
"Coraggio, prova."
"Grigia."
"E del tuo amico fisico?"
"Rossa."
"E la mia?"
"Verde."
"E la tua?"
"Azzurra."
"Ottimo. Ascoltami, Sharon, non ignorare di avere un cuore. Sai che detesto fare complimenti, ma tu hai nelle dita, nella gola e nel respiro una scintilla divina. Solo dopo aver riparato le tue ferite diventerà fiamma."

Sharon aveva pensato di avere a che fare con una vecchia pazza. Eppure ora, davanti all'uccellino ferito, all'improvviso capisce che Bashira e Mazal hanno in comune più di quanto abbia immaginato: entrambe vogliono riparare il mondo.

Fa molto caldo e il lungo sonno l'ha stremata. A fatica si alza dal letto, si spoglia e si infila nella doccia. Sotto il getto tiepido cerca di lavare via dubbi e cattivi pensieri. Mentre si insapona passa più volte le mani sui seni, sono turgidi e i capezzoli sono diventati più scuri. Bashira ha ragione, quel bambino la sta già cambiando. Si sciacqua velocemente e si asciuga strofinando forte con l'asciugamano ovunque, tranne ventre e seni che tampona con delicatezza. Indossa un abito pulito e scende in cortile.

Come sbuca dal portone, Abedin con un fischio interrompe la partita.

«Fermate la palla! Lasciate passare Sharon.»

«Mamma è in casa? Devo restituirle la scodella.»

«È al mercato... c'è nonna.»

La porta è aperta ma Sharon bussa lo stesso. Con passo incerto dalla cucina le viene incontro Farah, il capo coperto da un hijab nero.

«Ho riportato questa... Bashira mi ha detto che l'uccellino blu è opera di sua madre.»

Le mani di Farah, il dorso coperto da macchie scure e le dita deformate dall'artrite, prendono la scodella e la stringono come un tesoro.

«La mia famiglia aveva il più bel laboratorio di ceramiche di Giaffa, mio padre e mio zio le modellavano e lei le dipingeva. L'uccellino azzurro era la sua firma» risponde con orgoglio.

«Peccato che si sia rotta.»

«L'importante è averla aggiustata. Qui dentro hanno mangiato tre generazioni e faranno altrettanto quelle che verranno. Prima o poi tutto si rompe. Guarda me, cammino malamente e ho la vista annebbiata. Stasera canterai? Mi piace tanto ascoltarti dalla finestra.»

«Oggi sono molto stanca, magari domani.»

«*Salam aleikum* Sharon.»

«*Aleikum salam*.»

Al rientro a casa, Sharon sistema una sedia sul balcone per approfittare del filo di vento che viene dal mare e intanto coltivare il suo vizio segreto: osservare i vicini. Da quando si è trasferita in quel piccolo appartamento il cortile è diventato il suo teatro e il vicinato la famiglia che le è mancata. Sa di essere l'unica responsabile della propria solitudine e spia la vita degli altri perché la sua non le è mai piaciuta.

La partita di calcio è terminata e alla finestra della casa

di fronte la moglie del meccanico stende le tute blu del marito, in quella accanto un vecchio si sporge dal davanzale per infilare una foglia di insalata nella gabbia del canarino, e in quella dopo una donna si asciuga i capelli all'aria della sera. Qualcuno già prepara la cena e Sharon avverte l'aroma speziato di un intingolo che però oggi stranamente la disgusta.

Allunga le gambe, chiude gli occhi e si lascia attraversare dal silenzio pieno di suoni casuali: l'acciottolio dei piatti nell'acquaio, il cigolio di una bicicletta con la catena arrugginita, un clacson lontano, il latrato di un cane, il rumore brusco di una frenata e poi nulla.

Le torna in mente Arièl, i suoi capelli color ruggine, il suo sorriso ironico, la sua riservatezza, quella loro amicizia così singolare ed esclusiva. Dove sono finiti i fogli di calcolo che stavano elaborando insieme? Rientra in casa per frugare nelle carte ma non li trova e proprio in quel momento dal cortile la raggiunge una voce di donna:

«Sharon, Sharon!»

Si sporge dal balcone e la vede: è Micòl, comparsa magicamente insieme al ricordo del figlio.

«Non riuscivo a perdonarmi di averti lasciato andare via» si scusa sulla soglia.

«Come mi ha trovato?»

«Ho passato al setaccio tutti i teatri di Tel Aviv e alla fine una centralinista mi ha dato il tuo indirizzo.»

«La prego, entri.»

Micòl si guarda intorno. Il trolley, aperto ma non ancora disfatto, è accanto al letto a una piazza e mezzo che sistemato in un angolo fa le veci del divano, lungo una parete un cucinino a vista, un armadio, un tavolino rotondo e un pianoforte verticale accanto all'unica finestra che affaccia sul balcone. Un appartamentino da studentessa che le ricorda la sua giovinezza, ma invece del poster di Che

Guevara alla parete c'è una gigantografia di Bach. Si siede esitante sul bordo del letto.

«Come ti senti?» le chiede.

«Come lei.»

«Dammi del tu, eri la migliore amica di mio figlio.»

Rimangono in silenzio. Micòl ha troppe cose da chiedere e troppe da raccontare. Sharon invece ha un unico grande segreto che non ha nessuna intenzione di rivelare.

«Preparo un caffè?»

«Grazie, vedo che hai una macchinetta all'italiana.»

«Me l'ha regalata Arièl.»

Non appena il caffè borbotta sul fuoco, Sharon lo versa nei bicchieri di vetro e si siede accanto a lei. Bevono a piccoli sorsi, con cautela. Entrambe vogliono prendere tempo: Sharon per nascondersi, Micòl per svelarsi.

«Sono una costumista e ho scoperto che sei musicista e cantante, abbiamo in comune il palcoscenico ma so così poco di te. Raccontami...»

Micòl mente. Non vuole conoscere la vita di Sharon. Vuole solo che lei le parli di Arièl.

Sharon intuisce la menzogna ma la asseconda. Racconta come lo ha conosciuto, ne sottolinea l'intelligenza brillante e l'amore per il metodo scientifico, che utilizzava per analizzare un modello matematico, per studiare una partitura musicale e persino per preparare un Martini.

Quel paragone strampalato strappa a Micòl un sorriso.

«Oh sì, i suoi Martini erano perfetti! E dire che era un fisico, mica un chimico.»

Quel ricordo frivolo, ripescato per riempire il silenzio, la ferisce e insieme le appare un miracolo di leggerezza di cui essere grata alla ragazza dura e fragile che ha davanti.

Per tutta risposta Sharon stacca dal poster di Bach un foglietto autoadesivo e glielo porge.

«Riconosce la calligrafia? È la ricetta di un cocktail inventato da suo figlio: succo d'arancia, melone, acqua tonica, prosecco e due gocce di Blue Curaçao. L'ha battezzato *Lone soldier dream.*»

Micòl accarezza il post-it, ma non riesce a leggerne un solo rigo perché ha gli occhi velati dalle lacrime.

«Mi dispiace, non dovevo» balbetta Sharon.

«Non importa. Non riuscirò mai a farmene una ragione.»

«Io l'ho saputo solo ieri e non posso credere che sia accaduto davvero.»

Micòl liscia il foglietto e lo posa accanto a sé, poi con un gesto da fanciulla si sfila i sandali e allunga le gambe sul letto. Sharon fa altrettanto. La ricetta è abbandonata tra i loro corpi distesi.

«Il rimorso mi consuma. Ce l'avevo con lui per la fuga in Israele.»

«Fuga? Era il paese che aveva scelto.»

«Già, ma io non riuscivo ad accettarlo e lui lo sapeva. Non mi raccontava mai nulla di Tel Aviv e della sua nuova vita. Non mi ha mai detto di te e nemmeno di Tariq. E ho saputo solo dopo...»

«Cosa?»

«Che era gay.»

«Arièl amava Tariq e ne era riamato. È solo questo che conta.»

Micòl sgrana gli occhi.

«Dunque sapevi di loro due?»

«Certo.»

«Io ho scoperto mio figlio solo dopo averlo perduto.»

«Appena in tempo.»

«In tempo per cosa?»

Sharon non risponde e Micòl non cerca di sapere di più.

Tra loro si è creata un'intimità guardinga. Con circospezione prendono le misure l'una dell'altra perché molto le unisce ma qualcosa può dividerle.

Così com'è, a piedi nudi, Micòl si alza dal letto ed esce in balcone. Si accende una sigaretta e lascia scorrere lo sguardo lungo le facciate scrostate dei palazzi; poi abbassa gli occhi e vede i suoi piedi nudi spiccare indifesi sul complicato disegno delle piastrelle sconnesse. Perché si è tolta le scarpe come si fa tra vecchie amiche quando loro due nemmeno si conoscono?

Nel frattempo Sharon l'ha raggiunta e, appoggiandosi alla balaustra, inavvertitamente le sfiora un braccio. Al contatto Micòl avverte un brivido. Cosa la lega a quella ragazza con occhi così chiari da sembrare vuoti?

«Hai fratelli, sorelle?»

«Sono figlia unica.»

«Anche tu, come Arièl e Tariq.»

«I miei hanno divorziato quando avevo due anni e mia madre, nonostante tre mariti, non ne ha più voluti. Credo che non volesse nemmeno me.»

«Chi mette al mondo un solo figlio pecca di egoismo e insieme di leggerezza. Abbiamo fatto di voi dei pezzi unici e di noi degli orfani al contrario.»

A poco a poco il cielo da azzurro diventa color cobalto. Nelle case le luci si accendono a una a una, salvo quella della finestra di fronte, dove al buio una mamma cerca di addormentare il suo bambino cantandogli una canzone. La melodia è la colonna sonora del loro silenzio imbarazzato.

«Una ninna nanna, chissà cosa dicono le parole...» azzarda Micòl.

«Parla di partenze e addii.»

«Capisci l'arabo?»

«Sì, e ho molte canzoni arabe in repertorio.»

Dal minareto di una moschea, deformato dagli altoparlanti, risuona la voce del muezzin. L'urlo della sirena di un'ambulanza per un istante squarcia l'aria, poi è inghiottito dal buio.

«Cos'è quel bagliore?» chiede Micòl indicando un punto lontano, oltre il cortile.

«Le luci di un cantiere. Costruiscono nuove case sul lungomare per gli israeliani.»

«Lavorano anche di notte?»

«In Israele non c'è spazio e non c'è tempo e Ajami sta rapidamente cambiando pelle. Nei quartieri fatiscenti succede sempre così, prima li colonizzano gli artisti, poi gli intellettuali e alla fine arrivano i costruttori e i ricchi.»

Micòl rientra in casa e sfoglia distrattamente gli spartiti sparsi sul pianoforte:

«Puccini, Rossini, Verdi, conosco a memoria queste musiche! Ho disegnato i costumi di due *Bohème*, una *Carmen*, tre *Aida*, una *Tosca* e un *Barbiere di Siviglia*. Velluti, sete, piume e gros-grain...»

«Arièl me lo ha detto.»

«Sembrava indifferente al mio lavoro, era sempre concentrato sui teoremi di fisica.»

«Qual è la tua opera preferita?» chiede Sharon.

«La *Tosca*.»

«Quale brano?»

«*E lucevan le stelle*! Fa venire i brividi.»

«L'ho cantato di recente.»

«Dove?»

«A Tel Aviv.»

Sharon solleva il coperchio del pianoforte e accenna l'aria sulla tastiera, le spunta una lacrima ma Micòl non se ne accorge.

«Canta, ti prego, canta per me.»

Sharon esita. Senza sapere che porta in grembo il figlio di suo figlio, la madre le chiede di cantare con le stesse parole di Arièl quella notte.

"È tutto così assurdo" pensa.

Poi si decide. Intona *Adiós querida* come fosse una ninna nanna. Prima bisbigliando e poi con voce alta e chiara. Qualcuno si affaccia alla finestra ad ascoltare e il bimbo della casa di fronte smette di piangere.

«L'hai fatto addormentare. La tua voce è magia!»

Sharon abbozza un sorriso mesto, poi trafitta da un conato si piega su sé stessa e si precipita in bagno.

Al di là della porta, Micòl sente un suono sordo e ripetuto, il rumore del getto d'acqua nel lavandino e quello dello sciacquone, ma non ha il coraggio di bussare. Quando Sharon, pallida, apre la porta, decide di prendere in pugno la situazione:

«Tu stai male. Chiamiamo un medico?»

«No, mi sento meglio.»

Se Sharon conoscesse la genialità della menzogna, inventerebbe una di quelle storie complicate, più vere del vero, che finiscono nei romanzi. Ma, anche se è nata a Parigi, ormai è israeliana e preferisce l'asprezza della verità agli arzigogoli della bugia. Trova dunque più facile raccontare cosa è accaduto a modo suo.

Esce di nuovo in balcone e intona una melodia. Il ritmo è quello di una ballata irlandese e le parole narrano di due amici che non si amano ma che si sono amati per la durata di una canzone. Quanto basta per concepire un bambino. La voce di Sharon disegna nell'aria il miracolo inconfessabile di quella notte innocente.

Le finestre della casa di fronte si popolano: qualcuno applaude e una donna sventola un fazzoletto. Micòl la guarda commossa, le parole della canzone però le scavano dentro. D'improvviso ha un'intuizione irragionevole.

«Chi ha composto la musica?»

«Io.»

«È tuo anche il testo?»

«Sì.»

«Quando l'hai scritto?»

«L'ho inventato mentre cantavo.»

«Racconta qualcosa che ti è accaduto davvero?»

«Sì.»

La ferita si spalanca e magicamente si richiude senza lasciare cicatrici.

«Dunque tu...» balbetta Micòl.

Sharon si libera della verità che le brucia dentro:

«Aspetto un bambino. È di Arièl.»

A Micòl sembra di volare. Il figlio di suo figlio è nella pancia di Sharon! Il colore degli occhi di Arièl, il suo sorriso, i capelli color ruggine, non sono perduti per sempre. La sorte glielo ha restituito!

Di slancio la stringe a sé. Seno contro seno, ventre contro ventre, per un istante si riconoscono. Ma Sharon spezza bruscamente l'incantesimo:

«Io non lo amavo. Lui era solo il mio migliore amico. Aveva litigato con Tariq e mi ha implorato di raggiungerlo a casa. Non so cosa ci è capitato quella notte. È successo e basta. Il giorno dopo sono partita per la tournée. È la prima e l'unica volta che abbiamo fatto l'amore. È stato solo un incidente.»

Come una lama affilata, l'ultima parola le divide. Sanguinano.

Micòl guarda il ventre liscio e teso di Sharon e immagina Arièl vivo e palpitante in quell'utero giovane e forte. Vorrebbe dirle che, con o senza amore, il miracolo della vita è lo stesso comunque lo si chiami e si consuma, cieco e potente, nel magico istante del concepimento. Frutto del caso o di una notte di passione, i figli nascono perché vogliono nascere, non importa come e da chi sono stati concepiti. Ma non ne ha il coraggio. Con voce esitante:

«Un incidente? Non stai mica pensando di...»

«Sì.»

«Perché?»

Per raggiungerla la domanda percorre un tunnel di disperazione e Sharon non trova una risposta. Dovrebbe spiegarle il terrore che l'assale ogni volta che prova a lasciarsi andare. Dovrebbe rivelarle che per tutta la vita ha tentato di governare la casualità dell'esistenza imbrigliandola con le regole ferree della matematica. Ma i figli non si fanno con la matematica, i figli sono puro azzardo, sventatezza e fame di futuro. Tutto quello che lei ha sempre temuto.

«Aspetta, non devi rispondermi adesso.»

Micòl si scopre a pronunciare quella frase con un tono calmo e fermo di cui si stupisce lei per prima.

D'istinto imita Stella, prende tempo e cerca un varco dove insinuarsi per salvare il bambino miracoloso di cui ha appena saputo l'esistenza. Deve convincerla a tenerlo. Lo farebbe con la stessa forza se non fosse il figlio di Arièl? No, il suo è puro egoismo. È disposta a tutto purché non abortisca, eppure sa che quel bambino è un prodigio su cui non ha nessun diritto se non quello dell'amore.

Da Stella Micòl non ha imparato abbastanza. Lei proporrebbe un patto, fallo nascere e dallo a me, sarò io a crescerlo, non dovrai preoccuparti di nulla, penserò io a tutto. Ha il potere di offrirle quello scambio? Per convincerla dovrebbe forse rivelarle lo scabroso segreto dei suoi due padri e di come le donne, generazione dopo generazione, cerchino strade contorte per garantire il futuro alla propria discendenza?

Ma siccome Micòl non è Stella, sceglie un gesto che le viene dal cuore: le stringe le mani con forza, forse con troppa forza, e le sussurra:

«Non farlo, ti prego, non farlo.»

Sharon già rimpiange la confessione che non è riuscita a trattenere e risponde secca:

«Quello che è successo tra me e Arièl non doveva accadere. Io devo per forza...»

Mentre serra le mani di Sharon tra le sue, Micòl pensa all'unica cosa che vale la pena di pensare: nel grembo di quella donna con gli occhi di cielo, un po' di suo figlio è vivo. E con tutta la voce che ha in corpo, scandisce la sua verità:

«Arièl non può morire due volte.»

Sharon barcolla sotto il peso del ricatto concentrato in poche ineludibili parole.

Dunque non ha scelta? Il figlio dell'uomo ucciso a Shabazi

Street deve vivere? A chi è debitrice della vita che porta in grembo? A Micòl, a Stella, a Tariq o a Israele tutto? No, lei non è il contenitore del seme di Arièl Anav, lei è Sharon Rimbauds e sarà lei a decidere. La donna che ha davanti vuole scavalcarla e l'esserino che le nuota dentro è pronto a divorarla, ma lei non cederà. A dispetto delle intenzioni di entrambi, la natura ha congegnato una scommessa che non ha nessuna intenzione di subire.

Con uno strappo si libera dalla stretta e Micòl capisce che la partita è persa. È sconfitta due volte e da due imbattibili nemici. Un kamikaze che uccide uccidendosi e una donna che rivendica il diritto di scegliere se dare la vita oppure cancellarla. Il primo nemico non ha potuto fermarlo, ma il secondo è davanti a lei e porta la carne di Arièl dentro di sé. Comprende Sharon e insieme la detesta. Grazie al miracolo di quella notte ciò che è irrimediabilmente perduto può tornare a vivere! Passato, presente e futuro nel cuore di Micòl si concentrano in quell'esserino in bilico. Mille frasi le vengono in mente per fermarla ma nessuna le sembra decisiva. Salvo una:

«Io ho perduto il mio bambino ma tu puoi non perdere il tuo.»

«Il mio... bambino?» sussurra Sharon con un brivido.

Ha nominato ciò che porta in grembo. Nominarlo è come farlo vivere? È quella creatura che pretende di esistere a suggerirle le parole? Quel frutto imprevisto e indesiderato rivendica la vita?

Micòl intuisce un varco e d'istinto vi si insinua:

«Andiamo a casa, ci aspettano.»

Contro ogni logica, Sharon annuisce. È sfinita e un groviglio di forze contrastanti la soffoca. Sente il braccio di Micòl che le circonda la vita e la lascia fare. Orfana di una madre viva, si abbandona alla dolcezza della madre che ha accanto.

Scendono le scale allacciate. Mentre attraversano il cortile rischiarato da neon fiochi e tremolanti, dalle finestre illuminate più di una voce chiede:

«Non canti?»

«Niente concerto stasera?»

Quando si volta, Sharon intravede Bashira che la saluta e le rivolge un sorriso e un cenno della mano. Oltrepassano il cancello e raggiungono la via principale. Con dita clementi la brezza umida accarezza Ajami e le due donne, strette l'una all'altra al punto da apparire un unico organismo vivo.

Micòl tenta di cancellare un pensiero che ostinatamente ritorna a galla. Quello che ha intuito è vero? La segue perché ha deciso di tenere il bambino?

Sharon avverte la carezza del corpo dell'altra aderente al suo e la sente madre. Saprebbe esserlo anche lei?

Le strade sono deserte, i negozianti stanno abbassando le saracinesche e hanno appena superato l'unico bar ancora aperto. Micòl vorrebbe frugare nella borsa per ripescare il cellulare e chiamare un taxi ma non vuole staccarsi perché teme di interrompere l'incerto vincolo che ora le lega. Aguzza lo sguardo e vede un baluginio di fari in fondo alla strada: è proprio un taxi e procede a rilento verso di loro. Trascina Sharon al centro della carreggiata e con un gesto imperioso lo ferma.

L'autista, un vecchio arabo con la pelle friabile ricoperta da un reticolo di rughe, abbassa il finestrino e senza nemmeno guardarle:

«Sono a fine turno e sto rientrando a casa, cercatene un altro.»

Poi, accorgendosi che una delle donne sostiene l'altra, chiede:

«Qualcosa non va? Devo portarvi all'ospedale?»

«All'ospedale, e perché? Non è mica malata, aspetta solo un bambino!»

«Proprio voi mi dovevate capitare stasera? È il mio compleanno e mia moglie mi ha preparato una cena speciale!» borbotta, ma siccome ha sei figli e undici nipoti, e di donne incinte se ne intende, non si trattiene:

«Sua figlia sarà al massimo al terzo mese o poco più.»
«Molto meno» risponde Micòl.
«Come dice un proverbio arabo: ogni coleottero è una gazzella agli occhi di sua madre. Allora, dove vi porto?»
«Vicino a Carmel Market.»
«È una corsa fortunata, abito a due passi» conclude il taxista mettendo in moto.

Mentre dall'auto in corsa le luci di Tel Aviv le vengono incontro diventando scie luminose riflesse negli occhi di Sharon, Micòl si scopre a pensare che Arièl sta tornando a casa. E che ha ragione il taxista, quella corsa è davvero fortunata.

63

Il taxi ferma davanti alla casa fortino di Stella. Micòl sale i gradini a due a due senza ferirsi perché la barriera di cactus si schiude al suo passaggio. Suona a ripetizione il campanello e quando si affaccia la madre, senza sprecare parole, le indica il taxi e la testa ricciuta che spunta dal finestrino.

Non appena vede la figlia, Stella ha in animo di strapazzarla. L'aveva convinta ad andare a Gerusalemme e lei, senza degnarsi di farle una telefonata per dirle come era andata con Shira, si presenta in clamoroso ritardo insieme alla migliore amica di Arièl di cui si erano perse le tracce. Ma, siccome è sempre stata capace di maneggiare i segreti e nessuno come lei sa intuire quando è meglio non fare domande, le basta il luccichio degli occhi di Micòl per capire che deve prendere il bastone e seguirla.

Vedendo Sharon, a Stella sfugge uno sguardo imbevuto di benevolenza:

«Felice di rivederti.»

E, rivolta alla figlia:

«Non dirmi dove siamo dirette perché lo so già. Per un motivo o per l'altro, da giorni non si fa che andare avanti e indietro da casa mia a casa di Arièl, che ormai è di Tariq. Comunque pretendo di sedermi accanto al pilota, su questo non si discute.»

Nessuno ha niente da obiettare. Stella impone al taxista scorciatoie improbabili per abbreviare un percorso che lui conosce già alla perfezione, e intanto riflette.

Il segreto che aleggia attorno a quella visita inaspettata la eccita ma allo stesso tempo la insospettisce, e si domanda: "Una cena a sorpresa? Scommetto che la trovata è di Zahira. A quella giordana l'aria di Tel Aviv finirà per dare alla testa".

Poi, a Sharon:

«Mi dispiace di essere stata brusca al tuo arrivo ma la tragedia esige nuda verità.»

«E la verità pretende scelte...» risponde lei enigmatica.

Stella si scopre a pensare che quella giovane donna ha talento per le risposte, ma decide di tenerlo per sé.

Giunti a destinazione, il taxista si precipita ad aprire la portiera alla giovane donna e, dopo averla aiutata a scendere, con aria complice:

«Tanti auguri.»

Interdetta, Stella lancia uno sguardo interrogativo a Micòl ma lei, sottobraccio a Sharon, sta già suonando il citofono. E rimugina:

"Queste due non me la raccontano giusta. Si sono appena conosciute e sono già complici."

La visita inaspettata non sorprende nessuno, tantomeno Malak che da un'ora è davanti alla porta in attesa.

Stella si insedia sulla poltrona che considera sua di diritto e ordina a Sharon e Micòl di sedersi sul divano mentre gli altri si occupano di improvvisare una cena.

Zahira arriva con un tabulè speziato e una bottiglia di sauvignon del Golan. Il liquido biondo riempie i bicchieri. Si brinda alla vita e all'amica di Arièl. Stella le chiede della tournée, Zahira vuole che le parli di Montréal e di Parigi. Lei risponde con gentilezza accarezzando Malak che, sdraiato su di lei, le impasta con le zampe il ventre e fa le fusa.

Solo Tariq mantiene uno strano riserbo, ma nessuno ci fa caso.

Quella singolare compagnia assortita dalla tragedia ha imparato ad accettarsi. I discorsi si intrecciano affettuosi e volutamente leggeri. Tutti ricordano lo svenimento di Sharon il giorno precedente e la sua fuga improvvisa ma nessuno ne fa cenno. Sono di nuovo insieme nel ricordo di Arièl senza però avere il coraggio di nominarlo, anche se tutto quello che li circonda lo ricorda.

Nella casa che Micòl ha disperatamente voluto piena delle persone che il figlio ha amato, lei e Sharon sono le uniche a conoscere il segreto. Poco prima, ad Ajami, lo ha chiamato "il mio bambino", ma può averlo detto senza crederci... La maternità ha vie strette e tortuose e Micòl è l'unica a tremare. Sa di aver giocato tutte le sue carte ma la partita è ormai solo nelle mani della giovane donna che le è seduta accanto.

Sono da poco passate le dieci quando Sharon dice di sentirsi stanca e di voler tornare a casa.

Subito Tariq si offre di accompagnarla ma lei non accetta: vuole andare da sola. Stella si oppone, Zahira sostiene che la serata è appena iniziata, ma lei è decisa. Deposita delicatamente a terra Malak e si congeda.

Micòl si sente perduta e sulla soglia le si avvicina.

«Perché te ne vai?»

«Voglio stare da sola.»

«Ricordati che puoi sempre contare su di me, a qualsiasi ora del giorno e della notte.»

«Lo so.»

Si salutano con un abbraccio che Stella registra come troppo lungo e intenso. Non appena la porta si chiude alle spalle di Sharon, nonostante si fosse ripromessa di chiedere conto alla figlia di tutte quelle stranezze più tardi e in privato, esce subito allo scoperto.

«Micòl, vuoi spiegarci perché ti sei presentata all'improvviso insieme a lei? Cosa vi siete dette e perché se n'è andata un'altra volta come una ladra?»

Micòl si schermisce, la prende alla larga, tentenna... Ha diritto di rivelare il segreto di Sharon? Il mistero di quella notte farà del male a Tariq?

Alla fine si decide, la voce si incrina, si spezza, poi senza esitazioni scandisce:

«Sharon è incinta. Il padre è Arièl. La vita del bambino è nelle sue mani. La decisione spetta solamente a lei.»

La rivelazione fa esplodere un silenzio interminabile interrotto dal miagolio intenso di Malak.

In quel silenzio a Micòl sembra di avvertire i pensieri di ciascuno. Con la coda dell'occhio li sbircia a uno a uno, ma non tutto è scritto nei loro volti.

Zahira si alza di scatto dal divano e si guarda intorno stupita. Un bambino di Arièl e Sharon? Dunque il grande amore di suo figlio aveva altri amori? A essere nonna ha rinunciato da tempo ma ora spunta un nipote che, anche se non è davvero un nipote, grazie a quei pazzi ebrei può realizzare il suo sogno e tanto vale accoglierlo. E se invece Sharon decidesse di non tenerlo? Le donne sanno sempre come fare... Le torna in mente la casupola di Mukeibila, dove per ben tre volte, dopo la nascita di Tariq, si era liberata in segreto degli altri figli di Yusuf. Gli strumenti insanguinati, la paura che il marito la scoprisse, il denaro, tanto denaro, infilato nella mano della beduina. Se lei lo aveva fatto, poteva decidere di farlo anche Sharon.

Stella è impietrita, tenta di controllare i sentimenti contrastanti che la assalgono e intanto cerca di elaborare una strategia, ma una lacrima le riga la guancia. Intuisce il tormento di Sharon perché lo ha vissuto. Anche lei si è scoperta incinta di un uomo morto in battaglia. Ma lo spericolato imbroglio che aveva messo in campo intestando a sua figlia una falsa paternità prevedeva un segreto assoluto, mentre Sharon confidandosi con Micòl ha azzerato quel vantaggio. E, poiché non ha voluto rivelare a tutti la gravidanza, è palese che il destino di quel bambino è legato a un filo sottile che nessuno ha il diritto di tirare a proprio vantaggio.

È la prima volta che Micòl la vede piangere, sta per avvicinarsi, ma la madre la blocca con lo sguardo.

Con un gesto rapido Stella asciuga la lacrima con il dorso della mano. Piange su sé stessa e sul destino che non è possibile governare. Proprio lei che ha sempre voluto dominare la vita, è in balia di una giovane donna che ha in pugno la sua stirpe: i nonni livornesi, la zia cairota, Amal, Micòl e Arièl. L'imprevedibilità della scelta di Sharon la divora e la annienta. È un enigma che non può sciogliere con gli artifici della diplomazia e nemmeno con l'irruenza della forza. La sua unica discendenza cancellata da un massacro ha trovato una strada, tanto paradossale quanto umana, per continuare. Arièl è nel bambino che Sharon potrebbe decidere di non far nascere e Stella vorrebbe agire ma non può e non deve. E per la prima volta scopre di aver paura di morire.

Nel cuore di Tariq è esplosa la tempesta. La gelosia lo divora. Era sempre stato invidioso delle interminabili telefonate in cui quei due parlavano di musica ed equazioni. I numeri lui li ha sempre temuti, si fida solo di quello che raccontano i corpi quando li tocca e Sharon l'aveva vista solo una volta di sfuggita, e non l'aveva mai toccata.

Sconvolto si rifugia in terrazza e sotto un cielo d'inchiostro inchioda i ricordi. Sapeva di quella notte: quando Arièl aveva confessato lui aveva perso la testa, gli era saltato al collo e l'aveva morso. L'altro aveva risposto con uno schiaffo. Dunque non l'aveva condiviso solo con quello stramaledetto esercito ma anche con una donna! Era certo di essere stato il suo primo uomo, ma a quel punto aveva temuto di essere solo un capriccio, un errore di percorso, un cambio di strada subito corretto. Con ogni evidenza il suo amore non gli bastava e andava a cercare dell'altro. Quel sentimento dunque Tariq se l'era inventato. E se era successo una volta poteva succedere di nuovo.

"Tu mi avevi lasciato e mi sentivo morire. Quello con Sharon è stato un altro amore. Sono rinato dentro di lei ma è te che amo e ti amerò per sempre."

Tariq gli aveva creduto e aveva finito per convincersi che quella notte fosse stata solo un capitombolo. E, dopo la confessione, loro due avevano fatto l'amore come mai prima d'allora.

L'esplosione a Shabazi Street aveva cancellato tutto, ma quella gravidanza ora rovescia la sorte. Qualcosa di Arièl ha messo radici dentro Sharon. Si può essere gelosi del corpo dell'amato quando quel corpo non c'è più? Lo stupore e la rabbia per quello che può accadere in un istante solamente tra un uomo e una donna lo devastano. La sorte le ha donato quello che Tariq all'improvviso si accorge di aver sempre desiderato senza mai ammetterlo neppure con sé stesso: un figlio di Arièl.

L'amore piega, spezza, divora ma può anche accogliere e generare. Il pensiero della carne di Arièl dentro la carne di Sharon lo aveva ingelosito ma ora lo confonde, lo turba, lo commuove.

Quel figlio non suo all'improvviso gli appare un dono. Un cucciolo da crescere, conoscere, amare e di cui essere responsabile in tutto e per tutto, a cui insegnare a leggere, scrivere e nuotare come suo padre non aveva fatto con lui.

Proprio Tariq, che dalle responsabilità era sempre fuggito, di punto in bianco sente il dovere e il privilegio di un'avventura che non finisce mai e che richiede infinito coraggio. Proprio lui, audace solo nell'essere ciò che è, ora assapora l'idea di accompagnare una nuova vita. Scopre di immaginare quel bambino e di sentirlo inspiegabilmente anche suo.

L'accidente diventa sostanza?

Tariq ha appena capito di aver bisogno di nuovi ricordi e di desiderare un figlio e un futuro. Sì, lui vuole essere padre di quel bambino.

Le persone non si perdono, sei tu che pensi di averle perdute.

Nero come la notte, Malak balza sul parapetto e gli strofina il muso sulla mano.

64

La morte lotta con la vita ma l'esito della battaglia è ancora incerto.

Sharon deciderà da sola, prima però vuole tornare da lui.

Nella notte arriva a Neve Tzedek, misurando i passi sul proprio respiro. Supera bar affollati dove qualcuno la riconosce e qualcuno la invita a bere un bicchiere, ma lei tira dritto.

Percorre Shabazi Street e raggiunge il locale del massacro. Il cantiere è deserto, le luci al neon sono accese, su tutto aleggia l'odore di vernice, e il mazzo di rose bianche galleggia sull'azzurro del pavimento come una barca alla deriva. Si china per annusarle, ancora profumano. Preme la mano sul seno, il biglietto di Arièl è sempre lì vicino al cuore di cui avverte il battito, lento e regolare. È la prima musica della vita, il metronomo che inizia a ticchettare quando veniamo al mondo, ci accompagna per tutta l'esistenza e si ferma quando ce ne andiamo per sempre. Quello di Arièl si era fermato proprio lì, solo ventotto giorni prima. Cosa sarebbe successo se lui non fosse stato ucciso? Lo avrebbe voluto quel bambino oppure no?

Sopraffatta, guarda le rose. Domani saranno appassite e di quella notte prodigiosa non rimarrà più nulla, salvo quel bambino. Il canto che travolge, risucchia, stupisce, euforizza e scatena magie, Sharon lo ha usato per sopravvivere. Ma a cosa serve se non è capace di mandare indietro l'orologio e far rivivere Arièl?

Lentamente la risposta trova la sua strada. E in un impercettibile sussurro:

«Nemmeno il canto può riportarti a me amico mio amatissimo. Ma eccomi, la vita di tuo figlio è nelle mie mani. Cosa devo scegliere? Devo lasciarlo vivere oppure no?»

In quel momento sulle maioliche azzurre spunta il dorso nero di Malak che, dopo averle accarezzato le caviglie, va a sedersi proprio accanto alle rose, arrotola la coda tra le gambe e lancia un miagolio struggente.

«Mi hai seguito fin qui? Che fai, mi sorvegli o mi aiuti?»

Malak piega la testa da un lato e la fissa, negli occhi uno strano bagliore.

«Vuoi che canti per te?»

Sotto un cielo con più dubbi che stelle, Sharon prende fiato, lo trattiene a lungo nei polmoni e poi lo lascia andare. Non è un semplice respiro, sta cantando dentro di sé. Regola l'emissione e accenna persino il ritmo con le mani, e lascia che la voce le scorra nel profondo senza emettere alcun suono.

Malak la segue con le iridi fosforescenti, la pupilla ridotta a una virgola nera.

La voce di dentro la attraversa melodiosa e modulata. Intrecciati al suo canto muto, avverte il proprio pianto di bambina e la risata di Arièl. È un'allucinazione? Eppure il diaframma si espande, il respiro governa la melodia silenziosa misteriosamente intersecata con delle voci. Spunta quella della maestra di pianoforte confusa con quella di Bashira e con il cinguettio mai udito dell'uccellino blu tagliato in due dalla crepa. Nella confusione di suoni distingue un richiamo lontano, prima flebile poi sempre più chiaro, che a poco a poco aumenta di volume e finisce per cancellare tutti gli altri. È una voce che balbetta, piange, ride... Non la conosce eppure le sembra di riconoscerla, perché assomiglia alla sua. E già la ama.

Sì, ne è certa, ora sono due le voci a cantare all'unisono: la sua e quella del bimbo che porta in grembo.

La fantasia è bugiarda ma rivela verità che la logica non comprende. La voce di quel bimbo misterioso non può essere decifrata dai calcoli della ragione ma solo intercettata dalle ragioni del cuore. Il codice segreto che lega madre e figlio lo pretende. Chi può decidere cosa è storto e cosa è dritto e quali sono i confini dell'amore? Inutile confondere la somma con il totale, la soluzione dell'enigma che il destino le pone pretende una deviazione.

È sul respiro dei bambini che il mondo gira, anche di quell'esserino prodigioso che vuole nascere.

D'improvviso tutto si ribalta.

Sharon scopre che la storia che si è raccontata fino a quel momento non ha più senso. Dimentica i genitori inconsistenti, gli amori pasticciati, la solitudine asciutta e i conti che non le sono mai tornati perché erano tutti sbagliati.

La morte chiama la morte, ma la vita pretende la vita. E il passato chiede conto al presente.

Arièl ha lasciato tracce. Il suo seme, per un'astuzia della sorte, ha germogliato. Lui le ha donato un bambino, non alla madre, non alla nonna, non a Tariq, ma proprio a lei, Sharon.

Il pesciolino che le nuota dentro non è un errore da estirpare. È suo figlio. Suo come suo è il canto.

Il pensiero salpa e prende il largo. Non c'è bisogno di disegnare la rotta perché la deciderà il vento del coraggio e dell'incoscienza che sta gonfiando la sua vela.

Il presente è già futuro. E dello spartito scritto dal destino lei può cambiare il finale.

Può vendicarsi della morte dando la vita. Una vita che sarà sua per sempre perché suo figlio è la sua musica.

65

Quella notte, misteriosamente, Malak scompare. All'inizio Tariq e Zahira lasciano le ciotole colme di acqua e cibo certi che ritroverà da solo la strada di casa e che, così come è arrivato, ritornerà. Poi, non vedendolo, iniziano a cercarlo ovunque. Controllano nell'armadio, nel cesto della biancheria, nello scantinato del palazzo e nei bidoni della spazzatura in strada, ma senza risultato. Si è dileguato.

Nei giorni seguenti Micòl sosterrà di aver intravisto un gatto identico a lui gironzolare tra i banchi di Carmel Market: stranamente, non si lascerà avvicinare. Tariq avrà la certezza di vederlo camminare in bilico sulla grondaia del palazzo accanto: quando lo chiamerà, verrà ignorato. Con lo scooter, Ilan batterà a tappeto i dintorni senza trovarlo. Sharon lo cercherà a Shabazi Street, ma nemmeno gli operai del cantiere sapranno dirle qualcosa.

I gatti sono capaci di non ricomparire anche per giorni e giorni, ma Malak non si è mai allontanato da casa così a lungo e da qualche parte deve pur essere. Quanti gatti neri ci sono a Tel Aviv? E dove vanno i gatti quando spariscono?

Penseranno tutti che gli sia successo qualcosa di grave, che sia stato investito da un'automobile, ferito in una lite tra gatti o azzannato da un cane. Micòl contatterà tutti i veterinari della città, ma inutilmente. Stella farà tappezzare Tel

Aviv di locandine con la sua foto e un recapito telefonico. Ma, nonostante la lauta ricompensa, nessuno lo ritroverà.
Testimone dei momenti azzurri, di quelli neri e di quelli grigi, Malak si è volatilizzato.

Tutti avranno nostalgia di lui e nessuno lo dimenticherà. Tantomeno il figlio di Sharon che non lo ha conosciuto ma porterà il suo nome: Malak, angelo per arabi ed ebrei.

Malak

A quella terrazza sono arrivato d'istinto. Sentivo di essere vicino all'obiettivo e, anche se mi sono lasciato sviare da una gattina tigrata, visto che dopo un paio di miagolii se l'è svignata, io ho continuato per la mia strada.

Avevo quasi raggiunto il parapetto ma di colpo, tra le lenzuola stese ad asciugare sollevate da un'improvvisa folata di vento, è apparso un giovane con i capelli color ruggine. Era nudo e da una grande vetrata un altro giovane, anche lui svestito, lo stava fotografando.

Quando vedo l'umano che ho l'incarico di custodire lo riconosco. Avverto l'anima che devo accompagnare e mi metto al suo fianco, Quella volta però per un istante ho esitato. Chi dei due mi era stato affidato?

Con un balzo ho raggiunto il centro della terrazza, il giovane con i capelli color ruggine mi è venuto vicino e mi ha accarezzato. Ho capito che era lui e l'ho lasciato fare. L'altro si è subito avvicinato. Ridevano, giocavano, si capivano, tra loro c'era elettricità, desiderio, incanto.

Mi hanno subito adottato e hanno deciso di chiamarmi Malak. Avevano intuito il mio ruolo? L'ho riferito a chi di dovere, ricevendo per tutta risposta un sorriso enigmatico. Ho capito che come sempre dovevo cavarmela da solo.

Ero lì per uno ma tenevo d'occhio anche l'altro, perché

quelli erano una cosa sola. Gli ero accanto quando facevano l'amore e quando litigavano. Ho visto le loro lacrime e ascoltato i loro sospiri. Ero lì quando gemevano di piacere e quando si addormentavano pancia contro schiena. Ad amarsi erano due uomini, ma questo ai gatti non importa e nemmeno a chi mi ha mandato.

La sorte della vita che custodisco mi è ignota, la conosce solo chi me l'ha affidata. Di norma il mio compito termina quando il suo destino è compiuto. Eppure, quando di lui è finito quello che può finire perché il resto è eterno, anche se avrei dovuto andarmene non l'ho fatto. La disperazione che avvolgeva la sua fine atroce mi ha spinto a restare accanto a chi lo aveva amato.

Lo so, è contro le regole d'ingaggio, ma ho sentito il bisogno di colmare il vuoto che aveva lasciato. Come potevo abbandonare quell'innamorato disperato e quella madre affranta? Come potevo non attendere di conoscere il destino del bambino che la sua amica portava in grembo? La strana notte in cui l'avevano concepito io ero vicino a loro e mi sentivo responsabile della nuova vita che del giovane che avevo custodito conteneva la scintilla e conservava il filo.

Per ventotto interminabili giorni li ho confortati come ho potuto. Ho inarcato il dorso alle loro carezze, li ho messi in guardia con miagolii strazianti e ho sbarrato la strada ai pentimenti e ai pensieri neri. Mi hanno persino scambiato per l'umano che dovevo proteggere, e io ne ho addirittura interpretato il ruolo. Capita di fare confusione quando si ama.

Avevo un compito e l'ho portato a termine ben oltre il dovuto.

Quando non sono in missione, della compagnia degli umani faccio volentieri a meno. Volubili, crudeli, assetati di potere e pronti a uccidere per raggiungerlo, di loro non mi fido. Ma quando ne incontro di generosi, gentili e capaci di amare come quelli vicini al giovane che ho custodito, sono felice di essergli accanto. Non mi pento di averli aiutati e non li dimenticherò, ma ormai non hanno più bisogno di me.

In attesa di un nuovo incarico, sono tornato a essere quello che sono: un gatto di strada libero e solitario a cui piace vagabondare. Vivo alla giornata: bevo quando ho sete, mangio quando ho fame, e dormo quando ho sonno. Non vago alla ricerca di anime. Aspetto ordini dall'alto.

C'è un tempo per nascere e un tempo per morire, un tempo per piangere e un tempo per ridere, un tempo per gettare sassi e un tempo per raccoglierli. Ma c'è anche un tempo per sparire.

Il mio tempo è scaduto.

La vita deve lasciare spazio ad altre vite.